東大教師が新入生にすすめる本

目次

はじめに――この本の読み方

本書は、東京大学の新入生のためのブックガイドとして、一九八八年から雑誌『UP』四月号（東京大学出版会）に掲載されたアンケートを再構成したものです。設問は三問。二〇〇三年までに延べ四百十人の先生方から回答が寄せられました。ここではそのうち収録許可をいただいたものについて、九四年からの十年分を収録しています。

1 **私の読書から――印象に残っている本**
（専門分野にかぎることなく自由に）

2 **これだけは読んでおこう――研究者の立場から**
（新入生が専攻を選ぶときのヒントになる本、またはその専門分野へのイントロダクションになる本、その分野の研究の奥行きを垣間見せてくれるような本）

3 **私がすすめる東京大学出版会の本**

注：回答者は年度ごとに五十音順、敬称は略させていただきました。なお、肩書き・原稿は当時のものをそのまま掲載しましたので、現状と異なる点があります。和書については、入手困難なものには△を、出版元・判型が変わっている場合や全集のなかで全巻そろわないものには◇を、文春新書編集部注として入れました（二〇〇三年末現在）。△印の書籍は図書館・古書店等でお探しください。

まえがき　「知のこころ」

船曳建夫《ふなびきたけお》（東京大学大学院教授）

大学一年生という一瞬

大学の教師をやっていて、一番の醍醐味は、大学一年生の新学期の最初の授業で、彼らの熱気を感じながら教壇に向かうときにある。休みが終わって教師生活の一年がまた始まるのか、どうせ彼らも半年でふつうの大学生になるのだ、とのよどんだ思いもかすめるが、教室の中で新入生が発するぶーんというざわめきと、ついで、いま入ってきたあれがこの授業の教師かと向けられる期待に張った顔と、教壇に立って見回したときに束になってかかってくる、いま始まる「新しいこと」を迎えるその視線に、こちらの気持ちは再び、初めて教師になったときのように沸き立つ。

この本は、そうした「大学一年生」という、生涯に一度しかない輝かしい一瞬にめがけて、東大の教師がこれまでの読書生活と研究生活からの知恵を授ける祝福の言葉からなっている。書いている者たちはすでにその「一瞬」を自ら経験している。その自分の過去と、新入生の現在との二つに向かい合い、（1）「印象に残っている本」、（2）「研究者の立場からすすめる本」、そして、この企画の主催者である（3）「東京大学出版会の本」を推薦する。若き日の自分への誇らしさも、「学成りがたし」の反省も、また、執筆をすすめられて書いているうちに思いがけなく発見した自分自身についての気づきも見られる。もちろん教師としての、若者への隠せぬ愛があふれている文章もある。読者がこの『東大教師が新入生にすすめる本』から得るものも、そうしたかけがえのない「一瞬」に立ち会い、追体験することから生まれる。

まず第一に、新入生になった気持ちでその新鮮な一瞬を自分のものとし、今から自分が新たに開拓を始める知の沃野がどこにあるかを探るガイドとして読む。これまでには知らずに目を向けなかった方角に、素晴らしい山脈があることに気づかされるかもしれない。第二に、すでにその一瞬は遠いものとなっている現在の地点から、自分がしてきた読書とこの東大教師たる書き手たちの読書とはどこで交点を結ぶのかを読む。自分が何を読んできたかは自分がどう生きてきたかを示している。書棚は人の履歴書である。知の専門家である東大教師の地道な歩みや意外な道草は、大学の内側の彼らの生態を教えてくれる。最後に、四月が来るごとに東京大学出版会の雑誌『ＵＰ』の誌上で与えられていた、新入生が持つ一瞬への祝福の言葉、その十年分に、広くは世界と知の状況の移り変わりが、狭くは「東大」という一大学における「改革」が反映されているのを読む。また番外のこととして、ここに出てくる書き手を、著者として、また知名度の高い人として知っている場合は、「我が家の食卓」といったコラムがもたらしてくれる、個人的な面白さもあるだろう。では、それぞれがどうなっているかを見ていくことにする。

知のガイドとして

沢山の興味深いことがあるのだが、特筆すべき第一は、自然科学についての紹介が多いことである。よくある良書ブックガイドは、文学や思想の本に片寄っていて、自然科学の本が入っていても、ホーキングの宇宙論や、ドーキンスの『利己的な遺伝子』などの、定番のエッセイや解説本である。この本が紹介するのは、大学一年生に対してという制限はあるものの、『プラズマ物理入門』だったり、『細胞のコミュニケーション』や『有限要素と近似』、と専門を志す第一歩となりうるものである。私も、かねてより名高い『線型代数入門』が、かくも多くの人にあげられているのを見ると、著者が親しい先輩ということもあって、手にとってめくってみたくなる。東大は理系の方が教師も学生も多いので、当然ではあるのだが、こうした本が並ぶのはいかにも「大学」という場所にふさわしい。

とはいえ、理系の教師が、（1）ですすめている本が意外にも小説、それもいわゆる娯楽小説であったりするのは、本は人格の陶冶か趣味であって、（2）で本をすすめたって本などで研究は出来ない、研究した成果は論文に書かれるのであって、若いうちから学会誌、研究誌を手にしろ、本はせいぜい教科書どまり、という「自然科学研究者」の気分も伝わって来て面白い。

社会科学、人文科学のすすめる本は、重なっているものも多い。ウェーバーが強い。そしてここ数十年、世界の学界からジャーナリズムまで影響を与えた、『オリエンタリズム』、『想像の共同体』などが多くの人によってあげられている。

しかしなんといっても、題名は聞いていて、その学界では有名であることは分かっていても、内容は薄ぼんやりとしか知らない本が解説されているのがうれしい。たとえば『支配の代償』（木畑洋一）、『新視覚新論』（大森荘蔵）、『生きがいについて』（神谷美恵子）など（あとは何を読んでいないかを知られるので書かないが）。その道の俊英や大家に、熱っぽく、いかに素晴らしく、画期的かつ衝撃的な本であるかが説明されていると、うーんちょっと誉めすぎじゃないかという感じもするが、一つのぞいてやろう、とこれまで何となく読まずに来たその本を手に取ってみる気が起こる。この点は、この本を読書の宝庫のカタログとしている。その時、ふと、読書人生があと何年あって、あとどれくらい読めるのかな、この世界を一変させた（といわれる)、人間として生まれたからにはそれを知らずには死ねない(かの)ような本を知らずに死ぬのか、と儚さを感じるのもまた、この本の味わい深い読み方である。

ここで注意しておかなければならないのは、「(1)私の読書から――印象に残っている本」と「(2)これだけは読んでおこう――研究者の立場から」、のいずれのカテゴリーも、前者は若いころの読書からということになるし、後者はその学問の正典たる著作が選ばれようから、現在の研究の第一線からすれば、少し前のものだということだ。中には、すでに批判され、当初の高い評価は失っているものもある。しかし、選者の解説はそうしたことにも丁寧に触れながら、なぜ今でも読む価値があるのかを明らかにしていて、そのあたりがたんなる書評とはひと味もふた味も違う。

こうしてあげられた本を通覧して、この本の巻末に「複数の人に取り上げられている著作ベストテン」、といった表を掲げておくと便利かもしれない。しかし、それはさほど親切とはいえない。親切さは、それぞれの解説の中身にある。その意味では、本の選択と解説が気に入ったら、そこですすめられている複数の本をまとめて読む、というのも手かもしれない。一九九九年の保立道久氏のおすすめを読みながら堀田善衛氏の本を読み返してみようか、と私は思った。

それにしても「本」とはいってもその形態と性格、つまり「メディア」としてのかたちは実にさまざまであることが分かる。文庫に新書、教科書に専門書、美術書、カタログのようなものから、CD－ROMまで。二十世紀が終わって、「本」というメディアが最後の集大成を迎えて、次の変化の前にいることが感じ取れる。

読書という生き方

この百数十人の文章を読んで、人ごとのようにしていえば、「研究者」という人々がいかに自分の世界と仕事の価値を確信し、それをてらい無く、自信をもって他の人（新入生）にすすめることの出来る人であるか、ということに驚く。その何々学の中に世界は詰め込まれている、ということに疑いを持っていない人が研究者である。やや照れている人もいる。いまだに悩んでいるのだ、とつぶやいている人もいる。しかし、そうした迷いもふくめ、こうして本を読んで生きてきたのだ、ということを若者に語りかけたいという自負と熱意は全ての書き手に共通している。

熱いなあ、と思う。厚さ五センチの一万八千円の本を学生にすすめる教師がいる。また、「君は……」と語りかけ、大学一年の時に無理をして読んだフランスの詩を引いて、訳し、「私はこのランボーの詩が好きだ」と書き、「デカルトでも、カントでも、ヘーゲルでも、哲学の基本文献は読んでおこう」とよびかける教師がいる。そして、「面白いと思ったらあとはフロイトでもラカンでも原書に赴くべし。自分が動ける場をできるだけ大きく確保するためには英語以外の外国語を二つ三つやっておくのは常識でしょう」と諭す教師がいる。

おそらくここには、例外とは言えないまでも「東大」という特殊性がある。そんな「常識」をまともに聞く東大生はもはやいないよ、と慨嘆しながらも、東大教師はこう書かざるを得ない。そしてそれはまだ意味を持っていると私は思う。

東大では英語を含めて外国語を二つ履修することは必修だから、それに加えてもう一つ、第三外国語を勉強すれば「英語以外の外国語二つ」は満たされる。しかし、それが専門の研究では必要となる文学志望でなくとも、医者や役人を志す者の中に、たとえば今から数十年後、あの『新入生にすすめる……』を読んでそういうものだなと思って独、仏、中国語にラテン語も同時に始めました、と述懐することになる新入生が十数人はいたりするのが東大なのである。気張って言えば、そういう変なのが東大にいなくて日本の未来はどうなる、なのだ。私も東大新入生のなれの果てであるから、じつはここを読んで、うーん、あのときドイツ語をやめていなければ、などと、思ったりするのである。

私もこのアンケートに答えたことがある。新任直後の二十年近く前なので、ここに載っていないのだが、東京大学出版会がこれを依頼する一つの要素は、「新人教師」なのかな、と思えるほど、若手の研究者が目に付く。三十代の半ばで、講師か助教授になると、同じ大学で学生だったのは、つい十数年ほど前のことである。その学生時代との距離の短さと、それでも入学時からはかなり経った今までにどれほどの本を読んでどれほど学問を進めることが出来たか、という面映ゆさと気負いに、若い東大教師の書く文章は、熱くなる。

そうした若い教師を含めて、戦後に学生時代を送った者たちに共通する精神形成の跡が、彼らのすすめる本の選択には見られる。なんといってもドストエフスキー、漱石の初期の小説(『三四郎』、『それから』など)が強い。トルストイよりはドストエフスキー、鷗外よりは漱石。文系といわず、理系といわず、東大教師たちの青春に影響を与えたのは、若者の過剰さと不安とに訴えかける力を持つ文章であるようだ。極めつけは高橋和巳である。こんなに、幅広い世代に影響を与えていたのか、と彼が活躍した時代に青春を過ごしながら、ほとんど彼の作品を読んだことのない私としては虚をつかれた気すらする。しかし、こうなると、「すすめる本」というよりは、アンケートの問いのとおり、「印象に残っている本」として選ばれているのだ。今の若者が教師になると、村上春樹が「印象に残る本」の著者として数多くあげられるのだろうか。

しかし、若いときの読書はまさに初めての恋のようだ。何人かの方が、東大の学生時代に、初修の外国語の時間に読んだテキストを思い出と共にあげている。語学のための本であるから短い抜粋であったりするのだが、初めて習ったフランス語で、初めて読んだひとかたまりの文章。私も、私たちのクラスのフランス語の教師であった芳賀徹さんが、演技なのか地なのか分からない「フランス的気取り」（と当時十代の私たちには思われた）をみせながら読み聞かせてくれた、「Le Cahier Vert」という散文、少年十字軍を主題にした短編小説などは、作者も覚えていないのに、その文章の空気と香りだけは鮮明に、おそろしく深い感情教育となって、心に染み込んでいる。

知の変換と改革

高橋和巳は一つの象徴であろう。学生運動というものが、それに直接関わらない者にも一定の意味を持っていた時代に、人は実践と学究との間で心底「引き裂かれ」ることがあるのだということを、大学を現場として生きていこうとした若者は胸に刻み込まれた。そして数十年の後に、こうしたアンケートにそれが浮き出されるのだ。しかし、「学生運動」が消えたいま、新入生がそこに読みとることは少ない。オウムの事件を振り返ってそこに読み込むのは、むしろ教師の方であり、若者は、こんどは数十年後にいくつかのマンガをあげて、自分たちの時代の事件を思い起こすのだろう。

もう一つ多くの教師たちの心に刻まれているのは「丸山眞男」である。いまさら言うまでもなく、戦後の二十年、丸山は文系の学問を志す者にとって、基準であり、目標であった。それはたとえば京都大学ではそうではなかったのかもしれないが、東京大学では、丸山は生きながら、「半ば」神格化されていた。私が大学に入った年には、もう前からそうだったのか、丸山は病気のために、教養課程には政治学を教えに来ないのだ、と聞かされ、その代わりと噂されていた甲高い声の若手政治学者の授業を受けながら、比較出来もしないのに私たちは「不満」であった。そのように「待たれている」教師が、今、全東大にどれほどいるだろうか？

教師のすすめる本が若者に命中せずに、すれ違ってしまうことがある。もちろん高橋和巳も丸山眞男もいまだに読むに足る。しかし、「読むに足る」からと言って、若者がそれを必須のものとして読むことはない。多くの本の中の一冊として読むのだ。ここにはすれ違いがある。しかしそれでよいのだ。すれ違いを新入生は読めばよい。

この本が収録しているアンケートは一九九四年からである。それはちょうど『知の技法』（小林康夫、船曳建夫編）が出された年である。あの本は、東大と東京大学出版会には何かしらの意味を持った。それは、あの本が、東京大学と出版会に変化を促した、というのではなく、進行しつつあった大学とそれを取り巻く知の変化と制度的な改革があの本に表現されたということである。もちろん、『知の技法』とその後の三冊の知のシリーズの方が能動的に働きかけたこともある。あの本の取った、幾人かの論文をある水準の書き言葉に整序し、レイアウトと編集を読み手の側に立って行うというスタイルは、その後東京大学出版会のいくつかの本を生み、その形式はヴァリエーションを伴って、他の書物も生んでいる。それはたんに編集のスタイルの問題ではなく、本、それも東京大学出版会というアカデミズムそのものの出版元が出す書物の、著者と読者の関係の見直し——読まれるように書く、という姿勢——を提起したのだ。

現在、あの本が東京大学に与えた影響はさほど目立たない。しかし、私の編者としての驚きは、すでにいまの学生は『知の技法』のような本に、驚きを持たないことである。そして、それがテキストとして書かれた「基礎演習」という少人数の発表を軸とする授業が、学生には当然のものとして受け取られていることだ。

十年間のアンケートの中にあげられた書物は、一九九四年の『知の技法』もその小さな噴出として起きた、世界的な知の変換の太いうねりの中で選ばれている。大学一年生という一生に一回しかない、もっとも知のこころが高まっているその時に、教師が何の本をすすめることが出来るか。本を選ぶだけとはいえ、それは、教師と新入生とのあいだに火花さえ散る、一瞬の立ち合いなのである。

1994

新制大学発足以来の教養学部の教育改革が前年から始まる。「一般教育」という名の一年間にわたる教師の一方的「講談」をテーマの鮮明な半年の講義へ模様替え、入学時の英語力が卒業時には瀕死の状態になると揶揄された英語教育の立て直し、文系学問の基礎として口頭発表と論文の書き方を学ぶ「基礎演習」の開設、の三点が目玉である。基礎演習のテキスト『知の技法』がベストセラー。

浅島《あさしままこと》 誠（教養学部教授／生物学）

1

『新版・自然界における左と右』 マーティン・ガードナー／坪井忠二、藤井昭彦、小島弘訳（紀伊國屋書店）

この本の初版を学生の頃読んで、自然現象の左右性に非常に興味をもった。それが内容も新しく加わって、最近、第三版として出された。内容は、身近な鏡にうつる像、サイコロの目の書き入れ方、風呂桶の栓を抜くとできる水の渦、植物の蔓の巻き方、貝殻の巻き方、左向きの砂糖と右向きの砂糖、パリティの法則の破れ、ホーキングのベビー宇宙論など、生物学から物理学、宇宙論まで自然界の左右性の基本的な問題を幅広くとりあつかっている。これだけ幅広く深い問題をわかりやすく書きあらわしているのは、著者の豊かな知識と経験によるものであり、創意の楽しさを教えてくれる科学読物である。初版と較べてみて、現代の科学の知識がいかに拡張し、進歩しているかも実感させられる。

『ヘラクレイトスの火――自然科学者の回想的文明批判』 E・シャルガフ／村上陽一郎訳（岩波同時代ライブラリー）

『二重らせん』 J・D・ワトソン／江上不二夫、中村桂子訳（講談社文庫）

『ロザリンド・フランクリンとDNA――ぬすまれた栄光』 A・セイヤー／深町眞理子訳（草思社）

この三冊の本は二十世紀の生命科学の最大の発見の一つであるといわれているDNAの二重らせんの発見にまつわる人々を、まったく別々の角度からとらえた科学読物である。生化学の確立と分子生物学の誕生という中で最もメモリアルなDNAの二重らせんモデルについてはその提唱者であるワトソンとクリックがノーベル賞を受けることによって脚光をあびたが、その陰で、実に様々な人間的な葛藤と運、不運がみえてくる。シャルガフは二重らせんの基になるDNAの四種の塩基の存在量比の規則性から塩基対合の規則を発見したし、フランクリンはX線回折によって二重らせんの理論的な解決を与えたものであるが、二人ともワトソンらによって意識的に無視されつづける。この三冊の本を読み通してみると、研究者の人間性と科学の発見が何たるかにもふれる思いがする。

『動く遺伝子――トウモロコシとノーベル賞』
エブリン・フォックス・ケラー／石館三枝子、石館康平訳（晶文社）

　この本は、バーバラ・マクリントック（一九八三年、八一歳でノーベル医学生理学賞受賞）という、トウモロコシの研究を生涯にわたって行った女性の細胞遺伝学者の伝記である。するどい観察力と時代を越えた独創的なアイディアをもって画期的な「動く遺伝子」をみつけたが、世の中になかなか受け入れられないばかりでなく、むしろ無視されつづけた。分子遺伝学の発展の中でこの説が認められるまで、三〇年の年月がかかった。その中にあっても、孤高の精神で研究を続け、自分の観察力と洞察力を信じ、未知の分野を切り開き、継続していくことが、いかに大切かも知ることができる。また、科学とは高度に個人的な能力と努力によるものであり、社会や時代とどう関係するかも知ることができよう。

2 **『生物学序説』**△ 藤井　隆（岩波書店）

　生物界を広く見渡して、生物のもつ構造と機能の多様性をどのようにとらえていくか、生物学に造詣の深い著者がマクロからミクロなレベルまでのいろいろな生命現象のもつ面白さを示唆に富む具体的な例を示しながら述べている。生物学を学ぼうとする人の入門書として優れている。

『発生生理学への道』△ O・マンゴルド／佐藤忠雄訳（法政大学出版局）

脊椎動物の発生学を学ぶものにとって、ハンス・シュペーマンの名は形成体とともに高校の教科書にもでてくる。この本は、シュペーマンの高弟のマンゴルドがシュペーマンの生涯を通して、当時の新しい学問体系である実験形態学または発生生理学をどのようにして築きあげ、発展させたかをのべたものである。そこには、大学や研究のあり方、現代生物学でまだ解決されていない問題などがあちこちで示されている。古くて新しい本である。

『細胞のコミュニケーション――情報とシグナルからみた細胞』 木下清一郎（裳華房）

個体がどのようにしてできていくのか、その過程では、細胞と細胞のコミュニケーションが成り立たなくてはならない。細胞が互いに行っている情報とシグナルの伝達、細胞周期の問題を最新の知識も取り入れながら述べている。

『細胞社会とその形成』 江口吾朗、鈴木義昭、名取俊二編

『発生・分化の遺伝子的背景』△ 江口吾朗、鈴木義昭、名取俊二編

この二冊の本は「形態形成プログラム」という大枠の中で、真核生物の形造りについて、分子レベルからのアプローチを試みている。これらの本を通して読んでみると発生学が発生生物学、そして分子発生生物学へと大きな展開をしていることがわかる。この分野の現在の進歩は更に著しいが、現在の基礎を知る上でよくまとめられている。扱っている内容は、形態形成に

関与する遺伝子と発現制御、細胞集合による高次の形態形成を調節する因子、高次組織形態の恒常性の維持機構、再生現象などである。

『UPバイオロジー』シリーズ◇

生物界のいろいろな生命現象について各著者が自分の得意とする分野や課題をわかりやすくまとめたものであり、新入生にとっても導入書としては好書といえよう。このシリーズは現在九三冊まで刊行されているが、**『発生と誘導現象』**八杉貞雄、**『動物の系統と個体発生』**団まりな、**『がん細胞』**△岡田節人、**『酸素と生命』**早石修などは読んでいて面白い。

跡見《あとみ》順子《よりこ》（教養学部教授／運動生化学・細胞生物学・地球生物学・身体運動科学）

『細胞の分子生物学　第２版』◇ B・アルバーツ、J・D・ワトソン他／大隅《おおすみ》良典他監訳／松原謙一、中村桂子監修（教育社）

現在の生命科学の手法と考え方はもっぱら本書により一般的になったといっても言い過ぎではない。DNAの複製、タンパク質への翻訳からはじまり、発生、分化等々の生命活動を、細胞を生命の基本単位と考え、空間的位置あるいは局在を常に念頭におきながら、タンパク質、DNAを中心とした分子の相互作用から形態形成等、生物が選択してきた生命の論理を組み立てる。とにかく面白い本である。生物のあまりの巧妙さに呆れ果てて、ついには思わず声を立てて笑ってしまうほどである。厚くて（５㎝）、高い（約一八〇〇〇円）。しかし内容を考えれば決して高いとはいえない。さらにとても分かりやすい。全体が重要な論文で構成されているため、結果のでてきた実験が明らかで、分かりやすいのであろう。まとめてもっと薄くて安価な細胞生物学の本がないわけではない。しかしまとめてしまうと事実の羅列になり面白さが激減する。高校までの生物が面白くないのも、あまりに多い知識を羅列しているかあるいはまとめていて、実験の現場の感触が全く伝わってこないせいなのかもしれない。

『地球大紀行』(日本放送出版協会、全6巻)

　生命が細胞という限られた空間の中で成立した現象であるのなら、地球はその生命活動が成立する環境・場を提供した。生物は様々な面で地球という場に規定されている。NHKの特集番組〝地球大紀行〟は宇宙の中の地球、地球で生まれた生命を美しい映像で紹介してくれた。その映像がこの本である。このかけがえのない生命を育み生命と共にダイナミックに生きている地球の誕生、そのなかでの生命の誕生を美しいカラー写真で実証的に見てゆく。自分も空から、海から、そして脚で歩いて検証している気になる。本当に偶然が重なり合って、生命を育むことのできた〝水の惑星地球〟を知ることは、地球環境の将来が懸念されている現代を生きる我々の原点である。生物学と縁がなく大学まできてしまった学生の生命科学の出発点としても分かりやすい。仕事に疲れたとき美しいカラー写真が心をなぐさめてくれる。

『岩波講座　分子生物科学』岡田節人他編(岩波書店、全12巻)

　全巻に目を通したわけではないが、前出の『細胞の分子生物学』とカヴァーする領域はほぼ同じでも、やや趣は異なり分かりやすくまとめられている。単に短くまとめたというより、かなり工夫がある。生命科学に興味のあるひとは『細胞の分子生物学』と読み合わせれば、脳への定着率がかなり上がるであろう。

『マザーネイチャーズ・トーク』立花　隆他(新潮社)

　対話形式の本で分かりやすく、しかも核心をついた説明と議論が展開されている本に出会えたときには、なにかとても得をしたような気分になる。絶版でもう手に入れることは出来ないが『生体と酸素』(朝倉書店)という対話形式の本もそうだった。帯に〝こんなに、自然は面白い、第一線のサイエンティスト、7人との対話が織りなす、科学曼陀羅!〟とある。誇張なく面白くて分かりやすい。立花隆とサル学の河合雅雄、動物行動学の日高敏隆、惑星科学の松井孝典、免疫学の多田富雄、精神分析学の河合隼雄、植物学の古谷雅樹、微生物学の服部勉、7人との7つのテーマについてのトーク集である。たとえば多田富雄氏との「免疫という名の〝自己〟を守るシステム」のトークでは、複雑怪奇でしかも急進展の免疫系について、分かりにくいポイントを押さえた質問が用意され、本来、最も身近で興味のある免疫系の最前線を理解することが出来る。

　他に

『利己的な遺伝子』R・ドーキンス／日高敏隆、岸　由二、羽田節子、垂水雄二訳(紀伊國屋書店、科学選書9)

『量子力学の冒険』(ヒッポファミリークラブ)

『風土』和辻哲郎(岩波文庫)

『人の体は再生できるか』林　利彦(マグロウヒル出版)

も一読を勧める。

3 **『時間』**(東京大学公開講座31)

　東京大学公開講座での内容を本にしたもので、たとえば〝時間〟では、存在の時間と意識の時間、古典物理学的世界像と時間、時間と空間、と題して哲学、物理学で時間を考察し、体内時計と生体のリズムで生物学的な時間について考察がなされ、さらに時は金なり、時効制度、水晶腕時計、小説と時間というように工学、法学、さらに文学的に時間を考えてみるというきわめてひろい視点からものをみることの面白さと重要さを知らされると同時に、自分がどのような切り口が好きであるかを知るという面でも役に立つ。

石田《いしだ》勇治《ゆうじ》（教養学部助教授／ドイツ史・国際関係史・比較地域史）

1

『ソウルからの手紙』澤　正彦（草風館）
『チマ・チョゴリの日本人』金《キム》　纓《ヨン》（草風館）

前者は、日韓和解にキリスト者として全身全霊を捧げた故澤牧師の韓国での闘いの記録。後者は、その妻で日本に帰化した韓国人女性の自伝的エッセイ。ともに大学院時代に読んで、深い感銘を受けた。はやりの韓国論に飽きた人、異文化とどう向き合うか考えたい人に薦める本。

『橋』△エルニ・カルツォヴィッチュ／増谷英樹、小沢弘明訳（平凡社）

戦争と民族虐殺を生き延びたユダヤ少年の記録。恩師と友人の翻訳で、一晩で読んだ。二〇世紀の人類史を問い直したい人のために。

2

『日本軍政下のアジア』△小林英夫（岩波新書）

日本が二一世紀までに何をなすべきか考えたい人のために。あるいは、「軍票」という言葉を初めて聞く人に。

『危機の二十年』△E・H・カー／井上　茂訳（岩波書店）

国際関係史の原点に触れてみたい人のために。

あるいは、『歴史とは何か』を読んだ人に。

『ナチス・ドイツ　ある近代の社会史』デートレフ・ポイカート／木村靖二、山本秀行訳（三元社）

ドイツ史研究の最前線をのぞいてみたい人のために。あるいは、ナチス＝ヒトラーと思っている人に。

『向う岸からの世界史』△良知《らち》力（未来社、ちくま学芸文庫）

「歴史なき民」の目から歴史をとらえ直したい人のために。あるいは、西洋史だけはよく知っている人に。

『史的システムとしての資本主義』◇I・ウォーラーステイン／川北稔訳（岩波現代選書）

世界史を総体としてながめてみたい人のために。あるいは、受験の世界史が苦手だった人に。

『想像の共同体――ナショナリズムの起源と流行』◇ベネディクト・アンダーソン／白石隆、白石さや訳（リブロポート、社会科学の冒険7）

ナショナリズムを語る糸口を得たい人のために。あるいは、ナショナリズムは自明と思っている人に。

『国家語をこえて』田中克彦（ちくま学芸文庫）

学際研究の必要を感じている人のために。あるいは、語学の授業に飽きそうな人に。

3 **『支配の代償』**木畑洋一（新しい世界史5）

イギリス帝国主義の末路を確認したい人のために。あるいは、崩壊の美学を感じたい人に。あるいは、日本の大国化を望む人のために。

『ビラの中の革命』増谷英樹（新しい世界史3）

反ユダヤ主義を市民革命と一緒に考えたい人のために。あるいは、ヴィーンと聞いて音楽しか思い出せない人に。

『内発的発展論』△ 鶴見和子、川田侃《ただし》編
地域研究の方法論を探している人のために。あるいは、密かにアジアに関心を寄せている西欧研究者に。あるいは、優れた論集を編みたい人に。

石光泰夫《いしみつやすお》（教養学部助教授／表象文化論）

（印象に残るとは考え込まされることであり、研究とは考えることにほかならないのだから、この二つは分けられない）

問題が自分の中で立っていなければ、人から本を薦められて読んでも、テクストはのっぺりと見えるばかりで、訴えかけてくる箇所などない。逆に問題をきちんと立ててテクストのもつでこぼこに正しく遭遇しようとすれば、問題を組織するに足るだけの思考の粘り強さとダイナミズムを、自分の外のどこかから汲んでこなければならない。この悪循環を断ち切るためにはどうすればよいのかというと、身も蓋もない話だが、いくらグーテンベルグ・ギャラクシーの終焉だといわれても、とりあえず書物を手にとってみるしかない。ただし、何かをことさらに教えてもらおうというようなせこいことを考えてはいけない。問題がそこから唐突に結晶して姿を顕わしてくるインパクトは、その書物の内部での、あるいは他の書物との、あるいは書物以外のメディアとの思いもかけぬ関連のなかからしか摑みかかってこないのだから。戦略的にはしたがって、精神分析家のひそみに倣《なら》って、注意を平等に漂わせるしかない。あらゆる判断を留保して、向こうからやってくるものにひたすら身を開くのだ。依然として何の話なのか分

からないというむきには、やはり

『夢判断』フロイト／高橋義孝訳（新潮文庫）

を繙《ひもと》いてもらうしかない。精神分析学の誕生を画するとともに、精神分析の可能性と問題点をすでに集約的に告げてしまっているこの書物は、注意を平等に漂わせるというテクニックのノウハウを念入りに教えてくれるとともに、このテクニックを実践してみるためには恰好の対象でもあるからだ。夢という読めないテクストでは解読のためのキーは予想もつかないところに隠れている。だからこの書物は読めないテクストを読むための訓練を当然のごとくさせてくれるのだが、フロイト自身は精神分析を学問として認めさせたいという欲望に駆られて、読めないはずの夢をあっさりと翻訳してしまうというありえない事態を至る所で起こしてしまっている。この書物自体が夢のイメージのように読まれねばならないのだ。だから徹頭徹尾注意を平等に漂わせよう。

注意を平等に漂わせるというのがどういうことか、たとえ朧気にでも摑めてきたら、ついでに

『フロイトの技法論』ラカン／小出浩之他訳（岩波書店）

も読んでしまおう。コメントなどない。フロイトからラカンへ流れる精神分析学がものを考える上でほとんど無尽蔵のヒントを与えてくれることを実感できればよい。この書物はまた、ラカンを明晰な日本語で読めるほとんど唯一の可能性でもある（同じ訳者によるラカンの別のセミネール『精神病』もよい）。面白いと思ったらあとはフロイトでもラカンでも原書に赴くべし。自分が動ける場をできるだけ大きく確保するためには英語以外の外国語を二つ三つやっ

ておくのは常識でしょう。
ラカンのセミネールはまた、優れた教師とやる気のある学生が出会うと、どれほどスリリングな演習が繰り広げられることになるかというデモンストレーションでもある。圧倒的に優れた教師であるラカンは話の筋道とそれが収束してゆく地点をむろん知悉しているから、学生がうまくそれに嚙んでこないと目に見えていらいらしてくるのだが、それを承知であえて権力者に異をたてる剛のものがいる。そうかとおもえば思い切って一見しゃれていそうなことを言ってみたのに、完璧に無視されてしまう可哀相な学生もいる。それでもみんな潑剌としていて、心底の怯えはあくまでも押し隠して、この限りなく知的な闘争を健気に戦っている。もちろんラカンの常として、ユーモアを欠くことはない。この様は学生も教師ももって銘すべし。

注意を平等に漂わせなければ読めない文学作品として、泉鏡花の小説をいくつか採りだしておきたかったのだが、もうスペースがない。

3 **『根拠よりの挑戦』**井上 忠 を挙げておく。知的な努力、つまりものを考えるとはどういうことかを鮮やかに演じてみせてくれている。稀有な書物の一つではある。

岩佐《いわさ》鉄男《てつお》（教養学部教授／表象文化論）

1 **『碧巌録』**（岩波文庫）
言語の及ばぬ消息を語ろうとする言葉のスリル。

『フィネガンズ・ウェイク』ジェイムズ・ジョイス／柳瀬尚紀訳（河出書房新社）
翻訳不可能なものを日本語に変えてしまった力（と）技。

『ディスタンクシオン』ピエール・ブルデュー／石井洋二郎訳（藤原書店）

蓼食う虫も好き好きの「趣味」をあえて社会的関係として緻密に分析する知的刺激力。

2 『世界の調律――サウンドスケープとはなにか』マリー・シェーファー／鳥越けい子、小川博司、庄野泰子、田中直子、若尾裕訳（平凡社テオリア叢書）

世界に満ちている《音》へと耳を開くイアー・クリーニングのために。

『鳥になった少年――カルリ社会における音・神話・象徴』スティーブン・フェルド／山口修、山田陽一、卜田《しめだ》隆嗣《たかし》、藤田隆則訳（平凡社テオリア叢書）

《文化としての音》を成立させるシステムに眼を開くために。

『線の音楽』近藤 譲（朝日出版社エピステーメー叢書）

《音楽》を考える知的作業の準備のために。

3 『認知科学選書』（全24巻）

全巻を読んだわけではないのだが、《人間》を知るためのまさしく《学際的な》研究の数々がならんだ本シリーズは、旺盛な知的好奇心の持ち主にはうってつけ。

戎崎《えびすざき》 俊一《としかず》（教養学部助教授／天文学）

1 『隠された十字架――法隆寺論』『水底の歌――柿本人麿論』梅原 猛（新潮社）
『聖徳太子』梅原 猛（小学館）

常識にとらわれない著者の発想と、緻密な構想力は驚嘆に値する。読み進むにつれて、古代日本の謎が次第に解き明かされていくところは、推理小説を読むようなスリルと興奮を味わえる。

これはすべての分野の研究に共通の醍醐味でもあろう。また、古文書や伝承などの不完全な情報から史実を推定する作業は、観測で得られる不完全な少ない情報から天体で何が起こっているかを推定する作業に似ており、参考になる。また、学界の常識の矛盾に挑戦する不屈の態度は分野を問わずすべての学者が身につけるべきものではないかと考える。

2 **『方法序説』**デカルト（岩波文庫他）

方法序説といえば「我思うゆえに我あり」の言葉があまりに有名であるが、この言葉が、方法序説の本質ではない。デカルト自身が書いているように、問題に対処する実践的なやり方を懇切丁寧に指導する一種のノウハウ本と考えるのが正しいと思う。「分からないときは、まず複数の要素に分割し、それぞれの要素を理解してから、統合を試みよ。」とか、「まず、仮説を立てて論を進めうまくいかなかったらその仮説を捨ててやり直せ。」など、研究を進める上でのノウハウがぎっしり詰まっている。研究に行詰まるたびに読み直すことにしている。

3 **『天文資料集』**△大脇直明、磯部琇三、堀源一郎、斎藤馨児《けいじ》

天体・宇宙に関する主要データが詰まっており、天文学の講義や実習の副読本として好適である。同種の理科学年表と比べると図が多く大判なので使いやすい。データの使い方と意味を指導するワークブックのようなものがあれば授業・実習にもっと使い良くなるのだが……。

大西直毅《おおにしなおき》（教養学部教授／物理学）

1 教科書などに展開される論理や認識の筋道は、目標に最短距離で到達できるよ

うに記述されているためにかなり整理されていることが多い。そのため、人類が辿った歴史的過程を正確に反映していないことがあったとしても仕方がない面がある。実際のことは授業でもなかなか教えられないが、ある真理のために辿られた道筋には、興味深い事実が秘められていたり教訓も多い。その類いのことは科学史家の領分かも知れないが、かつてその道で第一線の仕事をした研究者によるものはまた格別である。

『神は老獪にして……――アインシュタインの人と学問』 アブラハム・パイス／西島和彦監訳（産業図書）

には「なるほど実際はそうだったのか」と感心させられることが随所に見られる。相対論と量子論は二十世紀物理学の核心をなしているが、アインシュタインがその双方の中心人物だったこともあって、本書は現代物理学生誕期における概念形成と思考の発展の過程が実にリアルに描きだされている。もし、読者が物理学の素養を少しでも身につけて読めば、その味わいは指数関数的に倍増されるだろう。

2 物理学を理解するには数学の素養が必須であることは改めて述べるまでもない。とくに解析学（微分積分、複素数）と線形代数学（行列、行列式、固有値）などは絶対に欠かせない。我々の学生時代に較べれば、最近では手ごろな教科書がたくさんあるので特にこれといって一冊だけを挙げるのは難しいが、私などは

『解析概論』 高木貞治（岩波書店）

を勉強した。古典物理学は古典だからといっ

て疎かにできない。初心者に薦めて良いか少し躊躇するが、ランダウのシリーズ

『力学』『場の古典論』（東京図書）

は味わいがある。理論物理学を専攻するには相対論を避けて通ることはできないが、量子力学を必要とする学問分野の裾野は広大である。物理学を専攻する人は、

『量子力学』ディラック／朝永振一郎他訳（岩波書店）

は読んでおいて欲しい。

論文を書くとき英語に苦労するが、実際に文章を書くにはマニュアル的なものは案外役に立たないことが多い。

『日本人の英語』マーク・ピーターセン（岩波新書）

は、諦めかけていた冠詞に再び挑戦してみようかと思わせる本である。

3

我が物理学教室の先輩が書いた「基礎物理学」の教科書シリーズは比較的良く書けている。身びいきで言っていると思われるといけないので控え目に誉めたが、本当によく書けているはずである。事実、彼らは実にまじめに授業の内容について悩んでいた。授業中、予測しない落とし穴にはっと気付き、できる学生にそのことを悟られずいかにそれを回避して授業を先に進めたか、という苦労話も聞かされた。そのように、彼らが長年の授業の蓄積を通して教育効果を熟慮したうえで書き上げた教科書と思っている。

『物理学序論としての力学』藤原邦男

『熱学』小出昭一郎

『電磁気学』加藤正昭

『波動』岩本文明

『現代物理学』小出昭一郎

菊地《きくち》文雄《ふみお》（数理科学研究科教授／数値解析・計算力学）

1 『日本語の作文技術』本多勝一（朝日新聞社）

特に句読点のうちかたの章は秀逸。なぜか学校で（大学でも？）教えてくれない作文技術を明確に示す。ただし、英語で論文を書く身では、本多氏の言うようにヘボン式ローマ字の使用を避けるわけにはいかない。

『栽培植物と農耕の起源』中尾佐助（岩波新書）

英雄も帝王も現れない歴史と文化が、栽培植物と農耕技術には刻みつけられているというのが著者の主張。文章はけしてうまくはないが、内容のすばらしさ、主張の明確さが圧倒的な迫力で読者にうったえる。

『日本人はどこから来たか』樋口隆康（講談社現代新書）

日本人の起源を考古学を中心とする立場から解明すべく著された書。近年のハイテク技術以前の段階の記述ではあるが、大まかな流れはよくつかんでいるように感じた。今後、しだいに定説が確立していくのであろうが、その前段階の混沌状態で考え方を整理するのに良い本かと思う。

2 『曲面の数学――現代数学入門』長野正（培風館）

証明はほとんど付けずに、曲面の数学を中心に現代数学のけっこう高級な部分まで紹介した奇跡の書。その代わり、直観力はかなり読者に要求される。また「愛国的」な序文も味わっていただきたい。

『材料力学　上』チモシェンコ／鵜戸口英善《てるよし》、国尾　武訳（東京図書）

固体でできた物体（構造物）に力を加えれば、

いつかはこわれる。それを予知するにはどうすればいいのだろうか。材料の力学的性質を知り、高校程度のしかも基礎的な物理と数学をうまく用いれば、先の疑問にかなり答えることができる。そのための体系が材料力学であり、本書は世界的な大学者がきわめて明瞭に記述した名著である。

近年高校生の理科（とくに物理）離れが問題になっているが、一つには本書のような地に足のついた教育が忘れられ、いたずらに現代化を指向したためもあるのではないか。工学分野に関心のある方はぜひ読んでいただきたい。

3

『教養の数学・計算機』金子 晃

教養課程の数学と計算機入門を結びつけた有機的な学習に便利。広い知識が得られると思う。

『解析入門　I・II』杉浦光夫

解析の入門を厳密に扱った一つの理想像。だれにでもすすめるわけにはいかぬが、本当に学ぶためにはいつか必要になる本である。私自身、ずい分とお世話になった（特に多変数の扱いで）。

『線型代数入門』斎藤正彦

線形（こちらの形を使う人もいます）代数の教科書の一つのスタイルを確立した画期的な本。演習書（**『線型代数演習』**斎藤正彦）も便利である。

『JIS　FORTRAN入門　上・下』森口繁一

プログラム言語FORTRANの自習書。教育界ではFORTRANの評判はあまり良くないが、実社会では使わないわけにはいかない。どこかで学ぶ必要が生じた時には、本書が実際的で役に立つであろう。

工藤庸子《くどうようこ》（教養学部教授／フランス語・フランス文化・地域文化研究）

1

『オリエンタリズム　上・下』エドワード・W・サイード／板垣雄三、杉田英明監修／今沢紀子訳（平凡社ライブラリー）

さすがに話題になっただけのことはある。「東洋」とは、「西洋」がみずからと異なるものとしてイメージし、解釈し、言説化してきた政治的・文化的産物にほかならないという話。博覧強記の著者ならではのエピソードの面白さ、批判論証の冴えを楽しむだけではもったいない。とりあえずは、「西洋」の視点を中心にすえて構成されてきた「世界史」ないしは「世界観」を相対化することの必要性を、おぼろげに感じとるだけでもいい。これをわたし流に翻案すれば、「日本」（の大学）は「西洋」からも「東洋」からも解放された知的安全地帯などではないという警告の書。

『愛について　上・下』ドニ・ド・ルージュモン／鈴木健郎、川村克己訳（平凡社ライブラリー）

著者はいわゆる「政治参加」の文学者。「二十世紀の世界には、対立する二つの陣営、二つの政治形体、二つの人間的態度しかない。今日の世界に君臨する真の劇は、全体主義と連邦主義の対立だ。前者は脅威であり後者は希望である」という感動的な台詞をのこしている。連邦主義の困難が露呈している今日だからこそ、文化の多元性を抱擁する書物が読みたい。原題は『愛と西欧』。これも博引旁証、トリスタン伝説はもちろん、オリエントの神秘主義、プラトン、キリスト教の愛のイメージをへて、フランス文学総なめといった豪華さで「西欧精神」のなんたるかを浮上させる。

2

『失われた時を求めて』マルセル・プルースト／井上究一郎訳（ちくま文庫、全10巻）、鈴木道彦編訳（集英社、上・下）

無人島にもってゆくならこれと決めているのだから、すすめぬわけにはゆかない。プルーストは自虐的にならなければ読破できないなどという人もいるけれど、むしろ気楽につき合ってほしい。眠いのか眠れないのかよくわからぬ冒頭から、登場人物全員が凄味のある「老い」の仮面をかぶってしまったような終幕まで、たいていの断章がとても身近な、実感できる話題からなっていて、ただそれがとほうもない拡大鏡にかけられているのだという仕掛けがわかり、それが楽しめるか。要は精神の柔軟さの問題。怪物的に素敵なホモの男爵がでてきます。集英社版は巧みな解説で全体像をおぎなった抄訳。

『不滅』ミラン・クンデラ／菅野昭正訳（集英社）

なぜそうなのか、論証するのはむずかしいだろうけれど、ジョイス、ベケット、ボルヘス、ナボコフ、ギュンター・グラス、クンデラ……、と名をあげてみれば、二十世紀の偉大な文学のおおかたは、故郷喪失の経験をもち、複数の文化との劇的な出会いのなかで生きた作家たちのものである。そこで面白さ、読みやすさという点からも、ちょっと大人の人生、現代の世界が見えてくるという意味からも、『不滅』は「推薦図書」の筆頭にきます。クンデラの魅力は、一、国民文学の枠組みをこえたヨーロッパ的スケール、二、反体制の文学とは異なる政治とのふかいかかわり、三、「性愛」という主題がもたらす詩情、四、笑い、遊び、軽さ、にある。など列挙してみても、たいして説得力はないでしょうけれど。昨年秋に出版されたエッセイ

（原題をそのまま訳せば『裏切られた遺言』*——はやく翻訳が出ますように）がまた素晴らしい。電車のなかでクスクス笑ってしまいました。

『ガニュメデスの誘拐』ドミニック・フェルナンデス／岩崎 力《つとむ》訳（ブロンズ新社）

ジェンダーや性差の問題が、文化論の中核に位置する主題のひとつであることはいうまでもない。アナール派などのあたらしい歴史学の業績によって、従来マイナーな文化的資料にすぎなかったものが発掘され、時代のメンタリティに照明があてられるようになってきたものの、これをさらに文学、絵画、音楽など、学術作品の文化的読解のレベルに還元するという作業ははじまったばかり。ギリシャからエイズまで、この本の「同性愛文化」に関する考察の厳しさ、分析の細やかさをささえているのは「戦闘的同性愛者」としての著者の矜持だろうか。こういう書物をいったん手にすると、手軽な入門書はみすぼらしく見える。

3 **『仮面の解釈学』**坂部 恵（UP選書）

気がついたらやっぱり翻訳物ばかりならべていました。そこで「真に相互的世界をかたちづくることのない〈まなざし〉regard というどぎつい言葉がわがもの顔に世の中を横行し、〈おもざし〉ということばがもうほとんど古語の仲間入りをしたような、そのような時代のあり方をわたしはにくむ」などという文章を読むとどきりとします。「西欧の精神」と「日本の心」とを優雅な手さばきでむすびつける哲学的エッセイ。

＊'94年秋に集英社より刊行

國重《くにしげ》純二《じゅんじ》（教養学部教授／アメリカ文学）

『シェイクスピア全集』◇（筑摩書房、全8巻）

文学作品を読むことは、多くの人の一生を追体験することだ。多種多様な人間を描き分けた天才作家の作品を通読することは、読む人の人生をそれだけ豊かにしてくれる。悲劇を読んで、運命に抗しながら運命に操られてゆく人間に涙するのもいいし、喜劇の底に流れる人生の哀歓に触れるのもいい。史劇を読んで、滔々《とうとう》と流れてゆく歴史の渦の中で、個々の人間がどう生き抜こうとしたのか、彼らの描く人間模様に驚嘆するのもいい。そしてここにも働く人知を越えた巨大な力の存在を知り、おごれる自己を恥じることも大いなる進歩だ。

『ドストエーフスキイ全集』△（河出書房新社、全20巻）

嘗《かつ》ては、神が造り、神が統《す》べる完璧な世界が存在すると信じられていた。その世界が、完璧でないとしたら、人はどうやって生きていったらいいのだろうか。いやそもそも神など存在しないとしたら、この世界は存在するのか。一とゼロしか存在しない単細胞的世界観に飽きた人は、もう一度、何だか訳が分かるようで分からない思索の原始林に入ってみるのも悪くないのではないか。

以上の全集は、長期の休みなどを利用して朝から晩まで格闘することが望ましいが、それが無理なら、シェイクスピアの場合は、せめて四大悲劇を、ドストエーフスキイの場合は『カラマーゾフの兄弟』を読むべきだろう。

『邪宗門　上・下』◇高橋和巳（河出書房新社）

極限状況を体験した人間が、その後どう生きてゆくか、そして宗教は人を救いうるのか、読み終って身体中が震えること請け合いの、名作。

『アメリカの歴史』◇サムエル・モリソン／西川正身訳監修（集英社、全3巻）

歴史観が目まぐるしく変わり、コロンブスのアメリカ発見がアメリカ到達と言い換えられるようになった。だが歴史に対する考え方がいかに変わろうと、基本的な事実は存在する。アメリカを研究対象にしようとするとき、文学であれ、経済であれ、法律であれ、歴史そのものであれ、一般的な常識が必要だ。基本的な知識の上に、自分独自の歴史観で、個々の事象の解釈に進むべきだろう。

『アブサロム、アブサロム！』◇ウィリアム・フォークナー／大橋吉之輔訳（冨山房）

小説を読むことは知的冒険でもある。小説は作家だけで書くものではなく、読者も当然参加すべきものである。こんなことは今や常識だが、この半世紀以上も前の小説は、あらためて、そのことを実感させてくれ、知的冒険の醍醐味を十分に味わわせてくれる。読み通すだけの根気と体力があれば話だが。

3 『コミュニケーションの共同世界』◇杉浦克己

教養学部では、学際的研究が進められている。と言っても、具体的には、どのようなものが学際的研究なのか、色々な人が、色々なことを言っていて判然としない。本書は、学際研究のあり方とその成果を具体的に教えてくれる示唆に富んだ好著である。

近藤《こんどう》哲夫《てつお》（教養学部助教授／国際関係論）

『地球に生きる倫理——宇宙船ビーグル号の旅から△』ガレット・ハーディン／松井巻之助訳（佑学社）

収録されている「共有地の悲劇」は、今日問題になっている人口問題や環境問題を考える上で、大いに参考になる。

『総合安保と未来の選択△』衛藤瀋吉《しんきち》、山本吉宣（講談社）

第二次大戦後の日本の外交を歴史的に検討し、現在の日本の進路を考察している。現在の日本外交および国際関係を考える上で、一年生のうちに読んでおきたい本である。

『国際政治経済の構図』猪口　孝（有斐閣）

十年以上前に書かれた本であるが、国際政治経済の見方と歴史をたくみに説明している。

『日米経済摩擦の政治学△』グレン・フクシマ／渡辺　敏《さとし》訳（朝日新聞社）

『対米経済交渉△』藪中三十二《みとじ》（サイマル出版会）

日米経済摩擦は、新聞にもよく書かれており、ジャーナリストや学者も経済摩擦について多くの本を出している。フクシマは米国通商代表部に、藪中は日本の外務省に所属し、実際に日米経済摩擦の交渉に参加した当事者であった。当事者からみた経済摩擦という点からこの二冊を挙げておく。

『戦略的思考とは何か◇』アビナッシュ・ディキシット、バリー・ネイルバフ／菅野　隆、嶋津祐一訳（TBSブリタニカ）

ゲーム理論の教科書は、いろいろあるが、この本は、数学をほとんどもちいず、具体例を豊富に使用してゲーム理論をわかりやすく説明している。政治学、国際関係論、経済学を将来勉強しようと思う人は、夏休みにでも読んでみたらよい。

3 『国際的相互依存』山本吉宣（現代政治学叢書18）

現在の複雑な国際政治経済を捉える理論的視座を提示している。一年生にとっては、抽象的・難解なところがあるかもしれないが、将来必ず役に立つ本である。

『戦争と平和』猪口邦子（現代政治学叢書17）

戦争をきわめて包括的かつ体系的に説明している。一年生でも十分興味深く読める本である。

柴《しば》 宜弘《のぶひろ》（教養学部教授／東欧地域研究・バルカン近現代史）

自分史にそって、印象に残っている本を三冊あげておく。

1 『東京の原像』加太こうじ（講談社現代新書）

紙芝居『黄金バット』の原作者として知られている著者の東京庶民風俗論。著者と同じく荒川区の尾久《おぐ》町で育ち、同じ公立の中学校（高等小学校）を卒業しているせいか、幼い頃の原風景が懐かしく思い起こされる。著者の気っ風と意地にはつい共感してしまう。

『現代の青春〈エッセイ集〉』高橋和巳（旺文社文庫）

三十九歳で夭折した中国文学者で作家の青春論、読書論、回想を集めたエッセイ集。学生時代、取りつかれたように「暗い」高橋文学に読み耽った。

『ニコライ・ラッセル――国境を越えるナロードニキ』和田春樹（中央公論社）

大学院時代に読み、多大な刺激を受けた。ラッセルのような人物を追うことによって、東欧を描いてみようと決意したが、まだ果たせないでいる。

2 **『東欧の民族と文化』**南塚信吾編（彩流社）

ドイツとロシア・ソ連とのあいだに挟まれた多様な東欧諸国の民族と文化について、それぞれの専門家が執筆した格好の東欧入門書。日本の東欧認識の変遷に関する編者の叙述も興味深い。

『東欧を知る事典』◇伊東孝之、直野　敦、萩原直、南塚信吾監修（平凡社）

五〇音順の項目編と地域・国名編から構成されている。西欧社会との比較や東欧社会内での比較の視点が組み込まれており、歴史や制度だけでなく、文化や社会や人々の暮らしを理解することができる。現時点での東欧研究の水準を示している。

『ドリナの橋』アンドリッチ／松谷健二訳（恒文社）

ボスニア生れのノーベル賞作家が描く歴史小説。内戦の続くボスニア・ヘルツェゴヴィナの三民族（宗教）の四〇〇年にわたる生活を描いている。三者の対立と協調関係の深層を垣間見ることができる。現代東欧文学全集の一冊。

3 地域研究を専攻する立場から次の二冊をあげておく。

『ひとつのヨーロッパ　いくつものヨーロッパ』宮島　喬《たかし》

『国際関係学』百瀬　宏

下井《しもい》　守《まもる》（教養学部助教授／化学）

1 **『「超」整理法』**野口悠紀雄（中公新書）

新入生の諸君にはまだ書類の整理などには興味がないかもしれないが、社会人にとっては切実な問題である。昆虫採集に興味を持ったこともある自分としては、書類も分類すれば整理がつくと堅く信じていたものの、それにしてもどうしてうまくいかないのか常日頃悩んでいた。全ての資料を時間軸を基に並べてしまうという従来の整理法と全く異なる方法論を提案した本書によって目から鱗が落ちたところである。

『辞世のことば』 中西 進（中公新書）

古来歴史に名を残した人は、死期に臨んで有名な言葉を残している場合が多い。本書は有間皇子から三島由紀夫までの六十人の辞世のことばとそれが詠まれた状況やその人の生き方を記したものであり、一つ一つが興味深い。「昨日の発句は今日の辞世、今日の発句は明日の辞世、わが生涯いひすてし句は一句として辞世ならざるはなし」という芭蕉の言葉は〃発句〃を〃授業〃と変えて座右の銘としたい。

"Ah, Sweet Mystery of Life" "Danny the Champion of the World", by Roald Dahl (Penguin books)

Dahlの本は児童書にしても大人向けのものにしても思わずにんまりさせられるものが多く、ひまな時に楽しめる。前者はしたたかともいえるイギリスの農民たちの生活描写であり、後者はきじの密猟に工夫をこらし楽しむ父子を描いたものである。いずれも虚構と真実とが区別できなくなること請合いである。

2 **『市民の化学——今日そしてその未来』** ピメンテル（G. C. Pimentel）、クーンロッド（J. A. Coonrod）／小尾欣一他訳（東京化学同人）

アメリカの著名な化学者たちが化学研究の最前線と社会がよせる化学への期待、さらにその将来を論じた書であり、アメリカの大学環境や就職の案内まで出ている。

『化学結合論』ポーリング（L. Pauling）／小泉正夫訳（共立出版）

　化学結合の理論としては原子価結合法と分子軌道法の二つの流れがある。現在は後者に大きく傾いてきているが、二つのノーベル賞受賞者であるポーリングは前者の旗頭である。化学結合論における古典的名著であり、明解な議論は説得力が高い。クールソンの**『化学結合論』**（岩波書店）も分かりやすい。

***Symmetry and Structure*,** by S. F. A. Kettle (John Wiley)

　対称性は化学にとっても非常に有用な概念であり、群論はその理論的体系づけをする。残念ながら、化学のカリキュラムの本流からはずれるために、系統だって教授されることが少なく、どうしても自習せざるをえない。コットンなどの好著がいくつかあるが、自習書としては多分これが一番優れているだろう。分子軌道法に適用しながら群論を解説しているのだが、水分子からエチレン、アンモニアへと対称性の観点から段々複雑な分子へと展開していくやり方は、群論を非常に親しみやすいものにしている。残念ながら翻訳はない。

『エントロピーと秩序――熱力学第二法則への招待』P・W・アトキンス／米沢富美子、森弘之訳（日経サイエンス社）

　熱力学第二法則によって記述されるエントロピーはエネルギーの質をはかる物理量であり、理科生が学ばなくてはならない必須の概念である。本書は数式を使わずにエントロピーの本質に迫っている。翻訳によって横書きから縦書きにかわってしまったのは、エントロピーが自然科学だけでなく社会科学の重要な概念にもなってきたことを考慮しての処置であろうが、われわれにはかえって読みにくいものになってしまい残念だ。原書はScientific American Libraryの一冊として発行されたが、色刷で図版も大きく、こちらの方を勧める。著者は物理化学の教科書の著者として著名であり、同シリーズからほかに二冊出しているがいずれもすばらしい。

Scientific American

日本では『日経サイエンス』として毎月翻訳がでているが、ぜひ原文で読むとよい。アメリカから直接取寄せると、一冊四百円程度ですむ。最先端の科学の動向を知ることができる。

『理科系の作文技術』木下是雄（中公新書）

学生のレポートなどを読むと採点するのもいやになる文章が少なからず見受けられる。簡潔明瞭な文章作成の訓練が必要であり、その際の良き指針となる。著者の主張に全面的には賛成できないところもあるが、本書を読むと、日本の小学校以来の作文教育がいかに間違っていたかが知らされる。

3 残念ながら化学関係の出版物は少ないが、

『量子物理化学』大野公一

は内容盛沢山の参考書である。

東大公開講座のシリーズ◇はエネルギー、光など特定のテーマについて多面的に接近されており、どれをとっても面白い。

増田《ますだ》一夫《かずお》（教養学部助教授／フランス思想）

1 **『存在と時間』**◇マルティン・ハイデガー／原　佑《たすく》、渡辺二郎訳（中央公論社、世界

の名著)

膨大な哲学史的知識を下敷きに一九二七年に第一部が刊行され、未完に終わった本書は、全貌を把握するにはまさに多岐亡羊である。しかも、危険な導き手とならない保証はない。とはいえ、一時ナチズムに共鳴してしまったその著者の「誤謬」、あるいは全体主義との本質的な親和性をもってしまう本書の「罪」をつねに意識するならば、一度はのぞいてみる価値がある。

『利己的な遺伝子』 R・ドーキンス/日高敏隆、岸由二、羽田節子、垂水雄二訳 (紀伊國屋書店、科学選書9)

ハイデガーは、「動物」と「人間」(正しくは「現存在」)とを峻別するが、この後者を一切の生物学的規定から解放しようと細心の議論を構築している。その意味では、ナチズムの生物学的人種主義との単純な一致はありえない。そればかりか、「生命」に関しては極度の慎重さをみせている。その彼が、生命をめぐる科学技術は、人間に対して「水爆の炸裂よりも恐ろしい」脅威を準備しているとの予感を記したのは、一九四九年のことであった。それとはまったく対極的に、人間とは生物であり、さらにその生物とは「生存機械——遺伝子という名の利己的な分子を保存すべく盲目的にプログラムされたロボット機械」であるとするドーキンス。この行動生物学者は、一九世紀生まれの、けっしてタイプライターを使おうとはしなかった哲学者の危惧する時代が、まぎれもなく到来したことを告げている。

『自己創出する生命』 中村桂子 (哲学書房)

さらに一歩進んで、生命とはたんなる「保存」ではなく「自己創出システム」であるとするのが本書である。そのうえで、著者は哲学、情報科学などの対話を試みつつ、二一世紀へ向けて、時代をささえる「スーパーコンセプト」として「生命」を呈示しようとする。

2 **『性の歴史Ⅰ　知への意志』**M・フーコー／渡辺守章訳（新潮社）

こうした生命科学のめざましい展開とその見かけ上の自明性は、「なぜ〈生命〉に関心が集中するのか」という問いかけをためらわせる。そのなかで、あえて生命重視を「思想」の結果として捉え、生命が中心的な地位を占めるにいたるプロセスを追究したのがフーコーであった。彼は、権力と提携する近代の知が、巧妙かつ包括的な生命の操作を構成要素とする「バイオ・ポリティックス」を出現させたことを示し、さらにこの共通の地盤の上にこそ、普通は対立するものとして表象されるWelfare Stateとファシズムの両者が誕生をみたと暗示する。なお、同じ著者の**『監獄の誕生』**田村俶《はじめ》訳（新潮社）も印象的である。

『王の二つの身体』◇エルンスト・カントーロヴィチ／小林公《いさお》訳（平凡社）

この異色の中世史家は、西洋近代の言説をさらにさかのぼった基層からたどろうとした。君主が、キリストの「肉の身体」と復活後の「光栄の身体」をもつ者として現われることによって権威を帯び、またキリストの身体を中心にすえた共同体（ローマ教会）の言説全体を世俗国家が我有化してゆく政治学的レトリックを跡づけている。いずれにせよ、ヨーロッパ大陸からの亡命者である著者の眼に、ベネディクト派修道会（五二九年創設）のアメリカ支部の名のあとに印刷されたInc(orporated)という文字がとまったのが、本書執筆のきっかけだったというエピソードは、身体的比喩の執拗さと新旧大陸の違いを浮き彫りにして面白い。

『史的システムとしての資本主義』◇　インマニュエル・ウォーラーステイン／川北　稔訳（岩波現代選書）

荒削りで断定的ではあるが、低コストの労働力獲得を原動力として拡大する資本主義を包括的なシステムとして捉える、この著者への最も手軽な入門書。市場化、技術革新、性差別、人種差別のメカニズムなどにも触れられており、近代以降の世界で出会われる諸現象と突き合わせて考えるべき数多くの図式を提供してくれる。

『オリエンタリズム　上・下』　エドワード・W・サイード／板垣雄三、杉田英明監修／今沢紀子訳（平凡社ライブラリー）

「地球」とは言説の産物であり、現実との接点をほとんど持たぬ表象でもありうるという事実を雄弁に示した著作。知識は非政治的であってほしいという願望を、フーコーと同じように、ものの見事に打ち砕いてしまう。特定の「地域文化」に関心を持つ者にとっても有効な著作であるが、文学作品もふんだんに引用され、文学に関心があるむきにも新たな視点を提供してくれる。

3　**『日本政治思想史研究』**　丸山眞男

『南北戦争と国家』△　長田豊臣

松岡心平《まつおかしんぺい》（教養学部助教授／国文学・表象文化論）

1　**『カラマーゾフの兄弟』**　ドストエフスキー／米川正夫訳（岩波文庫、全四巻）

高3の冬に読んで、大感動した本。この先どう行動するかわからない生身の他者がそこに立っている、という感覚も与えられたのは、あとにもさきにもこの小説からだけであった。

『歴史・祝祭・神話』△ 山口昌男（中央公論社）

ロルカやジル・ド・レや佐々木道誉や織田信長やトロツキーやメイエルホリドなど、東西のあぶれ者たちが、書物の祝祭空間の中で乱舞する様は、壮観。読んでいて楽しい本。

『チベットのモーツァルト』 中沢新一（せりか書房）

文章が音楽のように鳴ることを、詩や小説ではなく思想の書としてなしえた稀有な本。この本から、私は、日本中世の連歌や田楽の見方についても多くのヒントを得た。

『蒙古襲来』 網野善彦（小学館）

歴史的なディテールについてもいろいろ示唆を受けたが、なによりすごいのは、歴史のうねりを文章として記述する筆力。甥（義理）の中沢新一氏とはまたちがったエロスの力が行間から立ちのぼってくる。

2 **『能――神と乞食の芸術』**△ 戸井田道三（せりか書房）

『能――現在の芸術のために』◇ 土屋恵一郎（新曜社）

能の授業をしていて、いつも困るのは、適当な入門書がないことだが、少々、高度なものでよければ、この二著が出色。とくに後者は土屋恵一郎氏という現代の「目きき」による能の本質論で、ぜひ一読をすすめたい（土屋氏と私は、「橋の会」という能のプロデュース団体の同人ですが、これははっきり言って仲間ぼめではありません）。

3 **『仮面の解釈学』** 坂部 恵（UP選書）

『中世文学の世界』 久保田 淳（UP選書）

『中世民衆の生活文化』 横井 清

松原隆一郎《まつばらりゅういちろう》（教養学部助教授／社会経済学・相関社会科学）

1 **『果てしなき探求——知的自伝』**△ K・ポパー／森 博訳（岩波現代選書）

批判的合理主義を唱える科学哲学者として著名な大家の自伝で、反証主義から比較的最近の議論までが紹介されているので、ポパー理論を知るために便利な書物ではあるが、ここでとりあげたのはそういう理由からではない。生地ウィーンでの社会主義への共感や反発から彼の哲学が出発するさまがいきいきと描かれる。人生上の体験は専攻する学問とは無関係でよい、という立場もありうるだろうが、そうした主張に対する見事な反証例。

『ある思想史家の回想』 I・バーリンほか／河合秀和訳（みすず書房）

も同じ理由で印象的。ただし、新入生にはともに難解かもしれない。私自身が新入生のころ、学問は受験技術とは違って面白そうだと知らされたのは、

『本はどう読むか』△ 清水幾太郎（講談社現代新書）

『わが人生の断片』△ 清水幾太郎（文春文庫）

などだった。

2 **『ソシオ・エコノミックス』**△ 西部 邁《すすむ》（中央公論社）

『産業社会の病理』◇ 村上泰亮（中央公論社）

経済学や社会学・政治学などいくつかの専門領域を両論併記したり、それらの正しさを前提したうえで応用的につまみ食いするというかたちでの学際研究でなく、専門の狭隘さ（とくに経済学）を自己批判するために他の領域に目を配る、という意味での日本固有の相関社会科学は、これらの書物から始まった。

古典だが、バイセクシュアルのお前はゴキブリ野郎だ、とD・H・ロレンスに殴られた事件を回想する『若き日の信条』ケインズ／宮崎義一ほか訳（中央公論社、世界の名著）も、倫理学と経済学の相克を論じているといえる。

三浦《みうら》 篤《あつし》（教養学部助教授／西洋美術史）

①**『悲しき熱帯　上・下』**クロード・レヴィ＝ストロース／川田順造訳（中央公論社）

②**『オリエンタリズム　上・下』**エドワード・W・サイード／板垣雄三、杉田英明監修／今沢紀子訳（平凡社ライブラリー）

③**『「縮み」志向の日本人』**李《イー》 御寧《オリヨン》（講談社文庫）

これからの世界を生きる者にとって、今以上避けて通れぬ問題となる「異文化の理解」という観点から三冊選んでみた。「価値の相対性」を認識するための刺激となるはず。①では、ブラジル奥地の原住民文化の構造を解読し、比較文明論的考察を加えていく二十世紀フランスの文化人類学者における余りにも「西洋的な」眼差しに、と同時に「普遍」を志向する知的迫力と感覚的な豊穣に、心底おののいてほしい。②は、西洋近代が他者としての「東洋」に対して捏造した認識論上の枠組みを過激に批判し抜いた、パレスティナ生まれの比較文学者による画期的な論考。ただし、アジア諸国に対する日本の「オリエンタリズム」を考えるとき、我々にとってサイードの言説は諸刃の剣となる。「韓国の知性」が日本文化の特質を鮮やかに解析した③では、比較文化研究における三点測量の有効性をしっかり味わってほしい。異文化理解への勇気を与えてくれる書物でもある。

①**『美の思索家たち』**高階秀爾（青土社）

西洋で生まれた美術史学という学問の輪郭線、とりわけ第二次大戦後に花開く方法論的成果の概略を知るために格好の書物。ただし、著者の適切な要約と解説でわかった気にならず、各自が興味を覚えた原著を読破して初めて入門書として実りあろう。なお、美術史学からイメージの分析学に傾斜しつつある一九八〇年代以降の新しい立場を垣間見たい方には、***Visual Theory***, ed. N. Bryson, M. A. Holly & K. Moxey (Cambridge, Polity Press, 1991) をお薦めする。

②**『群衆の中の芸術家』**阿部良雄（中公文庫）

ボードレールの美術批評研究を深化させることが、一九世紀フランス絵画の歴史的理解に直結することを見事に提示した書物。稠密な思考に支えられた歴史学的、社会学的分析の冴えに、私自身何度ヒントをいただいたか知れない。

③**『絵画の領分』**芳賀徹（朝日選書）

西洋文化と接触した近代日本の美的感性の軌跡、その文化史的意味を明治以降の洋画家、文学者の仕事に探る力作。画像やテクストの内実や手触りを、熱度の高い精彩ある文体で浮かび上がらせる筆者の業が見物。

横山《よこやま》正《ただし》（教養学部教授／建築学）

『折口信夫全集』（中央公論社）
『吉川幸次郎全集』（筑摩書房）
『青木正兒全集』（春秋社）

私が机辺に置くこの三人の全集は、ふと、どこを開いても格調ある文章が新しい知見に誘い想像力をかき立ててくれる。文章を書く人間、ものをしゃべる人間は、どのような場合にもけっして内容のレベルを落すことがあってはならないということを教えられる。

『音楽と言語——ミサの作曲に示される西洋音楽のあゆみ◇』T・G・ゲオルギアーデス／木村敏訳（音楽之友社）

　この本をはじめて読んだ時の衝撃は忘れられない。ドイツ語とイタリア語の言葉の組立てかたの違いが、アルプスを越える時に宗教音楽に独特の深みを与えることになった経緯が論証され、シュッツがその重要な転回点として位置付けられる。ヨーロッパを空間の拡がりのなかで捉える立場からも勧めたい本。訳本は久しく絶版になっていたが、このほど講談社学術文庫に加えられた。

2

『奈良の寺々——古建築の見かた△』太田博太郎（岩波書店）

『〈まち〉のイデア——ローマと古代世界の都市の形の人間学』ジョーゼフ・リクワート／前川道郎他訳（みすず書房）

　専門に進もうというひとは勿論、専門以外のひとにもぜひというものを択んだ。前者は岩波ジュニア新書の一冊だが、内容は本格的なもの。まずこの一本を携えて奈良の寺を巡って欲しい。たとえヨーロッパやイスラムのことをやろうと思うひとでも、というよりそういうひとこそ是非。欲を言えばもう少し空間のありようについても語られているといいのだが。後者は古代ローマの都市を論考したものだが、リクワートの博識と興味はほとんどはてしない時空へと私たちを誘っていく。リクワートの研究者としてのすばらしさは知っていたが、直接、教えを受けたひとに、彼がまさにこの本に示されるような形で学生を導くと聞いてあらためて敬服した。訳書もきちんとしたものだが、思いきって原書に挑戦してみたらどうだろう。

The Idea of a Town, by **J.** Rykwert（Princeton University Press）

『ユートピアの思想史——ユートピア志向の歴史的研究』△マリー・L・ベルネリ／手塚宏一他訳（太平出版社）

『ユートピアと文明——輝く都市・虚無の都市』△ジル・ラプージュ／中村弓子他訳（紀伊國屋書店）

『革命とユートピア——社会的な夢の歴史』△ブロニスラフ・バチコ／森田伸子訳（新曜社）

都市や建築にかかわろうとするひとはぜひユートピアの問題について考えて欲しい。この三冊の著者の立場はそれぞれ異なるけれども、とりあえずユートピアについて考えるための手掛りとなると思う。

3

『都市と建築』S・E・ラスムッセン／横山 正訳

私の訳で恐縮だが、専門に関係なくぜひ読んで欲しい名著なので。ヨーロッパの都市の成立と発展を広い文化史的な背景のなかで描いており、図も豊富。ヨーロッパを旅しようというひとにも恰好のテキストになると思う。

『図集　日本都市史』高橋康夫、吉田伸之、宮本雅明、伊藤 毅編

これも専門に関係なく楽しめる本。見開き単位でテーマがまとめられており、ふと開けたページからさまざまな時代の都市への発見の旅が出来る。最新の研究の成果を盛込み、大変な労力をかけて造られた本である。

1995

千葉県の柏市に、本郷、駒場に次ぐ東大第三のキャンパスの建設が決定。これによって、社会の基幹を成す伝統的な学問の本郷、社会に開かれた学際的な駒場、社会を先端性でリードする「学融合」の柏、という「三極構造」が形として整う。これに伴い六本木にあった物性研究所は柏に、生産技術研究所は駒場に移転し、その跡地は再開発に。この年の一月阪神大震災、三月に地下鉄サリン事件。

石井龍一《いしいりゅういち》（農学部教授／作物学）

私は他の人に本を、特に専門の本以外の本を勧めるということを、あまり好みません。過去に読んだ本の中で印象深かったものをあげておきます。

青春の日——今でも読みふけってしまうのは、精神的な成長が進んでいないからか？

『ジャン・クリストフ』ロマン・ロラン／豊島与志雄訳（岩波文庫、他）
『悲の器』高橋和巳（新潮文庫）
『邪宗門』高橋和巳（朝日文庫）
志賀直哉・武者小路実篤・有島武郎など白樺派の小説

生物学への興味——生物学（特に植物学）に興味を持たせてくれたと思っている本（最後のものは一九七八年刊行の比較的新しい本）。

『生命の起源△』オパーリン／石本　真訳（岩波書店）
『生態学の基礎△』オダム／三島次郎訳（培風館）
『植物の生理△』ボナー、ゴールストン（岩波書店）
『地球市民のための生物学序説△』エーアリック、ホーム、スレー（啓学出版）

研究者への道——若い方達からみれば、旧き時代の研究者像かもしれないが、でも、ここに研究者としての原点があるような気がしています。

『学者の森△』藤田信勝他（毎日新聞社）
『キュリー夫人伝』エーヴ・キュリー／川口篤他訳（白水社）
『南方熊楠』鶴見和子（講談社）

2 植物科学を志す方へ勧めます。分子レベルの学問へ入る前に、植物による生産についても考えておいてほしいと思います。

『植物の物質生産』△ボイセン・イェンセン／門司正三他訳（東海大学出版会）

『作物の進化と農業・食糧』J・R・ハーラン／熊田恭一他訳（学会出版センター）

『栽培植物と農耕の起源』△中尾佐助（岩波書店）

3 生物学関係の専門書は別として、一般教養書として**UPバイオロジー**◇の全部。なかでも次の本を興味深く読みました。

『イネの育種学』△蓬原雄三

『物質生産の生態学』△黒岩澄雄

『光合成の暗反応』△西田晃二郎

また、**東大公開講座**◇もお勧めします。なかなか面白いものがあります。

内野《うちの》 儀《ただし》（教養学部助教授／現代演劇・比較文学・比較文化）

1 **『シェイクスピア全集　全37巻』**小田島雄志訳（白水社）

「なんといってもシェイクスピアさ」というわけではありませんが、やっぱり学生のころ読んでいろいろ考えるところがありました。「世界と人間を肯定することの最大の果実がここにはある」などというと、ちょっとキャッチコピーふうですが……。原語で読むのにこしたことはありませんが、「勉強」という感じになるので、わりと軽いノリの訳がさえる小田島訳をすすめます。

『ベスト・オブ・ベケット　全3巻』◇高橋康也、安堂信也訳（白水社）

シェイクスピアをあげればベケットもという

わけですが、二十世紀になって、人間がどれだけ（たぶん必要以上に）複雑になったかを、逆説的な単純さで示してくれるベケットは、「むずかしいけど、おもしろい」のです。

『ハイナー・ミュラー　テクスト集　全3巻』 岩淵達治、越部　暹《のぼる》、谷川道子訳（未来社）

　最近読んだ中で、いちばん印象に残った書物。ミュラーは旧東ドイツを代表する劇作家です。中でも第1巻に入っている『ハムレットマシーン』という『ハムレット』の改作劇は、「壁」が崩壊してもうだいぶたちますが、世界や文化や言語といった大文字の問題系について、つきない思考へとぼくをさそってくれました。

2

『演劇とその形而上学△』 アントナン・アルトー／安堂信也訳（白水社）

『なにもない空間』 ピーター・ブルック／高橋康也、喜志哲雄訳（晶文社）

『実験演劇論△』 イェジュイ・グロトフスキ／大島　勉訳（テアトロ）

『死の演劇△』 タデウス・カントール／松本小四郎、鴻　英良《おおとりひでなが》訳（PARCO出版）

　演劇をやろう、あるいは現代演劇について考えようとするなら、必読の四冊です。実践家によって書かれた演劇論だというのが共通する特徴ですが、それぞれの時代と文化圏を代表する思想書にもなっています。

『虚構の身体△』 渡邊守章（中央公論社）

『芸術としての身体』 D・レヴィン他／尼ヶ崎彬編訳（勁草書房）

　ちかごろ身体論がはやっていますが、芸術と身体という今日的問題を過激にかつ緻密に語った、もはや古典的ともいえる身体論関係の書物がこの二冊です。

『ラバーソウルの弾みかた△』 佐藤良明（ちくま

学芸文庫)

『メタフィクションの謀略△』巽 孝之(ちくまライブラリー)

『女がうつる』富島美子(勁草書房)

同世代の研究者の書物にここで登場してもらうのはちょっと気が引けますが、文学研究という「おカタイ」イメージを粉砕し、柔軟な思考力と緻密なテクスト分析力とポップな文体を見事に融合させることで新たな地平を開拓したスグレモノとしてこの三冊をあげておきます。

3 『演劇概論』河竹登志夫

この手の本では名著中の名著。古典的すぎてつまらないなどといわないで、とにかく一度読んでみてください。

The Universe of English

The Expanding Universe of English

いずれも東京大学教養学部英語教室編

教養学部の英語I当事者の一人でもありますので、この二冊を推薦するのはいかがなものかという感じもしますが、この二冊に集められたさまざまなエッセイには、授業をしていても教えられることが多く、自分の研究者としての、あるいは教育者としての未熟さを毎週痛感させられています。とにかくここに集められたさまざまな分野の最先端の思考を知っていることが、現代の世界について何かを語りはじめるときの前提となることだけは間違いないでしょう(ちょっと、大げさか……)。

大沢真理《おおさわまり》(社会科学研究所助教授/社会政策・ジェンダー研究)

1 『水平運動史研究〔民族差別批判〕』キム・チョンミ(金 靜美)(現代企画室)

差別は外側から被差別者にのしかかるばかり

ではない。被差別者自身の内面に食い入って、自信喪失、自己嫌悪、仲間にたいする侮蔑や差別者への迎合、自分より下に見える者にたいする攻撃性などに転化する。差別の内面化や「抑圧移譲」とよばれるこの問題を、全国水平社の部落解放運動にそくして厳しく検証する。

『フェミニズムと表現の自由』△ キャサリン・A・マッキノン／奥田暁子他訳（明石書店）

差別や階層ではなく、差異にすぎないとみなされがちな「性別」。両性の不平等を自然で生来のものと思わせ、女性への暴力をエロティックで楽しいものと思わせるうえで、ポルノグラフィは中心的な手段になっている。「表現の自由」のもとにポルノ産業の繁栄を保障することになるリベラリズムにたいして、フェミニズム法学から根源的な批判をおこなう。

『ヘヤー・インディアンとその世界』△ 原　ひろ子（平凡社）

カナダの北極圏の先住民の実地調査報告。極寒の地に飢餓と背中あわせの狩猟採集生活をおくるヘヤー・インディアンの世界が、生き生きと描かれる。個人の自主性と個性を最大限に認め、性別分業を極小化し、競争や攻撃性を排する彼らの生のあり方は、人類の「進歩」というものについて深い省察を呼び起こさずにおかない。

2 **『新フェミニスト経済学』** マリリン・ウォーリング／篠塚英子訳（東洋経済新報社）

「労働」と「余暇」、「生産」と「消費」などは、経済学のもっとも基礎的な概念だが、重大な偏りをもつ。環境を破壊し人間の生命を害するような行動が、現金を生み出すゆえに生産とみなされる反面、自然と共生しつつ親しい人々の必要を満たす諸活動——途上国の女性たちの食料採集や工業国の女性の育児・介護は、非生産であり余暇・消費なのだ。経済学と国民経済計算体系の歪みを指摘し、新しいモデルと方法を提案する。

『ライブラリ相関社会科学2　ジェンダー』原ひろ子、大沢真理、丸山真人、山本　泰編（新世社）

「ジェンダー」は社会的文化的に形成された性別をさすが、最近では、ジェンダーに注意して分析すること、ジェンダーという次元をくみこむことという意味で、動詞としても使われるようになった。「労働・経済」「政治」「文化・社会」「開発」の領域で、社会科学をジェンダーする試みの集成。

『現代日本の労働問題』戸塚秀夫、徳永重良編著（ミネルヴァ書房）

一九八〇年代に日本が経済大国となるにつれて、日本的経営や労使関係を世界の最先端のモデルとして積極的に評価する議論が、国内外で高まった。同時に、過労死や女性・外国人への差別などの問題もあらためてクローズアップされている。本書は、国際的連関において、また性別や企業規模、国籍による階層制的な構造に留意して、現代日本の労働と社会政策を概説する。

3　**『女性と社会保障』**社会保障研究所編

社会保障研究所長による「まえがき」は、「もともと今日までの社会保障論は、暗黙のうちに、基本的には男性社会を前提としてきたともいえる」と述べている。それを「女性の視点から」というよりはジェンダーを意識して分析することで、年金や現物・サービスの保障はもちろん、税制や労働法の体系、家庭労働の評価などを含めて、日本の社会保障の現状と課題を浮き彫りにする。

上村《かみむら》慎治《しんじ》（教養学部助教授／生物学）

1 **『笑うカイチュウ』**藤田紘一郎（講談社）

現代社会の環境やアレルギーなどの諸問題、寄生虫学という学問についての著者の自負と危機感、そういったものを多少風刺の効いた文章でまとめあげたエッセイ集。カイチュウに対する著者の並々ならぬ愛情がにじみ出ているくだりが随所にあって読んでいて愉快な本である。現代を冷静な目で眺めながら笑っているのはカイチュウではない、他ならぬ著者なのである。

2 **『光と物質のふしぎな理論——私の量子電磁力学』**R・P・ファインマン／釜江常好、大貫昌子訳（岩波書店）

門外漢の私（生物学を専門としているはずなので）がすすめるこの本は間違いないものである。数式がまったくないのに、読んでいる者が十分に理解できたような気持ち（錯覚）になってくる点はファインマン博士の驚異である。電磁気学に全く興味のない学生も——立ち読みでもよい、その驚異に一度触れてみるのは、将来にとってけっして損なことではない。

『シングル・レンズ——単式顕微鏡の歴史』B・J・フォード／伊藤智夫訳（法政大学出版局）

光学顕微鏡の歴史書。レーウェンフックから始まり、フック、ブラウンなど生物学に大きな貢献をしてきた人物をわかりやすく紹介している。レーウェンフックが実際に観察したと思われる生物試料を当時と同じ顕微鏡で、そして、現代の走査電子顕微鏡で観察して結果を比較している。先駆者の鋭い目は、先端技術を駆使することに慣れてしまった我々の目以上に多くのものを洞察していたということを、あらためて思い知らせてくれる。

3 **『ラン藻という生きもの』**△藤田善彦、大《おお》城《き》香

生物の講義でも真核生物・原核生物といった生物の違いは紹介されるだろうが、このUPバイオロジー・シリーズの中の一冊はラン藻類がどのような道筋で進化してきたのかという点から始まり、形態や分類など専門的な内容まで広く解説してある。このシリーズはそのときどきのトピックスとなっている分野やテーマを専門の研究者が簡潔に紹介している。この一冊に限らず講義で聞いたり新聞で読んで興味を持ったテーマを詳しく知りたいときに、ぜひすすめたいシリーズである。

佐々木《ささき》正人《まさと》（教育学部助教授／生態心理学）

昨年読んだ本でとにかく圧倒されたのがつぎの二冊。一部を引用する。

1 **『奇蹟の器――デルフトのフェルメール』**千葉成夫（五柳書院）

「ほかの画家が描く壁のほとんどは……どんなに迫真的に描かれていようとも、それは壁のように僕の眼に見える、『もの』ではなくて『表象』、にすぎない。そして、たしかに絵のなかの壁は、もちろんいつまでも表象でしかないのだけれど、フェルメールのばあいに生じていることは、どうしても、そこからさらに一歩ふみこんでいってみないとわからない、そういう事

態である。現実世界の壁の存在に匹敵する（存在感に匹敵する、ではない）、ある底光りのようなものが、ここで生れている。そう、言ってみたい。それは、ほとんど、ほんとうの壁なのだ！」

『小津安二郎の家』△ 前田英樹（書肆山田）

「映画は知覚から出発して記号によるイリュージョンの創出にいたるようなひとつの『芸術』なのではない。映画とは、私たちの知覚のまえにおかれる非中枢的なもうひとつの知覚であり、そこに現われ、縮減されているイマージュは、イマージュの総体としての、持続する全体としての世界それじたいのほうに属している。……映画が引きおこすこのような事態は、知覚内容を精神、意識、身体、その他もろもろの主体の活動のがわに置きつづけるすべての哲学、ないしは知のありよう（ベルクソンが最後までたたかったのはそうした知の伝統だったが）から切り離されている」

2

『思考と言語　上・下』△ L・S・ヴィゴツキー／柴田義松訳（明治図書出版）

『生態学的視覚論』 J・J・ギブソン／古崎《こざき》敬他訳（サイエンス社）

この二冊はまちがいなく二十世紀の「古典」になるのだろうが、現在（九〇年代）の心理学・認知科学の動向を知るうえで不可欠。かなりハードな本だが、時間をかけて読み通す価値がある。

3

『認知科学選書』◇ **24冊**

テーマは多岐にわたっているのだが、どの本も知識だけではなく、著者の「かお」があらわれているところが面白い、という人がいた。

佐藤健二《さとうけんじ》（文学部助教授／社会学）

1 『増補改版　錦絵の改印の考証』◇石井研堂（伊勢辰商店）

『はてしない物語』◇Ｍ・エンデ（岩波書店）

『谷川俊太郎詩集』谷川俊太郎（角川文庫）

石井研堂は、一般には不当にも『明治事物起原』（橋南堂、春陽堂、日本評論社）一冊だけの人であるかのように思われている。しかし、錦絵の考証は研堂の好奇心の幅広さと、その職人気質を貫くたゆまぬ徹底の見事さを伝える。芝居の記録を年月決定の変数としつつ、錦絵上に残された印の様式によって発行年代を推定する知識を体系化し、方法にまで標準化した。わが専攻からまったく遠い分野だったけれど、学問に共通する、ひらめきや思いつきを説得的なものにまで積み上げる実証の分厚さに感服した。鈴木重三の見識のある解説、木村八重子の丹念な補訂をつけて、最近、芸艸堂から復刻された。

エンデは、書物メディア論でもある拙著『読書空間の近代』（弘文堂）執筆中に、家人がたまたま読んでいたのを横取りして読んだ。内容のみならず印刷・装丁まで含めて、「人間にとって読書とは何か」を徹底して追究した書物だと思いこんだ。誤読かもしれないが、じつにわくわくしながら、そのディテールの解読ゲームに熱中した。

『谷川俊太郎詩集』は、中学生だった頃、ことばの力というものを実感した最初の書物。ただの紙のうえに印刷されたことばが、現実の身体を震えあがらせることを知った。ぼく自身は詩集などまったく読まなくなって二十年、今読み返したとしても、そうした強烈な体験を遠いもののように感じるだけだろう。失われた感覚の記憶はいささか悲しい。ただ、社会学の世界に進んでなお、石牟礼道子『苦海浄土』（講談社文庫）の叙述がもつ力や、竹内敏晴『ことばが劈《ひら》かれるとき』（ちくま文庫）の声にひかれたのは、少年の日のことば体験につながるものか。

2

『村と学童』 柳田国男（朝日新聞社）

『オーギュスト・コント』 清水幾太郎（岩波新書）

『文章心得帖』 鶴見俊輔（潮出版社）

社会学的想像力において読むべきテクストの範囲は広い。柳田国男がベンヤミンよろしく、敗戦前後に子どものために書きおろした文化史の入門書『村と学童』は、棒っきれにしてなお固有の歴史があることを教えてくれる。清水自身の人生をくぐらせたコント読解は、いわゆる概論とは別な角度からの「社会学とは何か」の提示となっている。書くことの意義をめぐって、同じ清水の『論文の書き方』（岩波新書）を挙げる代わりに、鶴見俊輔の『文章心得帖』を勧めておく。誠実さとわかりやすさを追究する運動としての、文章の理想が、そのまま思考の戦略でもありうることを、一流の明晰な語り口で説く。

新入生にとはいいながら、ほんとうは専門用語の固さが重苦しい、カタカナ乱舞、漢字黒々の本と格闘し疲れ、「学」の細道に行き暮れた時に読んだ方が、効果的かもしれない。

3

『明治新聞雑誌文庫所蔵新聞目録』

『明治新聞雑誌文庫所蔵雑誌目録』

いずれも東京大学法学部明治新聞雑誌文庫編

福武直《ただし》の自伝や黒田日出男の作品など、個々別々に印象に残る本は多いが、締切をとっくに過ぎて自宅の本棚を探す余裕がない。ここにあげたのは吉野作造・宮武外骨ら明治文化研究会の活動を基礎に残された蒐集を、たんねんに索引化したもの。新聞雑誌という近代の文化の広大さを手ざわりとともに教えてくれる貴重な入口である。入口としては構内の生協に行けばタダでくれる『東京大学出版会図書目録』もおススメ。この目録の片隅に載っている東京大学出版会発行の唯一の月刊誌『UP』も、耳学問の広場として利用しない手はない。

佐《さ》藤《とう》良《よし》明《あき》（教養学部教授／表象文化論）

1 そうだなあ、あなたはドラッグに関心がありますか？　だったら、Carlos Castaneda の“**The Teachings of Don Juan**”シリーズ（ペンギン・ブックス）がおおすすめ。英語でも読めるやさしい本で、世界の見方が変わるかもしれないくらいアブナクて、古代と現代の両方の知の世界に通じている——。はまってください。

2 読書は格闘技である。現代の俊英がバリバリに書いた本にぶちあたって、頭脳と感覚の筋力をつけていこう。そこでおすすめするのが、コンピュータ学者ダグラス・ホフスタッターの**『ゲーデル、エッシャー、バッハ』**（白揚社）。『不思議の国のアリス』が好きで、頭がよければ、これは楽しい。

3 もちろん、***The Universe of English*** と ***The Expanding Universe of English*** の二冊。訳文集も出まわっているようですが、原文の醍醐味を味わわずにすましてしまったのでは一生の損でしょうね。シリーズ番外編も、これから準備にかかります。

柴崎亮介《しばさきりょうすけ》（生産技術研究所助教授／環境情報システム）

1 『アイデアのつくり方』◇ ジェームス・W・ヤング／今井茂雄訳（TBSブリタニカ）

多くの工学系の教官は基本的に零細企業の旦那（女将）さんである。研究の企画、進行管理に加えて、営業から経理、労務管理、ロジスティックス、対外交渉など多岐にわたる仕事をこなさなくてはならない。その中で良いアイデアをコンスタントに出さなくてはならない。このためにはかなりシステマティックな方法が必要なのではないかと思っている。

現在、アメリカ人の助教授と同じ部屋で一緒に仕事をしているが、彼の仕事の進め方を見るに非常にシステマティックであり、職業研究者としての訓練が非常にしっかりしているという印象を受ける。

『アイデアのつくり方』というこの本はそんな折に見つけた本である。著者はアメリカの広告代理店の伝説的やり手であり、アイデアマンである。対象・テーマをいかに体系的に調査し、その内容を整理するか。また、自分の思いつきや感想などもどのように積み上げていくか。情報整理法に近いようなこまめな工夫と思われるかも知れないが、結局大きな飛躍も小さなアイデアの積み重ねであり、壮大な体系も個々のパーツの密接な積み重ねから成り立っていることを考えると、基本的な「習慣」が非常に重要ではないのかと思えてくる。忙しさにかまけて、「勤勉さ」がなくなりそうなときに取り出してながめるようにしている。

2 環境と情報をキーワードにして、いろいろなところに首を突っ込んでいるためか、「学問の奥深さをかいま見せてくれるような」本を紹介するというのはほとんど不可能に思えてしまう。というのも、専門の学術雑誌にでてくる論文は面白いが、それを本当に楽しむにはやはりかなりの蓄積が必要であるし、あまりに専門的すぎる。面白い本もあるが、それはやはりその一部である。研究の方向性は各個人の興味や目の付け方により千差万別であるから、あまり押しつけがましいことも言いたくない。結局、1であげた本が一番基本かなと思う。山のように入ってくる情報の整理の心構え、方法から、それを新しいアイデアを生み出す肥やしにする方法が書かれているからである。研究室の学生にも（安価な本なので）買い与えている。

3 最近熱心に進めている地球環境問題に対するアプローチでは、対策を企画・実行する制度的な枠組みからして、単に環境変化のメカニズムをより忠実にモデル化していれば自然に有効な政策に結びつく（結びつけてもらえる）というわけではない。そこで他の社会・経済系分野での研究の方向や進め方、現在の到達点・課題などを多少大雑把でもよいから体系的に把握したいと思うことが多い。そんなときに東大出版会のシリーズものが非常に役に立つ。最近では現代政治学叢書、特に**『世界システム』**（19巻）田中明彦が印象に残っている。

杉田《すぎた》英明《ひであき》（教養学部助教授／比較文学）

1 学部時代に語学などの授業の一環として原語で読んだ外国文学の本は、たとえそれが抜粋された教科書版であっても、教室や担当教官の顔とともにいつまでも忘れられない印象深い作品が多い。例えばフォークナーの**『熊』**◇（島田太郎教授）、ルソーの**『孤独な散歩者**

の夢想』（芳賀徹教授）、ホーフマンスタールの『美しき日の思い出』（高辻知義教授）。

2 『アラビアの医術』前嶋信次（中公新書）

「過ぎ去った時代の後姿をなつかしく見送りつつ、古風な薬の香りや薬研《やげん》を磨す音などのただよう、楽しいのんびりとした本を書きたい」という著者の願いから生まれた、大文明の叡智と香気を伝える興味つきせぬ書物。

『平賀源内』芳賀　徹（朝日新聞社、朝日評伝選23、のち朝日選書）

第一章「ホルトの木の蔭で」以降、読み出したら楽しくて一気に読了請け合いの一書。

3 『サーカスが来た！――アメリカ大衆文化覚書』亀井俊介（のち文春文庫、岩波同時代ライブラリー）

それまで丸山眞男著『日本政治思想史研究』のようなお堅い本ばかり出版していた東大出版会が、突然極彩色のピエロの表紙の本を出したのには驚いた。

『マムルーク――異教の世界からきたイスラムの支配者たち』佐藤次高

アラビア語史料を駆使しつつ、中世イスラム世界を内側から平易に描いて見せた、私の好きな本の一つ。

鈴木《すずき》啓二《けいじ》（教養学部教授／地域文化、フランス文学研究）

1 『神話作用』ロラン・バルト／篠沢秀夫訳（現代思潮社）

バルトの文明批評の魅力は、神話が支配する当の社会の中にどっぷりその身を浸しつつ、同時にそこから身を引き離そうとする者のスリリングな体験が与えるそれである。ここで扱われている対象は、一九五〇年代半ばのフランスであるが、「米」にせよ「健康」にせよ「エステ」にせよ、同じように無数の神話に取り囲まれている二十世紀末の日本において、バルトの視点はなお有効な武器でありうる。

『複製技術時代の芸術』ヴァルター・ベンヤミン／高木久雄他訳（晶文社）

ベンヤミンの「アウラ」もまた、魅惑と覚醒を同時にもたらす、両義的性格を備えている。技術的未成熟が否応なくアウラを生み出していた初期のダゲレオタイプに魅せられ、アウラ消滅以後になおそれを捏造しようとする「芸術的」写真を生理的に忌避し、さらに、人気のないパリを写し続けるアジェの写真にアウラからの決定的な解放を見る、「写真小史」の著者の感性に学ぶところは大きい。

『崩れ』幸田 文（講談社）

神話からもアウラの呪縛からもはるかに遠く、ここでは、ごく日常的な挙措の淡々とした描出が、崩れる岩の乾いた音や割れた石のなまなましい断面と、叙情を介することなく接し合っている。耳に、皮膚に、目に、強烈な感覚を刻印する、文字通り「印象的」な作品。

2 **『ボードレール全集 Ⅰ～Ⅵ△』**阿部良雄訳（筑摩書房）

あるテキストのまわりに知を積み上げていくことは、そのテキストそのものの動性を覆い隠し、消し去ることではなく、反対にそれを一層生き生きと輝かせることでなければならない。自明を絶えず疑う厳密さと、時に切り捨て、選びとる大胆さと、そして何よりも、テキストに対する深い情熱をもって。

『ヨーロッパ文学とラテン中世』クルツィウス／南大路振一他訳（みすず書房）

レトリックは、豊穣な創造と怠惰な常套を同時に生み出しうる諸刃の剣である。ホメロスからゲーテまで、ダンテからマラルメ、ヴェルレーヌまで、著者の博覧強記が繰り出していく、膨大な数のトポスや隠喩の用例は、それだけを切り離して読んでも面白い。

『スタンダード　フランス語講座⑦解釈』冨永明夫、鈴木康司（大修館書店）

将来何を最終的な専攻として選ぶにせよ、文献を正確かつ緻密に読解する力だけは絶対に必要。一通り初級文法を終えたところで、動詞を中心に解説されている「基礎編」の部分だけでも精読することをすすめる。

3 **『ジャン＝ジャック・ルソー論』**吉岡知哉

たえず根源へと立ち返り、「知」や「社会」や「言語」の存立の根拠そのものを問おうとするルソーの思想を、何らかのアプリオリな図式から演繹して示すのではなく、矛盾をはらんだ運動そのものとして叙述しようとする野心的論攷。

瀬地山《せちやま》　角《かく》（教養学部助教授／社会学・ジェンダー論・東アジア研究）

1 **『職業としての学問』**M・ウェーバー／尾高邦雄訳（岩波文庫）

大学に入った頃の私は大して勉強もせず、反核運動などに忙殺されていましたが、一方で運動に違和感を感じ、高橋和巳の小説や折原浩先生の全共闘に関する著作などを読みながら、学問には何ができて、何ができないかを考えていたような気がします。そして「神々の間の永遠の争い」を超えて学問がよって立ちうる場所はどこにあるのかを、ウェーバーの価値自由論から学んでいったように思います。研究者として勉強をしていく上で「あの頃考えたことは意味があったかもしれない」と思えるようになったのは、それから十年近くたった頃のことでしたが。

『時間の比較社会学』 真木悠介（岩波書店）

文IIから経済学部進学をやめて、社会学をやってみたいと考えるようになったのは、この本の影響が強かったと思います。おかげで学部時代はほとんど時計なしで暮らしていました。

『お金と愛情の間』△ ナタリー・J・ソコロフ／江原由美子他訳（勁草書房）

さらにフェミニズムやジェンダー論を自分のテーマとしようと思ったのは、『資本制と家事労働』上野千鶴子（海鳴社）の紹介を見て、当時翻訳のなかったこの本を読書会で輪読したことがひとつのきっかけでした。修士論文の枠組みづくりでは、大きな影響を受けた本です。

『娘に語る祖国』 つかこうへい（光文社）

ずいぶん売れた本ですが、知っているつもりでいた在日の問題をあらためて考えさせてくれる本でした。ちょうど相前後して私はソウルに留学し、日韓の問題が自分の問題になっていったように思います……。

『美人論』◇ 井上章一（リブロポート）

まじめに研究をしようとしていた私の方向をちょっと曲げてしまった本です。論理の展開には不満もありますが、とりあえずおもしろいので楽しめます。

2 **『家族・私有財産・国家の起源』**◇ F・エンゲルス／戸原四郎訳（岩波文庫）

十九世紀当時の文化人類学の知識に基づいて、有名な「女性の世界史的敗北」というテーゼが出されるのですが、これ以降性差別の起源を歴史的に解明しようという試みに成功した例はありません。依拠している文化人類学の業績は事実によって否定され尽くしているので、内容そのものが妥当とするのではありませんが、この場外ファウルを打つだけの論理の力は学んでおくべきでしょう。この本に限らず、個々の内容が古くなっても生き残る古典というのは、そうした力を持つものなのです。

『新ヨーロッパ大全 I・II』エマニュエル・トッド／石崎晴己他訳（藤原書店）

家族形態の違いが、政治構造や組織を規定しているという仮説自体は珍しくないのですが、ヨーロッパ規模でこれだけの事例を示されると唸ってしまいました。家族論やヨーロッパを専門にしたい人はもちろんですが、それ以上に政治学やアジアを学びたい人にお薦めします。

3 **『東アジアの国家と社会 1〜6』**

特に3巻の『北朝鮮』鐸木《すずき》昌之は、類書が少ないだけにお薦めです。主体思想とマルクス＝レーニン主義との微妙な差異の指摘は非常に興味深いものでした。

平《たいら》 朝彦《あさひこ》（海洋研究所教授／地質学）

1 地質学は地球を相手にする学問である。したがってフィールド調査が研究の大きなウェートを占める。世界各地でさまざまな自然景観を観察することは私の最大の楽しみの一つである。同時にそこに暮らす人々にも当然関心が向けられる。私がフィールド調査で出会う人々、それはほとんど先住民族の人々である。アメリカインディアン、アボリジニ、ポリネシアンなど、これらの人々の暮らし、そして過去と未来に大きな関心を抱かざるをえない。そしてこれらの人々の苦難の歴史の中に人間の恐ろしい狂気が見える。インカを滅ぼしたピサロそして西洋文明を糾弾するのはたやすい。しかし日本人を含めこれは人間の歴史の現実である。

『インディアスの破壊についての簡潔な報告』 ラス・カサス／染田秀藤訳（岩波文庫）

『インカ帝国の滅亡』 マルモンテル／湟野《ほりの》ゆり子訳（岩波文庫）

　この二冊の本は歴史上もっとも悲惨な先住民族の破壊について、その現場からの報告とそれをもとに描かれた歴史小説である。このようなドキュメントが書かれていたにもかかわらず、その後にこれを繰り返してきた歴史を見ると、狂信から生まれる凶暴性は人間の本性そのものであることがわかる。先住民族の歴史に人類と地球の未来が重なって見えるのは私だけではないであろう。

2

　日本列島は変動帯と呼ばれる地球の営みの最も活発な地帯に位置している。この原稿を書いているときに神戸で大震災が起きた。これについて地球科学者の責任は極めて重い。我々の果たすべき社会的使命について根本から反省をしている。同時に、教育とくに一般教養として地球科学を教えることがいかに疎かにされてきたのかを思うと悔しささえ感じる。神戸の活断層は高校の教科書にしっかり載っている。地質学ではよく知られたことである。しかしこの「常識」は防災にほとんどが生かされてこなかった。なぜそうなったのかここで論じるつもりはないが、まず、すべての根本として為政者から市民まで地球科学は日本列島に住む人々にとって最も大切な教養の一つであるはずである。そのことを大声で叫んで来なかった我々の責任を痛感する。

　新入生諸君にはどのような専攻に進もうと、日本に住む人の必須教養として、手始めに以下にあげた本を通読することを薦める。日本列島がどのような場所なのか理解できるであろう。

『新しい地球観』上田誠也（岩波新書）

『日本列島の誕生』平 朝彦（岩波新書）

『変動する日本列島』藤田和夫（岩波新書）

また岩波書店からの**「地球を丸ごと考える」シリーズ全9巻**はグローバルな視点を養うのに役立つであろう。

そして元素の誕生から現在の地球までの一大叙事詩を簡潔に明快に述べた本である。地球環境を考えるときのバイブルである。

『なぜ地球は人が住める星になったか?』W・S・ブロッカー／斎藤馨児訳（講談社ブルーバックス）

目からウロコが落ちるとはこの本の内容をさす。

3

東大出版会は多くの優れた地球科学の本を出版しており、この学問の発展に大きな貢献をしている。たいへん嬉しいことである。その中から三冊を選んだ。

『グローバルテクトニクス』杉村 新

著者の永年にわたる講義をもとに作られた、書いている人が内容を完全に理解している本の代表的な例。

『写真集 日本周辺の海溝――6000mの深海底への旅』海溝Ⅱ研究グループ編

Photographic Atlas of an Accretionary Prism—Geologic Structures of the Shimanto Belt, Japan, Taira, A., Byrne, T., Ashi, J.

深海底の実態と日本列島の土台である四万十帯の写真集。両者を見て読むと日本列島の形成プロセスが実感できるだろう。

高山《たかやま》 博《ひろし》（文学部助教授／歴史学・比較制度論・異文化接触論）

新入生に読んで欲しい書物として、私は何よりもまず次の三冊を挙げる。専門の入門書よりも、語学の教科書よりも、そして、私がこれまで読んできた全ての書物よりも前に、今は、この三冊の書物を読むことを勧める。これらの書物は、激変する日本の社会で生きて行かねばならない我々に対し、自分を守るための有効な武器――日本という国と社会に対する認識の枠組み――を与えてくれるからである。

『人間を幸福にしない日本というシステム』カレル・ヴァン・ウォルフレン／篠原 勝訳（毎日新聞社、一九九四年）

『民は愚かに保て』カレル・ヴァン・ウォルフレン／篠原 勝訳（小学館、一九九四年）

『日本／権力構造の謎』カレル・ヴァン・ウォルフレン／篠原 勝訳（早川書房、一九九〇年／新ハヤカワ・ノンフィクション文庫、一九九四年／原著、一九八九年）

最初に前の二冊を読むことを勧める。これらの書物を読むと、日本の社会や国のシステムに対する問題点が次から次へと指摘されていくから、自分の欠点が攻撃されているような気分になって腹を立てる人もいるだろう。しかし、一つの見方として冷静に受け止めてゆけば、これまで意識の上に浮かび上がってこなかった問題や曖昧模糊としてわからなかった問題が見えてくる。同時に、私たちが現在持っている制度が、社会の急激な変化や緊急の事態に対して、有効に機能しないのではないかという危惧の念を抱かせるに違いない。

『日本／権力構造の謎』は、上記二冊の書物で展開される著者の議論の基礎をなす研究である。

そこで扱われた問題は、日本で生活している我々にとってはいずれも重要な問題ばかりである。個々の問題やそれらの歴史的検証については、当然、異論がありうるが、日本社会の制度が抱える問題を、豊富な資料を使って冷徹に分析した著者の力量は高く評価されねばならない。この書物の出現によって、日本の社会や制度に対する認識は既に大きく変化しており、この書物が日本研究の古典の地位を獲得することは間違いないだろう。

2 『キリスト教と同性愛』ジョン・ボズウェル／大越愛子、下田立行訳（国文社、一九九〇年／原著、一九八〇年）

この書物は、歴史学が生み出した現時点における最高傑作の一つである。西欧の知の伝統が一人の人間に体現された希有な例とも言える。この書物をまとめるために駆使された言語は十数ケ国語に及び、その対象とされた時代は千四百年に及ぶ。しかし、それ以上に驚嘆するのは、過去の情報を獲得・利用するために著者が踏んだ想像を絶する緻密な手続きである。過去の様々な事象を検証する際、我々は、基本となる情報や分析の道具のほとんどを他の研究者の仕事に依拠している。すべての作業を自分一人で行うには、言語的障害や技術的困難さが大きすぎるからである。しかし、著者は、この不可能な作業を行っている。

著者が用いた資料は基本的に未刊行資料である。刊行資料を用いる場合には、オリジナルを細かく検討した上で、校訂の誤りや定訳の誤りを正し、校訂者や訳者が意識的・無意識的に欠落させた語句を補うという作業まで行っている。さらに、文書を読み解く際に最も基本的な道具となる辞典をも相対化する。すなわち、辞典が含む誤りを正し、欠落した意味を補充しているのである。著者は、このような手続きを経て得た過去の情報を基に、新しい歴史像を提示し、私たちがこれまで信じてきた歴史像が虚構であったことを明らかにしている。蓄積されてきた知を相対化しながら過去に対する認識の枠組みを構築するという、学問としての歴史学が持つ射程と影響力を教えてくれる書物である。歴史学を志す人もそうでない人も是非読んで欲しいと思う。

3 **『奇妙な敗北』**△ マルク・ブロック／井上幸治訳（一九七〇年）

長谷《はせ》部《べ》恭男《やすお》（大学院法学政治学研究科助教授／憲法学）

1 **『コウモリであるとはどのようなことか』** トマス・ネーゲル著／永井 均訳（勁草書房）

コウモリであるとはどのようなことか、それはコウモリだけが知っている。コウモリに話ができたとしても、われわれはそれを理解できません。そしてそのことを知っているのは、人間だけです。

2 ルソーの『社会契約論』や、ロックの『統治二論』のような古典を読むことはもちろん大事ですが、学生にとっては、古典を読む気にさせるような本を読む方が肝心かも知れないと最近は思うようになりました。たとえば、クェンティン・スキナー著／塚田富治訳**『マキアヴェッリ――自由の哲学者』**（未来社）や長尾龍一著**『リヴァイアサン――近代国家の思想と歴史』**（講談社学術文庫）のような本です。

3 **『近代市民社会の成立――社会思想史的考察』** 成瀬 治著

もそんな本の一つです。市民社会は、たとえば車は左といったような共通のルールに大部分の人々が従うことで成り立ちますが、その際、なぜそのルールでなければならないかという問いを発しても、多くの場合、決定的な答えはありません。それでも大部分の人々が共通のルールに従うことで市民社会は成り立ちます。不思議ですね。この不思議を実感する一つの方法は、別の市民社会のルール、つまり外国法を学ぶことです。たとえば、山口俊夫著『フランス債権法』。何の謎もないかのように、チェスのルールを記述するかのように、ただ淡々とフランスという社会のルールが示されています。フランスの社会に入りこんでしまえば何の謎もありません。説明のためのおおげさな仕掛けも不要です。ただ、そこであてはまるルールを心得て、市民として生活することだけが残されています。

日本もそうですよ。

廣松《ひろまつ》 毅《たけし》（教養学部・先端科学技術研究センター教授／統計学・社会工学・情報経済論）

真剣に考えていくときりがなくなりそうなので、自分の学生時代を振り返って、転機になったと思われるものをあげておこう（いささか、面映ゆい気がしないでもないが）。

まず、Henri Poincaré, ***Science and Hypothesis*** (Dover Publications　仏語からの英訳)（邦訳は河野伊三郎訳『科学と仮説』（岩波文庫、以下同じ））、***The Value of Science***（吉田洋一訳『科学の価値』）、***Science and Method***（吉田洋一訳『科学と方法』）の、いわゆるポアンカレの三部作である。ただし、吉田氏は『科学の価値』の凡例の中で『晩年の思想』（河野伊三郎訳）を含めて四部作と呼んでおられる。これらは現在でいう科学論の古典であり、学部の一年か二年のときに読んで、大変感動したことを覚えている。それがきっかけとなって、教養学科（科学史・科学哲学）に進学したように思う。

次に、Rudolph Carnap, ***Logical Foundations of Probability*** (2nd ed. The Univ. of Chicago Press, 1962. 邦訳なし）である。これは、教養学科時代の指導教官であった大森荘蔵先生がゼミで参考書として推薦されたものである（先生はご記憶かどうかわからないが）。不敵にも、これを読破しようなどと大それたことを思い立ち、悪戦苦闘して、理解したかどうかは別にして、なんとかやり遂げた。この本は、まさにタイトルのとおり確率論の論理的、ないしは哲学的基礎を綿密に論じたものであって、その後の私の進路を決定づけたようである。当然のことながら、確率論の基礎に関してはこのカルナップの著作の前にも多くのものがある。一例としてケインズのものをあげておく（マクロ経済学という分野を作った有名な経済学者と同一人物である）。John M. Keynes, ***A Treatise on Probability*** (The Collected Writings of John Maynard Keynes, Vol. 8, The Royal Economic Society, 1973. 1st ed. 1921.)（この全30巻のThe Collected Writingsは『ケインズ全集』として、邦訳が東洋経済新報社から刊行されている。ただし、第8巻の確率論は未刊である）。私自身、この著作はThe Collected Writingsが刊行されてから目を通した。確率論を知らずしてその基礎論を読むなど本末転倒もいいところである。

そこで、というように首尾一貫していたわけでもないが、この頃から何となく確率そして統計にも興味をもつようになり、その関係のものを読むようになった。具体的には、W. Feller, ***An Introduction to Probability Theory and Its Applications***, Vol. 1（2nd ed. John Wiley, 1950.）（当時アジア版などという廉価版があった。邦訳、河田龍夫監訳**『確率論とその応用Ⅰ』**（紀伊國屋書店）。なお、この本のVol. 2も同じ書店から邦訳が出版されている）やS. S. Wilks, ***Mathematical Statistics***（John Wiley, 1962.）（邦訳、小河原正巳訳**『数理統計学 上・下』**（春日出版社）／田中英之、岩本誠一訳**『数理統計学 1・2』**（東京図書））などである。もっとも、これらについてどこまで理解できていたかは疑わしい。というより、ほとんど理解できておらず、経済学研究科の大学院に入ってから苦労したというのが正確である。それでも、こういう本があることを知っていた、一度は目を通したことがあったというのは、強みではあった。

　もちろん、こんな難しいものばかり読んでいたわけではなくて、読み物風のものを乱読した。その中で、文字どおり印象に残っているものとしてダレル・ハフ／高木秀玄訳**『統計でウソをつく法』**（講談社ブルーバックス）、増山元三郎**『デタラメの世界』**（岩波新書）（一九六九年、時代はまさに紛争の時代であった）をあげておきたい。これらは、豊富な実例を用いて確率や統計の考え方を解説した名著であり、現在でも前期課程の「基礎統計学」の講義で参考書として推薦している。

　その後、私自身は統計学、計量経済学の分野に急速に特化していくことになるが、それらの分野の専門書については、ここでは割愛する。専門書以外のものとして、Jacques Monod, ***Le Hasard et la Nécessité***（渡辺格《いたる》他訳**『偶**

然と必然』（みすず書房）をあげておこう。

新しいものを中心にあげておく。まず、

2 中村隆英**『昭和史　Ⅰ・Ⅱ』**（東洋経済新報社）、および村上泰亮**『反古典の政治経済学上・下』**（中央公論社）である。お二人の著者は、いずれも私の恩師であり、かつて教養学部においでになった先生方である。村上先生は一昨年七月に亡くなられた。『昭和史』は激動の昭和の時代を、中村先生の透徹した目を通して見ることのできる、類のない名著である。また『反古典の政治経済学』は時代的にも、地域的にも、そして学際的にも広範囲な視野から、新しい壮大な社会科学理論（相関社会科学）の構築を試みたものであり、いずれも今後、古典として読み継がれていくであろう。

もう一つ別の分野のものをあげるとするならば、梅棹忠夫**『情報の文明学』**（中央公論社）があげられよう。昨今、情報、メディアがいろいろな意味で注目されている。本書はそれらにいち早く注目し、多くの先駆的な論文・著書を発表してこられた著者の論文集である。特にその中の「情報産業論」は、現在の情報化ないしは情報化社会論の嚆矢となったものである。是非一読することを勧めたい。この分野に興味のある読者には、同じ著者の**『情報論ノート』**（中央公論社）、さらにはこの分野に関するその後の研究の到達点の最高峰として、公文俊平**『情報文明論』**（ＮＴＴ出版）があることを付け加えておきたい。

3 まず、自分自身、すなわち東大のことを知ろう。そのために寺崎昌男**『プロムナード東京大学史』**を勧めたい。これは、『東京大学百年史』の編纂の責任者であった著者が『ＵＰ』に連載された論文を一冊の単行本にしたものである。社会的に改革の必要性が叫ばれ、また内部から大きく変わろうとしている東大の歴史と現状を知るうえで、格好の書物である。

もう一つ、佐伯胖《ゆたか》**『「きめ方」の論理——社会的決定理論への招待』**をあげておく。本書は、個々人の集まりである社会（組織といってもいい）においてどのように決定が行われるのか、行われるべきなのかについて、きわめて高度な内容をやさしい語り口で丁寧に説明している。経済学、政治学、社会心理学などに興味をもつ人が、いずれ必ず読まなければならない本である。

松島《まつしま》 斉《ひとし》（経済学部助教授／ゲーム理論・企業経済）

An Economic Theorist's Book of Tales, George A. Akerlof (Cambridge University Press)

経済学部時代の私には、マルクスやケインズといった古典理論は、畏敬の念を感じはすれども、研究意欲に火をつけるきっかけをくれはしなかった。私に研究者として生きていく自信を与えてくれたのは、本書の第二章、俗に「アカロフのレモン」と呼ばれる、ちっぽけな論文である。アカロフは、中古車市場を例にとって、良質財が悪質財によって駆逐されて市場が崩壊することを論じた。これに似た話は、古くからグレシャムの法則として知られてはいた。が、アカロフの素晴らしさは、売り手と買い手では品質情報に差があることを議論の中軸に据えた点にある。そうすることによって、とるに足らない逸話から出発して、社会制度全体を具体的に分析できる新しいアプローチを導き出すことに成功したのである。当時の授業では全く触れられなかったこの論文を偶然に手にしたおかげで、一夜にして混乱していた霧中の頭がきれいに整理され、日の光の差し込む思いがしたのを、今でも鮮明に記憶している。

『ゲームの理論と経済行動』△ フォン・ノイマン、モルゲンシュテルン／銀林 浩《こう》他訳（東京図書）

経済理論の数理分析の中核をになうようになったゲーム理論は本書をもって産声を上げたが、今日では本書をかえりみる研究者は少なくなってきた。フォン・ノイマンたちが掲げたミニ・マックス原理や安定集合は、そのままでは実践的な分析の支柱とはなりえない。しかし、ゲーム理論という応用数学の新分野を創設するための宣言書とでもいうべき第一章は、今でも、望ましい学究態度について多くの重要な指針を与えてくれるように思われる。

『人性論』△ ヒューム／土岐邦夫訳（世界の名著第32巻、中央バックス）

『進化とゲーム理論』 メイナード・スミス／寺本 英《えい》他訳（産業図書）

『利己的な遺伝子』 ドーキンス／日高敏隆他訳（紀伊國屋書店）

『ブラインド・ウォッチメイカー』△ ドーキンス／中嶋康裕他訳（早川書房）

これらはどれも、私がゲーム理論研究をすすめていく過程において、経済合理性の意味をより根源的なものから問い質す必要性を痛感しはじめた頃に読み、いろいろ刺激を与えてくれた書物だ。とりわけメイナード・スミスは、ゲーム理論を進化生物学に応用して、独自のアプローチを開拓した。私は、ゲーム理論をかなり学んでから本書に接したことと、もともと進化論について無知であったことが手伝って、少なからざるショックをうけた。読後にイマジネーションが広がっていたせいか、著名なドーキンスの二冊をめぐってみても、たいして新鮮さを感じなかったほどだった。

2 『**経済学のためのゲーム理論入門**』ギボンズ／福岡正夫、須田伸一訳（創文社）

一九八〇年代に、ゲーム理論の経済学への応用が大きく花開いた。ゲーム理論に入門するにはまず、この時期の研究成果をうかがい知ることから出発するのがよかろう。また、ゲーム理論の信条は、数学的定式化をきちんとおこなう点にあるので、言葉だけで平易に解説した書物ではだめであろう。この二点を鑑みると、ギボンズが今のところはほとんど唯一無二の入門書であると断言できそうである。

3 『**現代の経済理論**』伊藤元重、岩井克人編

本書に掲載されている論文のいくつかは、一九八〇年代の経済理論のフロンティアを念入りに紹介している。現代の経済学がどのような問題を考察対象としているか、どのような問題解決のためのアプローチをとっているかを知るのに適した本である。

村田純一《むらたじゅんいち》（教養学部助教授／科学哲学）

1 『**現象学とは何か**』◇ 新田義弘（紀伊國屋書店、講談社学術文庫）

『**現象学**』木田元（岩波新書）

一九六〇年代の末、日本、いや世界の大学は既成の学問理念や研究体制のあり方を問う運動の渦に巻き込まれていた。そうした時代背景の下で大学で学び始めた学生たちは、所属の分野を問わず、何らかの形で哲学や思想に関心を向けさせられることになった。当時はまだ戦後日

本の思想界で圧倒的な力を持っていたマルクス主義や実存主義が健在であったが、他方で、構造主義などの新しい思想が「流行」の兆しを見せてもいた。構造主義ほど華々しくはないが、「現象学」という言葉もしだいに多くの人の注目を引くようになっていた。例えば、高校生が現象学の創始者であるフッサールの難しい本を読書会で読んでいる、といった話がマスコミで取り上げられたりしていた。知の根源を妥協なしに問い、それらによって知的責任を担おうというフッサールの「ラディカリズム」が、多くの若者の共感を呼んだように見えた。

しかし当時はまだフッサールの翻訳はわずかであり、現象学に関する解説書もほとんどなかった。むしろ、戦前に出版された翻訳や解説書の方が多いくらいであった。そのような中で現象学を学ぼうとするものに決定的影響を与えたのが、ここにあげた二つの著作である。新田の著作は、後期フッサールの哲学に焦点を合わせたもので、新書の体裁で出版されたものの、内容は高度で難解な専門書であった。たしか私は大学の二年か三年の時にこの本を読み出したのであるが、正直のところその難解さにお手上げであった。にもかかわらず、二度、三度とページを繰らずにはいられない不思議な魅力を持った本であった。他方の木田の著作は対照的にその明快さで際立っていた。フッサールのみならず、ハイデガー、サルトル、メルロ゠ポンティといった主だった現象学者の哲学を手際よく、しかも興味をそそるような仕方で描いたこの本は、哲学の素人が現象学の流れを理解するうえで格好のものであった。

それから既に四半世紀を過ぎ、現在では現象学関係の書物は翻訳を含めて多数そろっているので事情は全く変わっているが、この二冊の書物の持つ意義は失われていないと思う。

2 **『ヨーロッパ諸学の危機と超越論的現象学』**E・フッサール／細谷恒夫他訳（中央公論社）

『科学革命の構造』T・クーン／中山　茂訳（みすず書房）

文科系、理科系を問わず学生に薦めたい本で、しかも私の研究の中核に関係するものというと、何といってもここにあげた二冊の本ということになる。

前者はフッサールが、晩年の一九三〇年代後半、次第に不安定さを増していくドイツの状況の中で書き継いだもので、近代科学と日常的生活世界の関係という観点から、学問とヨーロッパ文明の意義を批判的に論じたものである。この著作のキーワードの一つ「生活世界」という言葉はその後、哲学をはじめ、心理学、社会学、精神医学などさまざまな領域で用いられるようになった。

クーンの著作は、それまでカルナップらの論理実証主義、ポパーを代表とする批判的合理主義と続いてきた科学哲学の歴史に「転回」をもたらすことになったもので、N・R・ハンソン、P・ファイヤアーベントらの著作とともに、いわゆる「新科学哲学」の流れを作った古典の一つである。この著作でクーンが用いた「パラダイム」という言葉は、誤用も含めて、その後あらゆる領域の人々に用いられることになった。

3 **『新編　色彩科学ハンドブック』**日本色彩学会編

心理学者には常識に属することなのかもしれないが、色の示す現象には何度見ても不思議に思えてならないものが多い。例えば、ネズミ色のような同じ色相をもった二つの図形を、青と黄のような補色関係にあるものの上に置くと、途端に全く異なった色をもっているように見える。色の対比がもたらす現象の一つである。

こうした色の不思議さに導かれて、科学者、そして哲学者たちがさまざまな議論を展開してきた。果して色はもの自身に備わる性質なのであろうか、それとも見るものの中に生じる感覚なのであろうか。こうしてわたしたちは、知覚、科学、そして哲学が相互に絡み合うことによって生ずる問いの渦に巻き込まれていく。

ここであげた本は、色彩の科学と技術に関する広汎な領域をカヴァーしたもので、色彩学に素人であるものにとっても、色について知りたいことの多くに答えてくれる大変便利な事典である。実は、私はこの事典を以前から手に入れたかったのであるが、高価であることもあり、実際に手元におけるようになったのはつい最近である。したがって、この本はとても新入生に「購入」を薦められるものではないが、図書館などで読む、ないし引くことを薦めたいものの一つである。

和《わ》達《だち》三《み》樹《き》（大学院理学系研究科教授／物理学）

教養とは、「因習や偏見にとらわれずに、自分の見方で物事を考え判断できること」と定義したい。理科生にとって教養学部はかなり忙しい時期ではあるが、受験という目的に向かって邁進した高校時代と、専門知識の取得という目的が課せられた専門課程の間で時間的にはやや余裕がある。特に夏休みや秋休みは、じっくりと腰をすえて長編の文学書を読む人生最後の機会であると思う。

『失われた時を求めて』プルースト／井上究一郎訳（ちくま文庫）
『戦争と平和』トルストイ／工藤精一郎訳（新潮社）
『罪と罰』ドストエフスキー／中村白葉訳（岩波文庫）

ここに挙げた作品は単なる例と考えていただきたい。もちろん『源氏物語』のような我国の古典も興味深い。悠長すぎると思われるかもしれないが、要は、ある目的を離れて思考することであり、各人各様の読み方ができるであろう。感受性の豊かなこの時期に、ぜひとも自分で選んだ長編とともに一時の孤独を楽しんでほしい。

2

数学は自然科学を記述する言葉である。マイケル・ファラデー（英国の物理学者、一七九一―一八六七）のように、数式を全く用いずに物理学、化学を完璧に理解してしまった科学者もいるが、現代科学を論ずるには数学は不可欠となっている。無数の数学書が出版されている。しかし、大部分は難しい。やや古典的になるが、

『解析概論』高木貞治（岩波書店）

を推奨したい。分厚い本であるが、章ごとに独立して読むことができる。少し読み込んでいくと、著者の人間的温かさが感じられるので励みとなる。理科生にとって精神的バックボーンとなりうる本であると思う。

個人的趣味としては、科学者の伝記がある。伝記は、私にとって人生の応援歌であるとともに、先輩科学者の人生を垣間見る機会を与えてくれる。アインシュタイン、パストゥール、ファラデー、ガロア、アーベル、ランダウ、メンデレーエフが好きな科学者であり、新しい本を書店で見かけると必ず購入することにしている。

多数あるので一々挙げるわけにはいかない。最も新しい一冊だけを挙げておこう。

『マイケル・ファラデー——天才科学者の軌跡』 Ｊ・Ｍ・トーマス／千原秀昭、黒田玲子訳（東京化学同人）

3

　東大出版会の本は共通して大変良心的であり、特に理系の教科書シリーズは堅実な内容をもっている。物理学では、

『物理学序論としての力学』 藤原邦男
『熱学』 小出昭一郎
『電磁気学』 加藤正昭
『波動』 岩本文明
『現代物理学』 小出昭一郎

が、**基礎物理学シリーズ**として出版されている。私は、本郷に移る前に教養学部物理学教室に十年間在籍した。右に挙げた本の著者はその時の先輩方である。このシリーズは、正確な記述とともに、教育への情熱が感じられる良書であると考える。教養学部生にはやや高度すぎるかもしれないが、

『統計力学』 阿部龍蔵

は国際的にも高い評価を得ている。

1996

駒場では、旧制一高以来の「自治寮」の廃寮をめぐって、それを遂行しようとする大学側とそれに反対する寮生とのあいだで対立が起きていたが、ことに前年三月、廃寮後の跡地利用の計画が発表されてから、争いは激化する。本年度は、大学側は廃寮を決定するも寮生は自主的に入寮募集を行い、対立は鮮明となる。長らくほぼ宿泊施設であった駒場寮の「自治的」活動は活性化する。

大木《おおき》 康《やすし》（大学院人文社会系研究科・文学部助教授／中国文学）

いつの間にか自宅の本棚に、「再読本コーナー」とでも呼ぶべき一角ができあがった。読んだ当座には感動しても、時が経つと忘れてしまう本が多い中で、二度三度と取り出しては読みなおした本を集めたコーナーである。フローの読書の間に、年々このストックが厚みを増してゆくのは楽しみである。ここに並んだ本を見ていると、漫然と手あたり次第に読んでいるようでいて、やはり自分の興味なり好みなりの一線があることがわかってきたりもする。その中からいくつかを紹介させていただこう。

『父・こんなこと』幸田 文（新潮文庫）

「こんなこと」の「このよがくもん」に登場する浅草教育の横尾安五郎老人。

『濹東《ぼくとう》綺譚』永井荷風（岩波文庫）

末尾の「作後贅言」に姿をとどめる神代帚葉《こうじろそうよう》翁。

二人に共通するのは、ありとあらゆるものごとに対する柔軟な好奇心。それはそのまま生きることの楽しみにつながっている。

『記憶の蜃気楼』鈴木信太郎（講談社文芸文庫）

フランス文学の碩学の「もう一度人生を初めから歩き直すとしても、同じ一生を送って差支えない」という一言（「遊びの人生」）も忘れ難い。

とくに東大の新入生向けにということでは、最近読んだもので、

『コミュニケーション不全症候群』中島 梓（筑摩書房）

『大衆教育社会のゆくえ――学歴主義と平等神話の戦後史』苅谷剛彦（中公新書）

の二書をお勧めする。われわれに身近なテー

マのはずである。

2 専門である中国文学の範囲で、先にいったストックにあたるものとしては、『吉川幸次郎全集』◇全二七巻（筑摩書房）を挙げておきたい。大学入学の時に買い求めて以来、ときには批判的な目で見たりしながらも、書棚から取り出すことが多い本である。読むたびに必ず何かを教えられる。

最近刊行されはじめた『遺稿集』も面白い。

『中国における近代思惟の挫折』◇島田虔次（筑摩書房）

も、明代の中国文学を専門にする立場から何度も読み返している。この書物に対しては、すでに説得力ある批判がいくつもあるが、それでも著作としての生命力を失わない。読むと元気が出てくるような気がする。

3 『ラブレー研究序説・パンタグリュエル異本文考』△渡辺一夫

同書は氏の学位論文。ほとんどがフランス語本文の対照表からなるこの書物は、「あまりに煩雑すぎる」ため、同氏の著作集にも収められていないほど。同じく、

『中国祭祀演劇研究』『中国の宗族と演劇』△『中国郷村祭祀研究』△『中国巫系演劇研究』田仲一成

をはじめとする膨大な研究業績の刊行も、大学出版会ならではの偉業として讃え、また今後将来にわたって期待もしたい。これらはまちがいなく時代を越えたストックになるのだから。新入生の諸君にも、こうした重量級の著作を手にとって、学問の「重さ」を味わってみることをお勧めしたい。これも楽しみのうちです。

金子邦彦《かねこくにひこ》（教養学部教授／物理学）

『邪宗門』高橋和巳（朝日文庫）
『悲の器』高橋和巳（新潮社）
『木のぼり男爵』イタロ・カルヴィーノ／米川良夫訳（白水社）
『果しなき流れの果に』小松左京（徳間文庫）
『タイタンの妖女』カート・ヴォネガットJr.／浅倉久志訳（ハヤカワ文庫）
『戦争と平和』トルストイ／工藤精一郎訳（新潮文庫）

高校から大学の頃はとにかく濫読をしていた（決まった方向性がないのは以下のリストでもわかると思う）。とくに奨めるというものかどうかわからないが、その頃気に入っていたものをいくつか挙げた。高橋和巳については、僕は全共闘世代よりだいぶ下なので、文学として純粋に読めたので良かったのかもしれない。

休暇ごとにドストエフスキーやトルストイ等の長編を順に読んでいった、ああいった時間はもう戻らないのだろうか。と嘆きつつもなんとか小説や伝記や歴史関係のものを読んだりもしている。一般に挙げられそうにないものを思いつくままに少し挙げると、

『世界終末戦争』M・バルガス＝リョサ／旦《だん》敬介訳（新潮社）
『完全な真空』スタニスワフ・レム／沼野充義、工藤幸雄ほか訳（国書刊行会）
『結婚狂詩曲』銭鍾書（岩波書店）
『わが祖国』角田房子（新潮社）

最後の本は禹長春《ウジャンチュン》氏の伝記で、一昨年韓国を旅したときに読んだのでとくに強い印象が残った。

2 『科学と方法』ポアンカレ（岩波文庫）
『生命とは何か△』シュレーディンガー／岡 小天、鎮目恭夫訳（岩波新書）
『量子力学 I、II』朝永振一郎（みすず書房）
『物理学序説◇』未完、寺田寅彦全集文学篇第九巻（岩波書店）
『偶然とカオス△』D・ルエール／青木 薫訳（岩波書店）
『ゲーデル、エッシャー、バッハ』D・ホフスタッター／野崎昭弘ほか訳（白揚社）
『進歩の終焉△』G・ステント／渡辺 格ほか訳（みすず書房）
『性の起源』マーギュリス、セーガン／長野敬ほか訳（青土社）
『精神の生態学』グレゴリー・ベイトソン／佐藤良明訳（新思索社）

あまり専門的なものを挙げてもしかたないだろうし、また個々の関心によって異なるだろうから、文化活動として科学をとらえたときの一般教養的なものをいくつか挙げた。最初の三冊は大学一、二年のころ読んでいたもの。

寺田寅彦は随筆の方が有名だけれども、ここで挙げた序説は、物理がいかに複雑さを避けているかを真剣に書いているために、逆にこれから科学が複雑なシステムをいかに扱っていくかを考えさせられる。絶筆となっているのが残念。彼がこれを書いたのはたぶん、夏目漱石の『文学論』の影響かとも思うが、文学論の方はすごすぎて僕はまだ読み通すにいたっていない。

3 『生命の誕生と進化△』大野 乾《すすむ》
『縞々学――リズムから地球史に迫る』川上紳一

科学研究は結局、独自の世界観をつくっていく過程がもっとも楽しい。その点で大野乾氏のものは彼の強い個性で、わくわくするような見方が展開されていく。方向は違うが、2で挙げたマーギュリスと共通する楽しさがある。

『縞々学』は「動物地球史観」という新しい分野が生まれる現在進行過程が描かれていて魅力的だ。

神谷《かみや》和也《かずや》（経済学部助教授／ミクロ経済学）

1

経済学の考え方というものは、ハマってしまうと完全にハマってしまうものだが、学部生当時の私はというとまったくハマらなかった。当時、私はかなり多くの経済学の本を読んだような気がするが、多くの本の内容は曖昧模糊としてあまりよく理解できなかった。そんななかで比較的よく理解できた本としては

『現代経済学の数学的方法』△ 二階堂副包《ふくかね》（岩波書店）
The Computation of Economic Equilibria, H. Scarf (Yale University Press)

がある。これらの本は、ある種の数学の手法とその経済学への応用を解説した本である。私は、これらの本の数学の理解から始めてだんだんと経済学の考え方に慣れていった。経済学の考え方にハマっていくにしたがって、学部生の頃には曖昧にしか理解できなかった本も、実は非常に興味深いということがわかってきた。そのなかで

『価値と資本』△ ジョン・ヒックス／安井琢磨、熊谷尚夫訳（岩波書店）

を推薦する。この本は、現代の経済理論の基礎を構築した本の一つであるが、半世紀を経て

なお刺激的である。

2 経済学部の教師としては、読んでおくべき本として定評のある教科書を紹介すべきであろうが、ここではあえて**『ウォール街のランダム・ウォーク』**バートン・マルキール／井手正介訳（日本経済新聞社）を推薦する。この本は、株式市場や投資家の実態、理論、実証研究などを面白く解説している。平易に書かれてはいるが、その内容はかなり高度な理論や実証結果も含んでいる。経済の実態と理論、実証との関係を学習するうえで格好の入門書になりうると思う。

3 拙著**『経済学のための数学入門』**神谷和也、浦井 憲を挙げておく。学部から大学院初年度にかけて経済学で使う数学の定理を紹介し、証明を与えている。ただし、1章と2章はスタンダードな入門書の内容とはかけ離れている。この方法がよいかどうかに関しては読者の反応を待ちたい。

桑野《くわの》 隆《たかし》（教養学部教授／ロシア文化）

1 **『カラマーゾフの兄弟』**ドストエフスキイ／米川正夫訳（河出書房新社）

あるいは、読まないほうがいいのかもしれない。一度読んだら最後、宙づり状態におかれかねない。たいへんな問題にいくつも出くわしてしまったらしいことはわかるのだが、決定的な答はあたえられていない（ように思われる）。それでも、宙づりはいやなので、また読み直してみたりする。ドストエフスキイは、私たちの魂をつき動かす作品を幾つも残しているが、やはり『カラマーゾフの兄弟』の力は圧倒的。最近では、江川卓訳（集英社）、原卓也訳（新潮社）という二種類の名訳があり、余裕があれば、読み比べてみるのも悪くはない。

『悪場所の発想』◇ 廣末 保（三省堂選書、のちちくま学芸文庫）

著者が本書をはじめとする一連の著書で展開している「悪場所」論には、そこで引き出されている「前近代の悪がはらむエネルギー」そのものはいうまでもなく、論じ方、語り口に、独特の魅力がある。同著者の『芭蕉』（NHKブックス、のち平凡社ライブラリー）も、「対話的創造・想像」とはいかなるものであるかを考えるのに、大いに参考になる。

2 **『ロシア・その民族とこころ』**△ 川端香男里（悠思社）

ロシア人の心性や習俗について書いた本でまともなものは、ありそうで、意外とない。現代ロシアを語るにしても、まずはこのくらいは知っていてもらいたい。

『ロシア・その歴史と心』 藤沼 貴（第三文明社）

ロシアについて論じたものは、好意的、批判的のいかんを問わず、なぜかいとも安易に「ロシア性」に還元しがちである。その点、著者ならではの脱神秘化は説得力がある。

『フランソワ・ラブレーの作品と中世・ルネッサンスの民衆文化』 バフチン／川端香男里訳（せりか書房）

近代の文学・文化観の一面性、狭隘さを批判したものとして、専攻にかかわらず、一読に値する。

『全体主義の時代経験』 藤田省三（みすず書房）

学問のあり方もふくめた今日の生き方への問題提起は、抜群に鋭い。

3 『サーカスが来た！——アメリカ大衆文化覚書』亀井俊介（のち文春文庫、岩波同時代ライブラリー）

当時サーカス関係の文献を漁っていた関係で、『UP』連載時より読んでいた。こういうテーマのものも載るのかと、驚いた覚えがある。

小《こ》松《まつ》久《ひさ》男《お》（大学院人文社会系研究科・文学部助教授／中央アジア近現代史）

1 『武装せる予言者——トロツキー 一八七九—一九二一』アイザック・ドイッチャー／山西英一ほか訳（新潮社）

私が大学に入ったのは一九七〇年のことで、新入生の目の前にあったのは、現在の平穏無事なキャンパスの風景とはおよそかけ離れたものだった。とりわけ私の所属した東洋史学科は、さまざまの学生運動セクトの指導者たちを輩出しており、「革命状況」のなんたるかを知らない人間には戸惑うことが多かった。何かにつけ思想や立場を問われる日々の中で読んだ本のうち、一番面白かったのがこのトロツキーの伝記である。革命家の劇的な生涯については言うまでもないが、この本にこめられた著者の気迫には圧倒された記憶がある。

『クビライの挑戦 モンゴル海上帝国への道』杉山正明（朝日選書）

これは、最近読んだ本の中でもっとも印象に残っているものの一つである。近年日本におけるモンゴル史研究の進展は世界的に見ても著しいが、この本は世界史におけるモンゴルの時代を構想豊かに描き出しており、論旨明快な文章は読者をこの巨大な帝国の中に引き込まずにはおかない。これまでの定説を次々と覆していく筆のさえには、しばしばぞくぞくとさせられるほどである。

2 **『想像の共同体　ナショナリズムの起源と流行』**ベネディクト・アンダーソン／白石隆、白石さや訳（リブロポート）

「国民」、「国民国家」そして「民族」、これらどこにでもありながら、よくよく考えてみると不思議な存在について、これほど広い視野から、かつ説得力をもって説き明かした例は少ないだろう。この本はすでに「古典」とも言われるが、ナショナリズムや「民族」の問題がますます世界の進路に影響を与えるであろう二一世紀を控えて、多くの人に読まれてよい本だと思う。

『イスラームとは何か』小杉泰（講談社現代新書）

現代の日本でイスラムといえば、テロや暴力と結びついた「イスラム原理主義」が連想されることが多い。しかし、それは現代の世界、東南アジアから中央アジア、中東、アフリカ、そしてヨーロッパで起こっているイスラムの復興という現象のごく一部をさしているにすぎない。イスラム世界あるいはイスラム文明にたいする正しい理解もまた、新しい世紀を展望するには欠かすことができないものである。本書は、このイスラムについて学ぼうとする人には多くを教えてくれるにちがいない。

3 **『日本人の中東発見　逆遠近法のなかの比較文化史』**杉田英明

イスラム世界は、ともすれば日本人からは古くから縁遠く、なじみのない世界と考えられてきた。しかし、それはたぶんに思いこみにすぎなかったようである。古今東西の文献を渉猟した著者は、日本人は中東あるいはイスラム文明をかなり早い時代からどのように理解し、またかの地の人々は日本および日本人をどのように理解していたのか、この問題を豊富な実例をあげながら見事に描き出している。随処で新鮮な「発見」のある、興味の尽きない本である。

齋藤《さいとう》 洋《ひろし》（薬学部教授／薬理学）

毎日が新しい研究成果を満載したジャーナルに目を通す生活。ですからめったに本は読みません。私の読書は完全にストレス解消のためです。青春の日々も受験戦争等のなさけない、苦い思い出ばかり、読書とはまったく縁のない生活でした。不適当と辞退したのですが、執筆を引き受けさせられたので、本棚をのぞいてみました。

『銀の匙』中 勘助（岩波書店）

『トニオ・クレーゲル』トーマス・マン／高橋義孝訳（新潮文庫）

『白磁の杯△』竹山道雄（実業之日本社）

大学時代スキーで骨折し、寝ているときに読みました。私のノスタルジアを代弁しています。

『春の戴冠△』辻 邦生（新潮社）

『背教者ユリアヌス』辻 邦生（中公文庫）

『ルネッサンスの光と闇』高階秀爾（中公文庫）

『ルネッサンス夜話△』高階秀爾（河出書房新社）

『チェーザレ・ボルジアあるいは優雅なる冷酷』（新潮社）、**『ロードス島攻防記』**（新潮社）、その他、塩野七生の本

イタリアのものが好きです。とくにルネッサンスの時代が。現在、物質的繁栄はあるものの、何かが停滞していると感じるせいかも知れません。「美の再発見の感動から創造へ」や「ユリウス皇帝の生きざま」に大変魅かれました。その他、

『ギリシア神話』呉《くれ》 茂一《しげいち》（新潮社）

『旧約聖書（ヨブ記、ヨナ記）』（ドン・ボスコ社）
『千一夜物語』豊島与志雄ほか訳（岩波書店）
『聊斎志異《りょうさいしい》　上・下』増田　渉《わたる》ほか訳（平凡社）
『西遊記』小野　忍訳（岩波文庫）
『南総里見八犬伝』曲亭馬琴／小池藤五郎校訂（岩波書店）
『神々の誕生』吉野裕子（岩波書店）

宗教に興味があったのではありません。神々と化け物を一緒にする大変な不見識で恐縮ですが、人間と非人間（絶対、真理）の対話が面白いのです。今、研究のすすめ方に役立っています。とくに旧約聖書のヨブ記とヨナ記は近代的科学的思考の教科書、研究の苦悩を救う書として読んでいます。

2　我々の分野は発展著しい時期で学術書はすぐ古くなってしまいます。専門になればいやでも沢山読まされますので、今読む必要はありません。薬学では医薬品の開発や適性使用のために患者を十分に理解することや医師、看護婦と協同して仕事を行うのでかれらの仕事を理解することが必要です。そのための本を今のうちに読んでおくことをすすめます。強いて推薦すれば、

『医の倫理』ブロディ／舘野之男、榎本勝之訳（東京大学出版会）
『医療の現場で考えたこと』徳永　進（岩波書店）
『患者にまなぶ』宮内美沙子（岩波書店）
『動物行動学入門』P・J・B・スレーター／日高敏隆、百瀬　浩訳（岩波書店）
『動物行動学』K・ローレンツ／丘　直通、日高敏隆訳（思索社）
『攻撃』K・ローレンツ／日高敏隆、久保和彦訳（みすず書房）

『ファーブル昆虫記』山田吉彦、林 達夫訳（岩波書店）

患者の診断には症状・行動の観察が必要です。昆虫や動物の行動観察は非常に役に立ちます。その他、動植物に関する博物誌を推薦します。

3 『骨の動物誌』神谷敏郎

視点の違いが新鮮に感じました。一読の価値があると思います。

酒井《さかい》哲哉《てつや》（教養学部助教授／国際関係史・日本近代史）

1 『ヨーロッパ100年史 1・2』J・ジョル／池田 清訳（みすず書房）

博識とバランスの良さをかねそなえた稀有な通史。

『知の帝国主義――オリエンタリズムと中国像』P・A・コーエン／佐藤慎一訳（平凡社）

アメリカの中国史研究における中国像を鋭く分析した書。単に史学史としてだけではなく、およそ歴史はいかに書かれるべきかという根本問題を問いかける作品として読みうる。

2 『アメリカ外交50年』◇ジョージ・F・ケナン／近藤晋一ほか訳（岩波書店）

アメリカ外交論の古典的名著。

『市場・道徳・秩序』坂本多加雄（創文社）

近代日本政治思想史の古典を、政治理論の諸問題と重ね合わせながら読む試みの一つとして、参考になる。

『国家平等観念の転換』△田畑茂二郎（秋田屋）

戦中期の鬱屈した精神状況のもとで書かれた国際法学史の名著。戦後日本の知識人が抱いていた国際社会像の原型を考えるうえでも、重要な作品である。

『戦後史の空間』△磯田光一（新潮社）

歴史としての戦後を考える際に、示唆的な文藝批評。

3 『井上毅と明治国家』△ 坂井雄吉

新入生には少し難しいと思うが、最も啓発的な日本近代史研究の一つである。

佐《さ》藤《とう》隆夫《たかお》（大学院人文社会系研究科・文学部助教授／視覚心理学）

1 僕が心理学を志した理由となった名著はこれですといえる本がないかと考えてみるのだが、思いあたらない。じゃ、なぜ心理学を志したのかなと考えてみると、人間が好きだったのかなと思う。宇宙やコンピュータのことを考えるのもいいけど、やっぱり人間のことを考えていたほうが面白いと思ってしまった。たぶんそれが心理学に進んだ理由だろう。しかし、視覚の実験心理学という最もメカニカル、人間臭くない分野、心理学と生理学とコンピュータ・サイエンスの狭間といった領域を手がけることになってしまった。結局、サイエンティスト願望も捨てきれなかったということかもしれない。

学生時代から人と人、人と社会の軋轢から生み出されるドラマといった類に心がおどってしまうたちで、「歩く芸能週刊誌」とも呼ばれていたほどのゴシップ大好き人間であった。科学書でも、人と人、人と社会的、政治的条件とのぶつかり合いの中で科学が進んで行く様子を描いたようなもの、つまり、科学的プロジェクト、発見の実録的なもの、また一人の科学者が自分の学問をつくり出す過程を描いた自伝といったものが好きだった。つまり、普通の科学書よりも、そのなかで生きた人間が見えてくるような本である。そういった本を何冊か挙げてみよう。

『二重らせん』 J・D・ワトソン／江上不二夫、中村桂子訳（講談社文庫）

クリックと共にDNAの二重らせん構造を発見しノーベル賞を受賞したワトソンの回想録。発見当時の緊張、興奮、人間関係、自らの感情などが、いわば赤裸々に語られており、とにかくスリリング、血沸き肉躍るという点で科学実録物の最高峰。僕の同世代には、これを読んで「サイエンティストになるのも悪くないかな」と思った人間がけっこう多い。

『知的生産の技術』 梅棹忠夫（岩波新書）

メモの取り方、住所録の整理法などという、いわば卑近なテクニックを語りながら、一人の有能な研究者の自己形成のプロセスから人生哲学までが見えてきてしまうというたぐい希なる名著だろう。科学者には大きく分けて、技術を固定し、それを中心に研究を展開していくタイプ、材料を中心に展開していくタイプ、特定の問題に固執し、さまざまな技術、材料を駆使してその問題を多角的に攻めていくタイプと三つのタイプがある。梅棹先生は、技術中心展開タイプの理想形ともいえる学者である。

『メダカに学ぶ生物学』△ 江上信雄（中公新書）

江上先生は材料中心展開タイプの典型例である。メダカのような小さな魚を中心に一人の研究者の学問、人生が展開していくさまは感動的ともいえる。

『聴覚生理学への道』△ 勝木保次（紀伊國屋新書）

『脳の探求者ラモニ・カハール』△ 万年《まんねん》甫《はじめ》（中公新書）

問題中心タイプの典型例を挙げようと思ったのだが思いつかないので、偉大な神経科学者の回想記、伝記を挙げておく。なぜか心理学者を挙げられないのが悲しいのだが。

『試験管の中の太陽』△ 山口栄一（講談社）

『サンバガエルの謎』◇ A・ケストラー／石田敏子訳（サイマル出版会）

どちらも、科学の恐さ、残酷さを実感させてくれる。

2

『視覚の冒険』下條信輔（産業図書）

下級生をトイレに連れ込んで無理やりタバコを吸わせる不良上級生といったノリで、僕が冒頭に登場する。下條先生、それ以来タバコはやめられなかったようだ。「入り口は知的でビジュアルなエンタテイメント。ゴールは視覚科学の最前線」と著者自身が述べている願望がかなりの線まで実現されている。

『インテリジェント・アイ——見ることの科学』△ R・L・グレゴリー／金子隆芳訳（みすず書房）

これを読めば、なぜ心理学者が視覚の研究をするのか、つまり視覚のメカニズムが知的機能のフロントエンドであると同時に、それ自体として高度に知的な機能をもつということがわかってもらえると思う。上掲の下條先生の著書と合わせ読むことをお薦めする。

『見るしくみ』△ R・L・グレゴリー（平凡社）

視覚の心理学に関する包括的な入門書、教科書、かつ日本語で読めるものと考えるのだが、薦められる本はほとんど無い。本書はほとんど唯一、薦められる教科書でもあるが、もはや絶版。図書館か古本屋で探してみていただきたい。

『脳から心へ——高次機能の解明に挑む』△ 宮下保司、下條信輔編（岩波書店）

雑誌『科学』（岩波書店）に最近数年間に掲載された、実験心理学を含む神経科学関係の解説記事をまとめたもの。感覚、知覚関係の話題も多く、第一線の研究者が最近の成果をわかりやすく説明してくれる。

『脳はどこまでわかったか』△ 三上章允《あきちか》（講談社現代新書）

視覚の生理学の最新の成果がわかりやすく、かつ簡潔にまとめられている。

『機械の中の幽霊』Ａ・ケストラー／日高敏隆、長野　敬訳（ぺりかん社）

実験心理学を全面的に批判する大著。これを読むと心理学なんてダメと思いこんでしまうかもしれない。もし、実験心理学を志すならこの本を読んで悩んでみてほしい。

3 『認知心理学』１、２、３

現在の認知にかかわる実験心理学の最近の成果が非常に要領よくまとめられており、現在の実験心理学の概要を知るためには絶好。

島崎邦彦《しまざきくにひこ》（地震研究所教授／地震学）

1 最近、たまたま目にした本から、

『ピアニストという蛮族がいる』中村紘子（文春文庫）

造物主に文句を言いたくなる。美人ピアニストにこれだけの文才を与えるとは。音楽好きは読みだしたらもう止められない。

2 「映像記録　阪神大震災」△（毎日放送）

本ではないと怒る方がいらっしゃるかもしれないが、やはり百聞は一見にしかず。地震や地球に関連した分野へ進もうと思われる方、このビデオを黙って見て下さい。

『古地震を探る』太田陽子、島崎邦彦編（古今書院）

温故知新、行く先を占うにはこれまでの経緯を知らなければならない。その意味で地震学は歴史科学でもある。さまざまな手法で埋もれている過去の地震を掘り起こす多数の科学者の顔が見える。

『火山と地震の国』△ 中村一明、松田時彦、守屋以智雄（岩波書店）

いつも見慣れている風景の中に、おそるべき地球の歴史をひもとく鍵が潜んでいる。この本にあげられている場所を訪れる人は、これまでとまったく違った風景を見ることになるだろう。

『新しい地球観』 上田誠也（岩波新書）

古い本となったが、著者の溢れるような地球科学に対する情熱を感じるだけで、何か元気が出そう。

3 **『活断層とは何か』** 池田安隆、島崎邦彦、山崎晴雄

誰もが口にした活断層。でも、誰も正確には知らない。日本列島の住民としてみんなに知ってもらいたい活断層の「常識」を述べる。

『地震と断層』 島崎邦彦、松田時彦編

教養学部の全学一般教育ゼミナールに参加した地震研究所・理学部の教官が、地震の正体である断層運動について、得意とするところを語る。地震被害や津波など災害の受け身の立場から、手足、ハンマー、望遠鏡や顕微鏡を使い、叩いたり壊したり、さらには断層の臭いをかぐまで、さまざまな角度から調べる。

『火山とプレートテクトニクス』 中村一明

自然を見るとはどんなことか。著者の部屋には壁から天井まで各種の地図や写真が貼られており、訪ねるごとに「こう見えるだろう」と論争を挑まれた。講義口調のやさしい語り口のうちに、自然の見方を教えられる。遺著となったのが残念。

下山晴彦《しもやまはるひこ》（大学院教育学研究科・教育学部助教授／臨床心理学・教育心理学）

最近の私の関心の一つに、自分の生きている生活の場での発想をいかに学問にしていくかということがあります。今回は、そのような点に関連するものを中心に、印象に残った本を取り上げてみました。

『風土——人間学的考察』和辻哲郎（岩波文庫）

和辻哲郎がハイデッガーの『存在と時間』に触発され、人間の存在構造としての空間性の意味を明らかにした独創的な本である。そこでは「風土」という語をはじめ、「間柄」「場所」「気」といった日本語の日常語の発想が思想として形づくられていく過程が読み取れる。

『発想法』川喜田二郎（中公新書）

現場での発想を学問にしていく具体的方法であるＫＪ法が提案されている。著者は、そのような学問のあり方を「野外科学」と呼んでいる。電脳文化が花盛りの現代においては、過剰ともいえる情報をいかに整理するかが重要なテーマとなっている。しかし、人間が生きている現場からデータを取り出し、情報を生み出すという情報の原点に戻ってみることは、意外に新鮮な体験となるかもしれない。

『「気」の文化論』赤塚行雄（創拓社）

日本語の気は、中国語の気とも異なる独特な意味の広がりと豊かさを持つ。日本文化再考のキーワードである。

番外編として、

『コインロッカー・ベイビーズ』村上　龍（講談社文庫）

仕事柄、「事実は小説より奇なり」と感じることが多い。しかし、この本を読んだときには、小説家の発想と想像力、そして取材力ってのはスゲーと感嘆してしまった。

2　**『フィールドワーク——書を持って街へ出よう』**佐藤郁哉（新曜社）

研究者が現場に棲み込んで情報を収集し、そこから学問を生成する「技」がわかりやすく書かれている。心理学の分野では、自然科学の発想にもとづく数量的分析が重視される傾向がある。しかし、本書で示されているような質的データを扱う方法は、もっと重視されるべきである。

『臨床の知とは何か』中村雄二郎（岩波新書）

自然科学との比較を通して、臨床の知とは何かが語られている。臨床心理学の独自なパラダイムと、その可能性を考えるうえで重要な本である。

『精神療法と精神分析』土居健郎《たけお》（金子書房）

『ユング心理学入門』河合隼雄（培風館）

欧米で生まれ、育った精神分析やユング心理学を、単なる翻訳ではなく、著者が自己自身のことばでまとめている。専門的な内容であるが、自己分析の視点を得ることができるという点では、専門外の人にとっても興味深い内容となっている。

『家族救助信号』△鈴木浩二（朝日出版社）

個人の心理療法をしても、その人が生きている家族が変わらなければ意味がないという視点から、家族のシステム全体に介入する家族療法の理論をわかりやすくまとめたものである。家族を見直す際のさまざまな視点を得ることができる本である。

3　**『仮面の解釈学』**坂部　恵

駒場時代、ヘーゲルやハイデッガーにかじりついて咀嚼できずに苦しんでいた私にとって、本書において著者が日本語を素材として展開している思想の繊細さとその切れ味の鋭さは、とても新鮮であった。

『コミュニティ心理学——地域臨床の理論と実践』山本和郎

臨床心理学は、コミュニティ心理学の方法を得ることで社会的次元への広がりをもてるようになった。著者は、日本のコミュニティ心理学の第一人者である。本書からは、著者の新しい臨床心理学を創っていこうという意気込みが伝わってくる。

鈴木《すずき》賢次《けんじ》郎《ろう》（教養学部教授／図学）

『高熱隧道《ずいどう》』吉村 昭（新潮文庫）

気がついたら大学の教師になってしまっていたが、子供の頃から技術者になりたいなーと思っていた。この本は、泡《ほう》雪崩、高温地盤等、当時の科学では予想もつかなかった大自然の猛威や、第二次世界大戦という社会的に劣悪な条件と戦いながら、黒部第三ダムのトンネル建設を完遂した技術者についての物語である。この本を読むと、いまでも感動して、やっぱり技術者になればよかったかなーと思ってしまう（もう遅いか！）。同氏の**『戦艦武蔵』**、**『零式戦闘機』**（新潮文庫）、柳田邦男**『マッハの恐怖』**（同）等、夢中で読んで、読み終わった後、人間と科学・技術について何となく考えさせられてしまう本。

『竜馬がゆく（一）～（八）』司馬遼太郎（文春文庫）

明治維新期に生きた坂本竜馬を描いた司馬歴史小説。高校までの学校教育で歴史を学んだが、正直に言ってそれほど面白いとも重要だとも思わなかった。しかし、司馬遼太郎の一連の歴史小説——とくに、明治期を描いたもの——を読んで、この考えは変わった。歴史ヲ学ブコトハ、自分ノ生キ方ヲ学ブコトダと何となく実感した本。ところで、大臣の失言（?）でいろいろ話題になっているが、太平洋戦争っていったい、なんだったんだろう。

2

私が専門とする図学は、「形（かたち）——三次元空間における立体形状」とその「図——立体形状の二次元表現」を取り扱う学問分野である。私は、このうちとくに、人間が如何にして図を介して形に関する情報を処理するのかという問題に興味を持っている。大学前期課程で開講されている図学授業（科目名は図形科学）においては、時間の関係で、古典図学（図法幾何学と呼ばれる）を中心とした講義が行われることが多く、図学の面白さのほんの一部しか伝えられないのは残念である。図学の広がり、とくに人間の図形情報処理への広がりを示す本を二、三挙げる。

『かたちの秘密』宮崎興二ほか（彰国社）

物理、化学、生物など、さまざまな自然科学にみられる「かたち」の面白さを述べている。

『傾いた図形の謎——認知科学選書11』△高野陽太郎（東京大学出版会）

形状認知に関する準古典的な話題を推理小説仕立てで読ませてくれる。

『人間の情報処理』D・E・ルーメルハート／御領《ごりょう》謙《けん》訳（サイエンス社）

図形情報の処理はきわめて重要ではあるが、人間の行っているさまざまな情報処理の一部にしか過ぎず、これを理解するには、言語など他の情報処理に関して得られた知見も大いに参考になる。前の二つに比べ、やや専門的。

3 **『図学入門』** 磯田浩、鈴木賢次郎

先に述べたように、図学は「かたち」とその「図」表現を扱う学問分野である。かたちを図で表すのに、近年では、コンピュータが用いられることが多い。この本は、古典図学――定規とコンパスによる作図をベース――から入って、コンピュータによる図形処理へとスムースに学べるように書かれた図学の入門書である。自分の関係した本を紹介するのは、なにやら気恥ずかしいが、図学を学習するうえでは参考になると思う。

『認知心理学講座(1)~(4)』 大山正、東《あずま》洋《ひろし》監修

人間の情報処理について、心理学サイドからまとめたシリーズ。

橋本毅彦《はしもとたけひこ》（教養学部助教授／科学史・科学哲学）

1 **『経営者の時代』** アルフレッド・チャンドラーJr.／鳥羽欽一郎、小林袈裟治訳（東洋経済新報社）

原題は*The Visible Hand*という、もう少し詩的なタイトルがつけられている。「アメリカのビジネスはビジネス」と言われるが、そのアメリカの企業の近代的経営組織の形成と発展を詳説したものである。アメリカ史のゼミの課題図書だったが、面白く再読三読したことを覚えている。

『技術屋の心眼』 E・S・ファーガソン／藤原良樹、砂田久吉訳（平凡社）

著者は、私の恩師の恩師にあたる人物で、アメリカ技術史界の長老の一人。授業では、スライドをふんだんに利用するという。技術史だけ

でなく技術自体にとっても、ビジュアルな絵・図・写真が不可欠でありまた本質的でもあるという著者の考えが、ここでいかんなく披露されている。

『描写の芸術』△　スヴェトラーナ・アルパース／幸福《こうふく》　輝《あきら》訳（ありな書房）

　ホイヘンスという一七世紀オランダの科学者を追いかけている最中に、この書に行き当たった。古典的劇的な題材をモチーフとする一七世紀イタリアの画風に、日常的風景をリアルに描写するオランダの画風が対照されるのだが、そこに一七世紀科学革命期の自然科学の二つの探求のあり方（数学的科学と博物学的科学）を重ね合わせようとする論点が非常に興味深かった。

2　**『アインシュタイン研究』**△　西尾成子編（中央公論社）

　相対性理論自体の面白さから一歩踏み出して、相対論などという発想がどこから出てきたのかという疑問が生じると、そこは科学史の入り口である。本書にはアインシュタインの業績とくに相対論の形成史に関して内外の代表的論文が収録されているが、なかでも広重徹の相対論の起源に関する論文は力作で、それを読むと、アインシュタインが正に科学界におけるラジカルな思想家であったことを思い知らされる。

『科学革命の構造』　トーマス・クーン／中山茂訳（みすず書房）

『表現と介入』　イーアン・ハッキング／渡辺博訳（産業図書）

　一九六二年に発刊された前者は、その後の科学史・科学哲学の研究に絶大な影響を与えた書である。科学の営みは、知識が着実に蓄積され、真理に向かって徐々に階段を上っていくようなプロセスではないことが論じられる。一方、一九八三年に刊行された後者は、クーン以降の科学哲学の論争や問題点を総括し、プラグマティズムの立場から新しい科学哲学の方向を打ち出している著作である。科学史の研究は、クーン以降は理論の転換に焦点が当たっていたが、ハッキング以降、実験のさまざまな側面も検討されるようになってきている。

『近代医学の史的基盤』△ 川喜田愛郎《よしお》（岩波書店）

医療・医学に関心をもつ人に薦める。古代から現代に至るまでの医学史を詳述した上下二巻、一二〇〇ページにわたる大作である。だがその叙述は、あくまで語りかけるように滑らかで、しかも著者の医療と学問に対する誠実な態度を所々で感得させられる。

1996 3

『物と心』 大森荘蔵

著者は、科学史・科学哲学教室のゴッドファーザー的存在で、分析哲学から出発して独自の哲学の境地を開拓した人物である。深遠な哲学的問題を、あまりにも身近な言葉と切れのいい論理と語り口で説き進めていく本書は、『言語・知覚・世界』（岩波書店）とともに著者の代表作である。

『日本における職場の技術・労働史』 山本 潔

著者は一九九三年まで社会科学研究所に長く勤めた経済史・労働史の研究者である。その研究の集大成ともいえるこの労作は、機械工業と化学工業の生産現場のあり方を、幕末から現代までいくつかの類型に分けながら分析し解説したものである。技術史の面からも経済史の面からも抜け落ちがちであった、実際の生産現場における組織や技能のあり方を綿密に分析したものであり、日本の産業の歴史に関心をもつ人に広く薦めたい著作である。

箸本春樹《はしもとはるき》（教養学部助教授／生物学）

1 **『パブロ・カザルス　喜びと悲しみ』**A・E・カーン／吉田秀和、郷司敬吾訳（朝日新聞社）

読み始めると一気に読んでしまう本がありますが、この本も最近読んだもののなかではそういうものでした。パブロ・カザルスは一八七六年にカタロニアに生まれ、九七年の生涯を送った偉大な音楽家です。今から見るとひと時代前の人ですが、チェロ奏者としてとくに有名なので知っている人も多いでしょう。一生を音楽と祖国に捧げた彼の人となりと二〇世紀ヨーロッパのひとつの姿が、淡々とした語り口から読むものの心に伝わってきます。原著の英文も優れているのでしょうけれども、この訳書自身も優れた日本語で書かれていると思います。

2 **『生物学のすすめ』**J・メイナード＝スミス／木村武二訳（紀伊國屋書店）

原著の題は *The Problems of Biology* です。この本の目的は、すでにわかっていることを単に平易に伝えるというのではなく、生物学において基本的で本質的な問題は何か、つまり「生命とは何か」について理解させ、考えさせることです。どこまでがわかっていて、どこがまだわかっていないか、そして未解明の問題に対してどう取り組んでいけばよいか、これらが切れ味良く述べられているので、読んでいて大いに興味がわきます。そういった意味でまさに「生物学のすすめ」となる本でしょう。

3 **UPバイオロジーシリーズ**◇のすべての本。というわたし自身全部を読んだわけではありませんが、その分野の一線で研究されている方が力を込めて書かれているので、どの本も読んでみたいと思うものばかりです。

長谷《はせ》川《がわ》哲夫《てつお》（理学部附属天文学教育研究センター助教授／天体物理学）

1 **『モモ』**ミヒャエル・エンデ／大島かおり訳（岩波書店）

人生のなかで自分の時間を自分の思い通りに使える度合いが最も高い時期にさしかかった新入生の皆さんに、まずこの本をすすめます。もしかしたら、もう読んだことがあるかも知れません。それでも、もう一度読み返してみてください。この本にはこれ以上のコメントは無用。エンデの送るメッセージに耳を傾け、そして自分で考えてください。

『思索と経験をめぐって』△森 有正（講談社学術文庫）

自分で考えるということ……大学時代の私がこのことにあらためて注意を払うきっかけとなった本がこれでした。価値が多様化し情報が氾濫するこの世の中で、一人の人間として自分の座標軸をもって外界を見る静かな目。この本はその貴さに気付かせてくれるとともに、心にざわざわと波立っていたノイズが読んでいるうちにすーっと消えていくような不思議な力をもっています。

『虫に食べられないアズキを求めて』石井象二郎（偕成社）

戦後五十周年を迎えた昨年、さまざまな催しや出版が行われました。この本は、一兵卒として戦争に召集され研究を中断されながらも、化学の手法を導入するなど次々に新しい研究に挑戦し、虫に食害されない豆を育成するという若い日の夢を半世紀かけて実現した昆虫学者の自伝です。研究の原動力となった情熱と、必要とあらばどんな新しいものにも挑戦する精神的な「若さ」に、強く心を打たれます。

2 学生の頃から今に至るまで、自分で体系立てて一連の重要な文献を「征服」してきた経験がほとんどない私にとって、こういう質問が一番つらい。以下に紹介する本は「これだけは読んでおこう」というものではありません。あしからず。

特定の分野の研究の現状がある程度深くわかるようになると、現在の科学（自然科学に限らず人文科学や社会科学も）の重層的な構造——それが、過去数百年あるいは数千年にわたって、さまざまな個性をもつ人間が、それぞれに悩みながら、うんうんうなって積み上げてきたものであるということ——に気付いて慄然とするときがきます。これは人間の文化としての科学のひとつの表れです。皆さんも大学を卒業するまでに、少なくともこの戦慄だけは経験してほしいと思います。

『星界の報告』△ ガリレオ・ガリレイ／山田慶児、谷 泰《ゆたか》訳（岩波文庫）

『天文対話　上・下』△ ガリレオ・ガリレイ／青木靖三訳（岩波文庫）

ガリレオの本を読むと、そのページから彼の声が聞こえてくるような気がします。本を読み終わると、彼から「科学者魂」とでも言うべきものをプレゼントされた自分に気付くことでしょう。

一六一〇年に出版された『星界の報告』は、歴史上初めて望遠鏡を宇宙に向けたガリレオが、そこに何を発見したか、そしてそれが宇宙観にどのような変革をもたらすかを、みずみずしい文体（とは言っても決して軽い文体ではありませんが）で述べた感動的な本。同じ本に収められた「太陽黒点にかんする第二書簡」は、黒点とその移動の詳細な記録もさることながら、それに基づく考察の論理的強さ、踏み込みの深さには脱帽してしまいます。

一六三二年に出版された『天文対話』は、近代科学の黎明を告げた不朽の名著であると同時に、異端審問においてガリレオを終身刑に導きました。全体は三人の貴族の四日にわたる対話という構成をとっていて、第二日には有名なガリレオの相対性原理が、第四日にはガリレオが地球公転の決定的証拠として挙げた潮汐の理論（しかもそれは間違っている！）が論じられます。

『ガリレオの生涯　全三巻』◇ S・ドレイク／田中一郎訳（共立出版）

『ガリレオの思考をたどる』 S・ドレイク／赤木昭夫訳（産業図書）

このような著書を残したガリレオは、その生涯の一年一年をどのように暮らし、どのように考えていたのでしょうか。これら二書は、ガリレオやその同時代人たちが残した膨大な一次資料にあくまでもとづきながらその疑問に答えてくれます。自分の人生をどうプロデュースするかを考えるきっかけになるかも。

『銀河の発見』 R・ベレンゼン、R・ハート、D・シーリイ／高瀬文志郎、岡村定矩訳（地人書館）

もう少し最近の科学の歴史に関する本を、一冊だけ挙げます。「空に広がる天の川」という地球中心の見方から、「天の川銀河という星ぼしのつくる巨大な円盤のはずれに住む私たち」の認識へ、そして天の川銀河の外の空間と、そこに散らばる同じような星の系すなわち「銀河」の発見という、宇宙観の大転換が起きたのは、今世紀の前半、わずか七五〜五〇年ほど前のことです。そのとき科学者たちはどう間違え、どう議論し、そしてどのように現在の考えに到達したのかを、登場する科学者の人物像も含めていきいきと伝えてくれる本です。

3 『知の論理』小林康夫、船曳建夫編

一昨年、教養学部の文科系一年生のサブテキストとして出版され、たちまちベストセラーになって話題になった『知の技法』は、評論の方法論の見本市みたいで正直言って私は心底共鳴することはできませんでした。でも、その続編として去年出た『知の論理』のほうはほんとうにおもしろい！ それまでの方法では表せない現象に出会ったときに、それを認識し表現するための言葉（論理）を発明しつつ知を創造する……。これって文科系に限らず自然科学にもまさに必要な「知のダイナミズム」じゃないだろうか？

『科学英文技法』兵藤申一

いまどき、バイリンガルなんてわざわざ言うのはちょっと恥かしい。少なくとも英語で読み書きとディスカッションができなければ、世界市民としてその文化の創造と継承に参加できないという現実は、皆さんもご存じの通り。しかし毎年、学年末が近づくと、学生の学位論文のまずい英語に頭をかかえないですむ教授は幸運というのも現実です。教養学部の英語の授業革命が成功することを祈るとともに、学生の皆さんも自分の情報発信能力をレベルアップすることには、気を付けてください。そういう人に、この本。なにしろ、私の研究室の、ある大学院生の英語を、たった二カ月で見違えるように良くした実績があるのですから。ただし彼は、あわせて

『日本人の英語』マーク・ピーターセン（岩波新書）も読んでいましたので、両方の本のおかげと言うべきでしょうけれど。

羽田《はねだ》　正《まさし》（東洋文化研究所助教授／イスラム世界史）

旅行記とは、ある人がそれまでの自分の世界を飛び出して未知の新しい世界に分け入り、そこで見、聞き、感じたことを書き記すものである。何を叙述するかにその人の感性が現れ、その人のそれまでの生き方が垣間見られる。その意味では、書き手にとってごまかしのきかない少々恐ろしいジャンルの文学である。次の三冊は旅行記として間違いなく一級品で、イスラム世界に興味を持つ人のみならず、人間が好きな人には絶対のおすすめ。

『西アジア遊記』△ 宮崎市定（中公文庫）

東洋史の碩学が、その若き日（一九三七年）にシリア、イラク、エジプトなど西アジア各地を一人旅したときの旅行記。著者の現地社会に対する鋭い考察は、それから六〇年経た今日読んでもうなずかされるものが多い。私はこの本をときどき読み返して著者の歴史家としての誠実で真摯な態度に触れ、自らの襟を正すようにしている。

『ジャポンヤ』アブデュルレシト・イブラヒム／小松香織、小松久男訳（第三書館）

日露戦争直後、当時日の出の勢いの日本をイスラム化し、ムスリムが一致して欧米に対抗することを夢見てわが国を訪れたタタール人イスラム教徒の日本見聞記。上は伊藤博文や大隈重信から下は名もない庶民に至るまで、明治時代の日本人がいきいきと描かれている。現代の日本人との相違は驚くべきほどである。

『ペルシア紀行』 シャルダン／佐々木康之、佐々木澄子訳（岩波書店）

一七世紀後半にペルシアを訪れたフランス人宝石商人の旅行記。その観察眼の鋭さと叙述の正確さ、それに人物描写の妙は読むものを飽きさせない。モンテスキューなどのフランス啓蒙主義者にも大きな影響を与えた書。

2 **『長篠合戦の世界史――ヨーロッパ軍事革命の衝撃1500～1800年』** ジェフリ・パーカー／大久保桂子訳（同文舘出版）

歴史的には常に世界の「辺境」に過ぎなかったヨーロッパが、なぜ一九世紀には世界を支配するに至ったのかを軍事史的観点から説明しようとしたスケールの大きな好著。

『イスラームの世界史』全三巻 鈴木　董《ただし》ほか編（講談社現代新書）

わが国第一線のイスラム世界史研究者が、その最新の研究成果を一般向けに記したシリーズ。イスラム世界史を志す人はまずこれを読んで、いま学界で何が問題となっているかを知るのがよい。

『事物の声　絵画の詩――アラブ・ペルシア文学とイスラム美術』△ 杉田英明（平凡社）

本の装丁、扱っている内容、著者の文章などすべてが美しい。著者の博識と出版社のセンスに敬意を表したくなる本。イスラム文化に興味を持つ人はぜひ読んでほしい。

3 **『講座世界史』**＊ 歴史学研究会編

刊行中のシリーズだが、力の入った好論文が多い。

『日本都市史入門』 高橋康夫、吉田伸之編

日本の都市史に関する研究だが、外国の都市に興味を持つ者も得るところが大きい。図版も

＊'96年に全12巻完結

多いし、どこをめくっても楽しい本。

船津《ふなつ》 衛《まもる》（大学院人文社会系研究科・文学部教授／社会学）

1 **『自由からの逃走』** E・フロム／日高六郎訳（創元社）

『パワー・エリート』 C・W・ミルズ／鵜飼信成、綿貫譲治訳（東京大学出版会）

『変革期における人間と社会』 K・マンハイム／福武 直訳（みすず書房）

『社会意識の構造』 城戸浩太郎（新曜社）

『現代日本の精神構造』 見田宗介（弘文堂）

現代社会の変容と現代人の意識や心理の変化について、ヨーロッパ、アメリカ、そして日本の状況が鋭く分析され、その生き生きした内容の展開に、わくわくしながら読んだ記憶がある。

『社会学』 福武 直、日高六郎（光文社）

『社会本質論』 新明正道《しんめいまさみち》（弘文堂）（『新明正道著作集』第二巻 誠信書房）

社会学の性格、領域、課題について明確に述べられ、「社会学とは何か」という問いに最初の回答を与えてくれ、社会学を専攻するきっかけとなった懐かしい書物でもある。

2 **『社会学における行為理論』** 新明正道（恒星社厚生閣）

『社会理論と社会構造』 R・K・マートン／森東吾《とうご》ほか訳（みすず書房）

『社会学的想像力』 C・W・ミルズ／鈴木 広訳（紀伊國屋書店）

『命題コレクション 社会学』 作田啓一、井上俊編（筑摩書房）

社会学の特質、命題、アプローチについて、わかりやすく書かれており、社会学の面白さ、社会学が抱える問題、そして社会学が現代において果たすべき役割を知ることができる。

『現代社会の社会意識』△ 見田宗介（弘文堂）

『精神・自我・社会』 G・H・ミード／稲葉三千男ほか訳（青木書店）、河村 望訳（人間の科学社）

『自我・主体・アイデンティティ』△ 井上 俊ほか編（『現代社会学』第二巻 岩波書店）

現代人の意識と自我のあり方について理論的、現実的分析がなされており、社会意識論や社会的自我論に関心のある学生諸君にはぜひ読んでおいてもらいたい書物である。

3 **『社会学講座』**◇（全一八巻）福武 直監修

『リーディングス 日本の社会学』◇（全二〇巻）

『現代社会学叢書』◇、**『社会学シリーズ』** の各書。

東京大学出版会の本は社会学の「宝庫」となっているので、一冊といわず、できるだけ多く読んでほしい。

森田《もりた》 修《おさむ》（社会科学研究所助教授／民法）

以下はいくつかの書物に捧げられた独りよがりのオマージュにすぎず、新入生にはむしろ"Index"として利用されるべきなのかもしれない。

1 二〇世紀フランス史学にとってM・ブロックは、アナール誌創刊と自身の死とによって、既に一つの神話である。しかし私にとって彼は、創造主／英雄というより次の書の著者として、むしろ一人の孤独な狩猟者である。

『フランス農村史の基本性格』 河野健二、飯沼二郎訳（創文社）原著一九三一年刊

中世農業共同体の歴史的展開を、彼は耕地の地理学的なメタモルフォーゼによって論証する。古地図の林の中に分け入り、人間社会が大地の表層に残したさまざまな痕跡を、彼はあたかも

滅びゆく古生物の足跡のように辿っていく。西欧思想の豊かな水脈の一つに導かれながら。

『神話作用』◇ R・バルト／篠沢秀夫訳（現代思潮社）原著一九五七年刊

『旧修辞学』△ R・バルト／沢崎浩平訳（みすず書房）原著一九七〇年刊

バルトは、論じることによって作り出される牢獄と、その拘束を突破するかすかな可能性とについて、美しい言葉で我々に示唆を与える（いずれもSeuil社Point文庫で廉価で手に入る原著に当たることを勧める）。ここにもかの水脈は遠い轟きを響かせている。

しかし歴史や言語を問題とする当の我々が、合理的であるとはどういうことなのか。

『意思決定と合理性』△ H・サイモン／佐々木恒男、吉原正彦訳（文眞堂）原著一九八三年刊

この書は、この問題の全体像を要領よくしかもきわめて刺激的に示すことに成功している。サイモン以後の我々には、もはやかの水脈に無邪気に身を委ねることは許されてはいない。

2 西洋古典学的な意味において「伝統」は、その解釈・批判が現実の解釈・批判と等価であるような、対決すべき「テクスト」の上にしか成立しない。そのような意味における日本民法学の「テクスト」が次の書であることに異論はないであろう。

『民法講義』（I〜V）我妻 栄（岩波書店より一九五二年から一九七一年にそれぞれ各巻の最終版が刊行されている）

そしてこの我妻民法学の心臓部は次の書に示されている。

『近代法における債権の優越的地位』△（有斐閣一九五三年刊）

そして実はここにおいて我が民法学にかの水

脈が流れ込むこととなる。

さらにかの水脈は日本の民法学にもう一つの「テクスト」を残す。

『所有権法の理論』川島武宜（岩波書店一九四九年刊）

ここには多産を準備する戦時下の抑圧と「解放」の季節の息吹との鮮やかな記憶がある。にもかかわらずこのテクストが今日では忘れ去られつつあるように見えるのは何故だろうか？　この忘却について、「テクスト」の外部に仕込まれたそのメカニズムを提示するのが次の書である。

『日本の思想』丸山眞男（岩波書店一九六一年刊）

他方で次の書は、むしろこの「テクスト」の内部に、言い換えればかの水脈そのものに潜む風化の論理を取り出そうとする。

『歴史主義の貧困』K・ポパー／久野収、市井三郎訳（中央公論社）原著増補版一九六〇年刊

かくして、かの水脈の瀬音がもはや聞こえなくなってしまったとしても、法の経験合理的な説明を我々は諦めるわけにはいかない。

そのための手掛りを与えてくれるのが次の二著である（とはいえ後者は前者の実り豊かな敷衍であるにすぎない）。

「企業の本質」R・コース、原著一九三七年刊（『企業・市場・法』R・コース／宮沢健一ほか訳（東洋経済新報社）原著一九八八年刊に所収。同書には新古典派的「誤解」によるとはいえ「法と経済学」を生み出すことになる「社会的費用の問題」（原著一九六〇年刊）も収録されている）

『市場と企業組織』O・ウィリアムソン／浅沼萬理、岩崎晃訳（日本評論社）原著一九七五年刊

そしてこれらの議論は、法的思考様式の貴重な可能性の提示に接続される。

『法政策学』平井宜雄（有斐閣一九九五年刊）

同書は、〈近代の後衛戦〉をいずれの側でか戦わなければならない我々にとって、一つの堅固な前哨点となるだろう。

3　東京大学出版会とは何か？　私にとってそれは〈驚愕〉の書肆とでもいうべきものである。その例証としてまず今から二五年前に次の書が日本の民法学に与えた衝撃を挙げておきたい。

『損害賠償法の理論』平井宜雄（一九七一年刊）

ある論者によれば、「従来の通説を覆滅させた」とされるこの驚愕を、若い人々が再び追体験できるようになった。復刊を言祝ぎたい。

もう一つ最近の例を挙げておこう。著者が東大を去るのとほぼ時を同じくして、一連の業績の意味するところをひとまとめに突きつけられた時の我々の驚愕は記憶に新しい。

『仮想の近代』村上淳一（一九九二年刊）

この書の与えた衝撃の余震のうちに我々はまだ立ち竦《すく》んでいるのかもしれない。

1997

東京大学創立一二〇周年。一九九一年に始まった、大学を大学院中心の組織に変える「大学院重点化」は完了。しかし、新たに政府の行政改革会議で国立大学の法人化が検討事項に。東大はこうした外部の要請と内部の必要により、次第に改革が改革をもたらす「連鎖改革」の様相を呈する。三月、駒場寮の一部明け渡し強制執行が字義通り「強制的」に行われる。前教養学部長蓮實重彦教授、総長に就任。

麻生《あそう》 建《けん》（大学院総合文化研究科・教養学部教授／ドイツ思想史）

仕事柄、哲学の本を〈読む〉と言うより〈分析〉するのが日常的になっているためか、読書という行為をあまりしなくなったのですが、そのわずかな読書の機会の中で印象に残ったものを二つだけ挙げさせていただきます。

『声の文化と文字の文化』 W・J・オング／桜井直文ほか訳（藤原書店）

のっけから〈読書〉を相対化するような本を挙げることになりますが、〈文字の文化〉からかなり離れ始めている、つまり〈読書〉をしなくなっている（と非難されている）諸君に、皮肉ではなくあえて一読をお薦めしたい本です。人類の歴史が数万年前に始まったのに対して、文字ができたのは数千年前ですし、印刷術が発明されたのは数百年前です。しかも普通の人が本を読み始めたのは、よくは知りませんがおそらく百年くらい前のことでしょう。そうしたことを考えると、「最近の若者は本を読まなくなった」などという年寄りの批判は全くの的外れということになります。まして情報の伝達やコミュニケーションの媒体が文字以外のものに事実上大幅に変わりつつある現代ですから、このような批判はますます的外れであると言わざるを得ません。しかし、そういった状況の中にいるからこそ、一度この〈文字の文化〉について考えてみる必要があると思います。この本はそのためには格好の本です。私自身強烈な刺激を受けました。

『ドイツの森番たち』（文）広瀬 隆、（撮影）橋口譲二（集英社）

この本は、小説やノンフィクション、ルポなどで活躍している広瀬氏と、カメラを通して長年ベルリンを見つめてきた写真家の橋口氏が、同じくベルリン在住の長い梶村太一郎氏夫妻の助けを借りて、ドイツの原子力発電所や核廃棄物処理の実態を見て回り、さまざまな人々に会って書き上げた、とてつもない本（プラス写真集）です。ドイツはすでに原発からの撤退をめざして具体的に歩みはじめました。この英断がどのようにしてなされたのか、これはけっしてきれいごとだけの問題ではなく、その裏にはさまざまな問題が隠されているのですが、いずれにせよ平気で原子力発電を利用し続け、その結果がどういった事態を招くかにほとんど関心を寄せていないし、また事実も知らされていないわれわれ日本人にとって、いや、少なくともその一人である私にとって、この本は脳しんとうを起こさせかねないほどの本です。

2 ドイツでもイギリスでもフランスでもよいのですが、ヨーロッパの思想に関心がある人のために、個人的に影響を受けた本と一般的に重要と思われる本を一冊ずつ挙げておきます。

『歴史と終末論』△ R・K・ブルトマン／中川秀恭訳（岩波書店・岩波現代叢書）

この本は、かつて聖書の〈非神話化〉を提唱した新約聖書学者のブルトマンが、一九五五年にスコットランドのエディンバラ大学で行った講演を活字化したもので、私にとっては歴史の意味を考えたり、人間とは何かを考えたり、キリスト教のことを考えたり、あるいはその後ヨーロッパ思想史の勉強を始めるに当たってかなり大きな影響を受けた本です。もっともこの本を読む以前にブルトマンからは、今触れた〈非神話化〉のことや新約聖書文書の成立の事情などをめぐってさまざまなことを、そして何よりも学問（人文科学）とはどういうものかということを、その仕事を通じて教えられていたのですが、この本によってはじめてヨーロッパ思想史の基本的な枠組みを与えられたような気がします。何となく青春時代のいろいろな想いが蘇ってきそうなので、気恥ずかしいからこの本についてはこれでやめます。

『普遍論争——近代の源流としての』 山内志朗（哲学書房）

世の中にはヘーゲルをほとんど理解せずにアドルノに取り組んだり、ライプニッツをほとんど知らずにヴィトゲンシュタインを研究しようとする人がたくさんいます。つまり、近代を知らずに直接現代に目を向けようという暴挙を犯しているわけですが、実はその近代の源流は中世にあるわけです。これはまったく当たり前のことなのですが、しかしこの点に関してはヨーロッパ人が自分の文化について考える場合と、日本人がヨーロッパ文化について考える場合を比べると、後者の方にとてつもないハンディキャップがあるのです。最近では、日本でもヨーロッパ中世のことに関心が深まり（？）、さまざまな本が出ていますが、こうしたことはもっと大々的に進めるべきだと思います。しかしそれと同時に、ヨーロッパの過去のことについて、これまでわれわれ日本人はそれこそヨーロッパ人の解釈の受け売りしかしてこなかったのです。中世についてもそうで、例えば山内氏がこの本で取り扱っている〈普遍論争〉に関しても、いずれかの時代に作り上げられた虚像が常識として通用し、それに誰も疑念を抱かないというのが実状です。自己解釈というのは概して眉唾物が多く、それをそのまま鵜呑みにするのは危険です。この本は、中世スコラ哲学の最大のテーマと言われてきた〈普遍論争〉というものを著者が自分の手で解体し、常識を覆し、同時に複雑きわまりないスコラ哲学への道案内をしてくれるものです。哲学書としてはきわめて読みやすい、明快な記述で全体が貫かれており、巻末には舌を嚙むような、おびただしい中世の哲学者たちに関する懇切丁寧な解説から、それぞれについての参考文献まで挙げられています。また、〈普遍論争〉を解体するのですから当然ですが、中世の哲学がこれまでどのように取り扱われてきたかを明らかにする詳細な研究史も付されています。ヨーロッパ思想史に取り組もうとする人にとっては必読書です。こうしたよい本を今から読める若者がうらやましいと、つくづく思います。

3 我田引水になりますが、昨年似たようなことをされた先生がおられたので、自分の本と、自分が所属している専攻（地域文化研究）の人たちが共同で書いた本をコメントなしで挙げておきます。

『ドイツ言語哲学の諸相』 麻生 建

『いま、なぜ民族か』 蓮實重彦、山内昌之編

『文明の衝突か、共存か』 同右

『地中海　終末論の誘惑』 同右

大瀧《おおたき》雅之《まさゆき》（社会科学研究所助教授／理論経済学）

1 僕の一〇代後半から二〇代前半の関心事は恋愛と社会的存在としての自我をいかに確立するかだった。前者の問題で具体的に何を悩んだかは、今はもう忘却の淵に沈んでい

る。しかしこれに関して当時読んだ本で特に印象に残っているのは、

『三四郎』、『それから』夏目漱石（新潮文庫）
『侏儒の言葉』、『藪の中』芥川龍之介（新潮文庫）
『我が心は石にあらず』、『悲の器』高橋和巳（新潮文庫）

初読が青春前期ということもあって、僕は漱石の前期三部作を後期のそれより好む。『三四郎』の田舎出の学生が大学に象徴される都会と女性及び郷里との狭間でたじろぐ様子は、洒脱で教養あふれる文章と相俟って、今でも仄かに青春前期を思い出させてくれる。『それから』は激しい小説である。慣習・規範を打ち破ってでもという狂おしさが、恋愛の本質だろう。『門』を青春前期で理解するのは、些か難しいだろう。龍之介の懐疑主義に心を動かされない青年は、不健康である。「権威」や「美徳」や「真実」に対する懐疑こそが、人間の哀しさを知ることを通じて、やがては生きることの肯定に繋がると、僕は信じている。高橋和巳は今となれば、女性の描写が余りに硬質な気がする。これらの著作を恋愛小説とよぶべきかはともかく、硬く重厚な文章からは社会で知的な「良心」を保ちながら生きることの緊張感が、ひしひしと伝わってくる。

二番目の社会と自我の問題は、明らかに僕自身未解決である。それ故に経済学に惹き付けられていると言ってもよい。社会科学を学ぶためには、経験から言って、まず高校までに植え付けられた通り一遍の社会観・世界観を捨て去るべきである。そのために個人的には、次の書が特に有用と考える。

『孤独な群衆』デイヴィッド・リースマン／加藤秀俊訳（みすず書房）

『はるかなる視線 1、2』△クロード・レヴィ=ストロース／三保《みほ》元《もと》訳（みすず書房）

『人間の条件』ハンナ・アーレント／志水速雄訳（ちくま学芸文庫）

「人類は進歩している」。この皮相な「進歩史観」は、いつの間にかわれわれに深く埋め込まれている。リースマンとレヴィ=ストロースの著作は、人間が環境や歴史によっていかに強く条件付けられているかを鋭く指摘している。とくに『はるかなる視線』冒頭の「人種と文化」というエッセイは、「進歩史観」の持つ危険性を見事に射抜いている。その上でアーレントを読まれたい。彼女の説く「活動」のための空間の脆弱性ゆえに（それは一面では人間の動物的哀れさと僕は思うが）、社会はつねに多様な問題を内包してきた。不特定多数の人間が何の備えもなく「労働」から解放されることが、本当に「進歩」なのだろうか。アーレントのマルクスに対するアンビヴァレンシィーをぜひ感得して欲しい。

2 僕の専攻は理論マクロ経済学であるが、学部での講義で優れた教科書は紹介されるはずなので、ここではいわばその「心構え」として前以て読んでおくべき本を挙げておこう。

『ケインズ「一般理論」を読む』△宇沢弘文（岩波書店）

『ケインズとハイエク』△間宮陽介（中公新書）

ケインズは言うまでもなく経済学における今世紀の巨人である。しかしいわゆる「教科書」では、その日干ししか味わえない。「一般理論」で採られた散文的手法が現在の理論経済学の数理モデル指向と必ずしもうまく接合しないからである。僕はこのギャップを埋めることこそ、これからの理論経済学の一つの役割だと考える。そのためには原著を直接読んでみるに限るが、これは指導者なしには無理である。そこでケインズに関する上の二つの著作を推薦する。前者は大家が自身のケインズ解釈に基づき、従来の「教科書」的なケインズ理論を批判的に再検討している。後者はケインズの「自由」に関する哲学が、ハイエクとの対比において論じられており、興味深い。

ところで、理論経済学は、応用数学でも単なるパズル解きでもない。現実の経済問題で何が重要であり、その淵源が何処にあるのかを知ることは、理論経済学を志すものにとっても必須である。そのためにも日本経済の歴史的概観を知ることは重要である。そこで初学者にも読める本として

『概説日本経済史』◇三和良一（東京大学出版会）
『戦後の日本経済』橋本寿朗（岩波新書）

を薦めたい。前者はやや難解だが明治期から高度成長期までの、後者はやや平易な調子で戦後五〇年の、日本経済の歴史がそれぞれ手際よくオーヴァーヴューされている。

3 『景気循環の理論』大瀧雅之

自著を推薦するのはやや気が引けるが、個々の主体の経済合理性を重視する新古典派経済学では、社会・経済を批判的に分析するのは無理という「俗説」に精一杯挑戦したつもりの著作である。僕は近代経済学から合理性を捨てては何も残らないと思うし、個人の合理性が社会の合理性と必ずしも一致しないからこそ、さまざまな経済問題が発生し、そこで経済学の鼎の軽重が問われると考えている。

1 大西《おおにし》 隆《たかし》（大学院工学系研究科・工学部教授／都市計画）

昨年は、一〇〇冊くらい本を買い、半分ほど読んだ。毎年こんなペースである。買った本は見えやすい場所に置き、読み終えた本は本棚の奥にまとめてあるから、その両方を眺めれば、どんな本が買ったままで読まれないでいるのか、どんな本を読んだのかが分かる。

それは、読むべきと思って買った本と、読みたいと思って買った本の陳列棚でもある。仕事柄、前者には専門書を含め、「都市」と名が付いたり、それに関連した内容の本が多い。後者は、小説、新書、ノンフィクションなど雑多であり、当然のことながら、こちらの方が読まれる率が高い。文庫や新書は、読書時間の三分の一ほどを占める乗り物の中で読みやすいことも有力な理由だが、何と言っても小説等は、書くことの専門家の手になるから、面白いのである。これに対して、専門書は、中身は興味を引くのだが、書き方がたどたどしかったり、冗長であったり、メリハリに欠けていたりで、読ませる工夫が足りないものも少なくなく、新規購入書の棚で埃を被ることになる。

昨年は、中国に関する本を何冊か読み、彼の国の変遷を考えさせられたのが印象に残った。

『北京好日　上下』林　語堂（芙蓉書房出版）

『ワイルド・スワン　上下』ユン・チアン（講談社）

『上海の長い夜　上下』鄭　念／篠原成子、吉本晋一郎訳（原書房）

『北京の長い夜』ゴードン・トーマス（並木書房）

中国の歴史の長さ、国の大きさ、人口の多さを象徴してか、中国に関する本は、分厚いのが多い。『北京好日』は、読み終えるのに昨年で一番時間がかかり、夏休みの半分を費やした。それでも読了後、まだ続きを読みたいと思った。人々の生き方を通じて、時代の大きな変化について考える機会を与えられるのは、読書の楽しみだ。もちろんわが隣国で、〝眠れる○○〟と形容される中国の動向は、最大の関心事でもある。

2　都市に興味を持つ学生諸君には、是非ルイス・マンフォードの該博な識見に触れて欲しい。多作な人で、何から（を）読んでもいいのだが、

『歴史の都市　明日の都市』△（新潮社）

などどうだろうか。

やや古いが、日本の都市問題を論じた名著がある。まちづくりが総合科学であり、総合技術であることを十分に認識させてくれて、今でも深い意味で新鮮さを失っていない。

『現代都市論』 柴田徳衛（東京大学出版会）

英語に挑戦してみるなら、

『Urban Utopias in the Twentieth Century』 Robert Fishman（The MIT Press）

『Making City Planning Work』 Alan B. Jacobs（American Society of Planning Officials）*

前者は、ハワード、コルビュジエ、ライトを取り上げ今世紀のまちづくり思想の源流を探った。後者はアメリカの民主主義的まちづくりを体験的に語っている。

現在の都市計画を考えるには、

『提言　都市創造』 伊藤　滋（晶文社）

阪神大震災、臨海副都心、首都機能移転など都市をめぐる最近の重要テーマを取り上げながら都市のあり方を論じている。

ついでに一冊筆者の本を紹介すれば、

『テレコミューティングが都市を変える』△大西　隆（日経サイエンス社）

＊ '98年に『サンフランシスコ都市計画局長の闘い』（学芸出版社）として刊行。

情報通信の発達が都市構造を変える可能性を論じている。

繰り返し読み、一番親しんでいる東京

3 大学出版会の本は、前述の**『現代都市論』**である。

世界の大都市の計画を研究テーマのひとつにしていることもあって**『世界の大都市◇全七巻』**（『ロンドン』、『上海』、『メキシコ・シティ』、『ニューヨーク』、『モスクワ』、『バンコク・クアラルンプル・シンガポール・ジャカルタ』、『東京・大阪』）は参考になった。豊富なデータで、各都市の社会経済的な実態と直面している問題を浮かび上がらせている。

国際化の進展に伴う日本の都市、とくに東京の新しい都市問題に焦点を当てた好著として、**『「世界都市」東京の構造転換』**町村敬志を挙げよう。

兼岡一郎《かねおかいちろう》（地震研究所教授／同位体地球惑星科学）

1 **『夜と霧——ドイツ強制収容所の体験記録』**ヴィクトール・E・フランクル／霜山徳爾訳（みすず書房）

ナチにより他の多くの同胞とともに抹殺されようとしたひとりのユダヤ人学者の強制収容所の体験記録は、現実にわれわれの住む世界で起こったこととして、人間がこれほどまでに残酷になり得るのかという強烈なショックを読むものに与える。一方で、そのような状況下に置かれた人間の優しさの存在をも伝えて、人間とは何かということを否応なしに考えさせる力をもつ。

『星の王子さま』サン＝テグジュペリ／内藤濯《あろう》訳（岩波書店）

この本については、既に少なからぬ人々がその話に接し、それぞれの思いでその内容をとらえていよう。こどもからお年寄りまで、それぞれの経験に準じてさまざまな読み方ができる。人間にとっての純粋なこころのあり方というものがこれほどまでに率直に語られているということが、多くの人々に感銘を与えている理由でもあろう。ともすればこのような気持が失われがちな現代において、一層その存在価値が増している本。

2 『火山灰は語る——火山と平野の自然史』 町田 洋（蒼樹書房）

火山から噴出した火山灰は、風などにのって広い地域に降り積もる。その到達する距離は火山噴火の規模が大きいほど遠方まで達し、それぞれの地域で火山灰層を形成する。一枚の火山灰層は、かつて起こった火山噴火の重要な証拠となり、火山灰層を追うことによって過去の火山噴火の規模などを推測することができる。著者はこのような火山灰層研究の第一人者であり、富士山や箱根山、九州の火山などの火山灰の研究から明らかにされた、第四紀から最近にいたるわが国周辺で起こったことの様子を紹介している。火山灰に賭けた著者のロマンが伝わってくる。

『火の山——噴火の驚異とメカニズム』 ロバート・デッカー、バーバラ・デッカー／井田喜明訳（西村書店）

わが国は火山国であるので、火山についての本はさまざまな形で出版されてきている。しかしそれらの多くは日本の火山が中心のものであったり写真集であったりして、いわゆる火山全般についての基礎的な解説をしてくれている入門書というのは意外に少ない。その中にあって、本書は火山に関する入門書としては広い範囲にわたって具体例にそって説明されているので、非常に親しみやすい。その内容は学問的にもきちんとしており、ロバート・デッカー氏の長年にわたる火山学に対する造詣の深さと、科学記者としての夫人の表現力の豊かさがあいまって、非常に読みやすい本になっている。

『宇宙化学――コンドライトから見た原始太陽系』 小沼直樹（サイエンスハウス）

とにかく魅力的な本である。著者の強力な個性を反映させて、コンドライトと呼ばれる最も一般的な隕石の元素や同位体、鉱物組成などを組み合わせて、いかに宇宙化学者と呼ばれる人々が、われわれの住む地球を含めた太陽系が形成されたかの謎解きに挑戦してきたかを雄弁に解説している。著者はその余りにも急ぎ過ぎた人生を、一九八五年に四十九歳で終えてしまった。

3 **『火山とプレートテクトニクス』** 中村一明

著者は一九八七年に急逝し、火山や地震、テクトニクスなどの研究者に大きな衝撃を与えた。本書は、著者が一九八四年に高知大学で〝火山・地震・プレートテクトニクス〟と題して集中講義をした際の録音テープを基に、著者を慕う中堅研究者らによってその逝去後に作成されたもの。著者は、自然界の眼に見える現象から、それを生じている眼に見えないことがらをいかに理解していくかということを徹底して実践し、若い研究者達に大きな影響を与えた。本書も著者自身の眼にしたことから、いかに火山を理解していくかの過程が明快に解説されていて、直接その講義を受けている感にさせられ、十分に

〝中村学〟の魅力を味わうことができる。

『安定同位体地球化学』酒井 均、松久幸敬《ゆきひろ》

各元素は、同位体と呼ばれる質量数の異なった原子をもっているが、それらの中で核種の壊変に関係しない同位体を安定同位体と呼ぶ。水素や酸素、炭素や硫黄などの軽元素の同位体比は、温度や物質の相変化、化学反応などの影響を受ける。その同位体比の変化を利用して地球などで起こっているさまざまな現象を理解しようという分野が、この本の題名である。著者らはこの分野における世界的な権威であり、安定同位体地球化学がいかに発展してきたかをさまざまなエピソードなどもまじえ、多くの実際の応用例を示しながらその詳しい内容を紹介している。専門的な内容を含むので入門書としては取り付きにくいが、このような分野があるということを知ることだけでも意義があろう。

『火山とマグマ』兼岡一郎、井田喜明編

東京大学の一般教育のひとつ、全学自由研究ゼミナールにおいて、東京大学地震研究所の教官が中心となって一九九五年度に「もっと火山を知ろう」というテーマの講義を行った。その際の講義を担当した教官がそれぞれの講義を基に分担執筆をし、さらに不足している内容を補足してつくられた火山学の入門書。火山に関する基礎的なことがらから、噴火予知に関する最新の情報までをそれぞれの専門家が解説し、高校卒業程度の知識があれば文系の学生でもその内容が理解できるように配慮されている。従来の火山に関する本が、一般向けの啓蒙書や写真集か専門書に二極化していたのに対し、その間を埋めるものとして執筆されているので、火山や火山学についてやや詳しいことを知ろうとする人に好適。

苅谷《かりや》剛彦《たけひこ》（大学院教育学研究科・教育学部助教授／比較教育システム論）

今ある自分につながる、三冊を紹介します。

『社会学入門』△ 清水幾太郎（潮文庫）

高校一年、一五歳の初夏、この本を偶然書店で見つけたことが、私と「社会学」との出会いとなりました。高校に入学したての頃、マルクスやヘーゲルなどをすでに読んでいた早熟のクラスメイトにまけじと、書店に入って社会科学や哲学関係の本を漁りました。そんなとき、今まで見たこともない「社会学」という文字が目に飛び込んできたのです。そして、清水氏自身の生いたちとからめて、社会学とはどのような学問かを解説したこの入門書が、社会学をやってみようと思うきっかけとなりました。受験のとき、お守り代わりに、この本を鞄にそっと入れておいたことを覚えています。

『教育と選抜』△ 天野郁夫（第一法規出版）

教育社会学という学問を志し、大学院で研究を始めたころに出版されたこの本は、教育を社会学的に分析することの奥深さ、おもしろさを痛烈に教えてくれました。比較という視点から、教育と社会の関係をダイナミックにとらえることの重要性を学んだのも、この本からでした。ちょうど天野先生がこの本を書かれていた頃、ゼミで刺激的な議論をたくさんしたことを思い出します。教育社会学という学問のおもしろさを教えてくれた一冊でした。

『大学の頽廃の淵にて』△ 折原 浩（筑摩書房）
『大学・学問・教育論集』△ 折原 浩（三一書房）

大学での職を得て、どのように授業を行うかを自分なりに工夫してやってきました。あるとき、その原点が、学生時代に読んだ折原さんのこれらの著書にあることを発見しました。独自のやり方だと思っていた実践が、実は、二〇年も前に学生の頃に読んだ本からの影響であったことに気づいたとき、驚きと同時に、よき先達をもつことのありがたさを身にしみて感じました。私が大学での教育実践へのかかわり方を考えるときのベースになった本といえるでしょう。

2　自分の本で恐縮ですが、大学生となったばかりの学生諸君に、薦めたい一冊として、

『知的複眼思考法』苅谷剛彦（講談社）

を挙げたいと思います。

この本は、これまでの私の大学での授業実践をもとに、批判的読書法、論理的な文章法といった基礎的な力を付ける方法を解説した上で、自分の頭で考えるにはどうしたらよいか、「常識」にとらわれずにものごとを多面的にとらえるにはどうすればよいのかを、できるだけわかりやすく、具体例を引いて解説したものです。高校までの「正解信仰」から脱して、大学での「考える頭」に切り替えるために、一度手にとって見てください。

教育への社会学的アプローチの最先端のおもしろさを味わうために、以下の三冊を薦めます。

『モダンのアンスタンス』森 重雄（ハーベスト社）

『日本のメリトクラシー』竹内 洋（東京大学出版会）

『大衆教育社会のゆくえ』苅谷剛彦（中公新書）

『モダンのアンスタンス』は、「近代」に生まれた教育という営みの特質を、根底から問い直した、まさに社会学ならではの、鋭い分析視角を提示した研究書です。『日本のメリトクラシー』は、受験、就職、昇進といった日本社会の

選抜の特徴を、さまざまな理論装置と実証分析によって明らかにした読みごたえのある本です。拙著『大衆教育社会のゆくえ』は、これまで皆さんがたどってきた受験競争とは何だったのかを、学問的にとらえ直す上で参考になるでしょう。

　また、社会学的アプローチにかぎらず、教育研究の最先端を知りたいという読者には、

『教育学年報』 森田尚人、藤田英典、黒崎 勲、片桐芳雄、佐藤 学編（世織書房 これまで5巻が発刊）

が、刺激的な論文集として価値あるはずです。

　社会学の方法や視点のとり方に関心のある読者には、

『フィールドワーク』 佐藤郁哉（新曜社）

『比較社会・入門』 苅谷剛彦編（有斐閣）1997

を薦めたいと思います。「書を持って街へ出よう」というキャッチフレーズをもった前者は、社会の観察とはどういうことかを具体的に教えてくれる絶好のテキストです。後者は、異なる社会の比較によって、自分の生きる社会のありかたをとらえ直そうというのに役立つ、さまざまな視点を提供した比較社会論の入門書です。

3 『社会移動の研究』安田三郎

　刊行から三〇年近くが経ちますが、日本の社会学の金字塔的な作品だと思います。社会学という学問の奥行きと広がりを読みとるうえで、いまや「古典」といえる一冊でしょう。

『教育への問い』 天野郁夫編

　教育研究への新しいタイプの入門書として編まれた論文集。教育研究に関心のある学生諸君は、是非とも読んでみてください。

苅部《かるべ》 直《ただし》（大学院法学政治学研究科・法学部 助教授／日本政治思想史）

1

『めもあある美術館』大井三重子

これが収録された**『水曜日のクルト』**△（偕成社、一九七六年刊）はすでに品切であろう。頭でっかちのアカデミシャンが、宮澤賢治やミヒャエル・エンデの童話を愛読書として公言する姿は、まったく鼻持ちならないと思うのだが、復刊を広くよびかけるために、あえて挙げる。ある夕方、さまよいこんだ建物は、人々のそれぞれについて、その記憶の場面を絵にして陳列する「めもあある美術館」だった。――夕日を浴びつつ見知らぬ路地に入りこんでゆく越境感覚や、人気のないがらんとした美術館という設定の魅力もさることながら、個々の人間のかけがえのなさをまっすぐに捉える、力強い視線には、読み返すたびいろいろなことを考えさせられる。

『箱という劇場』△横山 正（王国社）

箱をめぐる蘊蓄や、ジョゼフ・コーネル、マルセル・デュシャンの作品についての巧みな考察を楽しんでいるうちに、近代の過ぎ去ったあとは箱の時代だ、という驚くべき卓見に、いつしか引きずりこまれてしまう。全体のつくりが巨大な箱を思わせる、愛すべき駒場十一号館への連想とともに。

『鈴木いづみコレクション1・ハートに火をつけて！――だれが消す』（文遊社）

版元の、いづみリヴァイヴァルの努力に敬意を表して。七〇年代を駆けぬけた作家、鈴木いづみのほとんど最後の作品であり、セックスとクスリでいっぱいの荒々しい世界を描きながらも、怖ろしいほどの静けさが全編に漂っている。それは、何か大きな出来事が終わってしまった

「のっぺりした時代」の哀しみを痛々しく突きつけ、現在にも通じるような心象風景を照らしだして見せる。

2

『徒然草抜書——表現解析の方法△』小松英雄（講談社学術文庫）

時代の用法に即しつつ一語一句の意味を緻密に検証する、テクスト読解の基本姿勢を教えてくれる本。日本語史研究の蓄積を豊富に用いながら「通説」を打ち破ってゆく筆致は、まさしく戦慄的である。著者に匹敵するような、言語に対する敏感さと、それに裏づけられた想像力を備える思想史・文学史研究者が、いったい何人いることか。

『再生する樹木△』弥永徒史子（朝日出版社）

エドヴァルト・ムンク、オディロン・ルドン、泉鏡花、小村雪岱《せったい》といった芸術家たちを縦横に論じた比較文学の研究書。文学史・美術史・思想史の境を越えて、各ジャンルの間にはたらいた運動を記述する、すぐれた学術研究であると同時に、それ自体が芸術品のような美しさをたたえた、希有な書物である。著者の夭逝がほんとうに惜しまれる。

『藤田省三小論集・戦後精神の経験』Ⅰ、Ⅱ（影書房）

重厚な思索が二冊に詰めこまれた、ゆっくり読むべき本である。時間がなければ、Ⅱ巻所収の「石母田先生のこと」だけでも読んでみるといい。そこに描かれた歴史家、石母《いしも》田《だ》正《しょう》の姿と、その目撃者、藤田氏の語り口は、真の意味で自由な探求を支える精神のありようを鋭く切り出している。

3

『貴族の徳、商業の精神——モンテスキューと専制批判の系譜』川出良枝

『教会・公法学・国家——初期カール＝シュミ

ットの公法学』△和仁《わに》陽《あきら》
思想史という学問の、最新現場の最良の達成を知るために。こうした書物が流通可能な日本の文化状況は、まだ捨てたものではないと感じるとともに、若い読者が近づきやすいように、新書版や文庫版で読めると、もっとよいと思う。

久保田《くぼた》晃弘《あきひろ》（人工物工学研究センター助教授／設計・デザイン学）

今回は設計／デザインという観点から何冊か本を選んでみました。

『メイキング・オブ・サージェント・ペパー』ジョージ・マーティン／水木まり訳（キネマ旬報社）
ビートルズの未発表音源をまとめた2枚組全3巻のアンソロジーシリーズ（CD）の中でも、とりわけ面白かったのが、この本の内容に対応した第2巻の二枚目でした。冒頭の「ストロベリー・フィールズ・フォーエヴァー」のデザインプロセスから、いきなりぐぐっと引き込まれます。

『テクノドン』△後藤繁雄編著（小学館）
ビートルズがサージェント・ペパーズ等で開発したデザインプロセスを、コンピュータ・テクノロジーを使ってさらに推し進めたのがYMOでした。「BGM」「テクノデリック」という傑作を踏まえて、この本では九三年の再結成の際のプロセスがかいま見られます。

『デファイング・グラビティ』◇ダグ・メニューズ、マーコス・クーナラキス／大谷和利訳（翔泳社）
これはアップル社のNewtonテクノロジーのデザインプロセスの本です。やはり何事も基本はビジョンなのだと痛感させられます。伝統と革新のせめぎあい。一枚一枚の写真にもさまざまな人間の生き方が刻み込まれています。

『計算機創造の軌跡』△チャールズ&レイ・イームズ／山本敦子訳・和田英一監訳（アスキー）

もう少し長いスパン（一八九〇〜一九五〇）でコンピュータのデザインを概観した本です。さまざまな人々の思いや願いがこの本に凝縮しています。家具デザインや『パワーズ・オブ・テン』の本／ビデオでも知られるイームズ夫妻のデザインも素晴らしく、何時間眺めていても飽きません。

2 **『生きのびるためのデザイン』**ヴィクター・パパネック／阿部公正訳（晶文社）

設計／デザインは社会的な活動です。そうした観点からもパパネック理論による「生態学的デザイン」を、今またもう一度読み返す必要があると考えています。

『フォークの歯はなぜ四本になったか——実用品の進化論』△ヘンリー・ペトロスキー／忠平美幸訳（平凡社）

独立したデザインプロセスなどあり得ません。すべてのデザインは互いに深く関連しあっています。こうしたあたりまえのことを、身の回りのあたりまえのものを題材に深く掘り下げた本です。往々にして、あたりまえのこととして見過ごされていることに本質が隠されています。清水忠男による**『行動・文化とデザイン』**（鹿島出版会）も合わせて読むといいでしょう。

『誰のためのデザイン？』D・A・ノーマン／野島久雄訳（新曜社）

この本につづくノーマンの三部作『テクノロジー・ウォッチング』『人を賢くする道具』（いずれも新曜社）も同様に、日常生活の中に埋もれているあたりまえのことを再認識し、それをもう一度見直すことから問題を発見しています。

行間からにじみ出てくる「明日は今日よりよくしよう！」という強い意志を、僕は何より支持したいと思います。

3 『建築―宿命反転の場』荒川修作＋マドリン・ギンズ／工藤順一、塚本明子訳（水声社）

そうした日常の基本が「家」です。「宿命反転」「遍在の場」「試作的建築プラン」といった一つ一つのコンセプトは一見近寄り難く感じますが、実は生きることと深くかかわり合った、それこそ日常の中に埋め込まれた必然的なるものだと思います。荒川＋マドリンは岐阜の「養老天命反転地」のデザイナーです。

3 『サブジェクトからプロジェクトへ』ヴィレム・フルッサー／村上淳一訳

この本の目次を見て下さい――都市／家／家族／身体／性／子ども／技術／労働をデザインする。哲学者の本だけに、やや取っつきにくいところもありますが、取り組むだけの価値はあるはずです。荒川＋マドリンとも共通する部分ですが、「自然ですら人間がデザインしたものである」という認識をもとに、もう一度身体や都市、文明を考え直す必要がありそうです。

佐《さ》藤《とう》一子《かつこ》（大学院教育学研究科教授／社会教育学）

1 『共生の大地　新しい経済がはじまる』内橋克人（岩波新書）

私の学生時代には、社会教育を志望する学生たちはセツルメントや教育関係のボランティア活動に参加しており、学問分野の選択と進路の模索が結びついている場合が多かった。大企業や官庁への道だけではなく、地域の社会教育活動にとびこむことが東大生の生きがいとなりえていたのは、地域自体がロマンを実現できる場であったからであろう。

いま、その可能性はないのだろうか。最近学生と進路の話をしていると、企業社会への信仰のゆらぎを感じる。ソーシャルワークやボランティアに関心のある学生に出会うことも多い。こうした傾向は阪神大震災後の一時的なブームとは思えない。青年世代の心のなかで、大量生産・大量消費の社会、そして一元的な競争社会への問い直しが始まっている。優しさの世代から社会参加を模索する世代へと問題意識や感性の変化がある。

こうした模索にたいしてひとつの方向性を与えているのが、本書に示されるような協同セクターの新しい経済活動の発展である。協同セクターは、ドラッカーなどもNPOの経営問題として注目しているが、社会教育学の観点からみても、共生・協同の理念を仕事に結びつけていく人的ネットワークの形成という点で深いかかわりがある。現代社会に生きる意味、仕事、人とのかかわりを考えさせる新しい視点を提起している本である。

2 『社会教育論』宮原誠一（国土社）

社会教育とは何か、また現代社会で一般に通用している生涯学習とどのような関連があるのか、教育学のなかでどのような位置をしめており、とくに名称の似ている教育社会学とはどのようなちがいがあるのか。

こうした問題関心にたいして、歴史的視野と原理的問題をふまえてわかりやすく、しかも読めば読むほどに味わい深く説いている本である。私自身もこの本は年間何度か必ず読み返して、新たな問題を発見する。時代とともに生きている本である。

宮原誠一氏は、東大教育学部創設期から社会教育学の講座を担当された。戦後日本の民主化の過程で、社会教育が各地域に根付き、発展していく時代に現場とともに学問探求をおこなう姿勢をとり続けたことが本書からも伝わってくる。これは社会教育という制度としてはフレキシブルな、そして時代の課題とともに内容も変化する領域において不可欠の研究方法でもあると感じる。またそれゆえに教育学において基底的でありながら、先駆的に問題を看取しうる分野でもあるといえる。

現場とのかかわりをフィールドワークという用語ではなく、アクション・リサーチととらえたところにも、社会教育学を構築しようとする方法論の探求がこめられている。

社会教育学はマイナーな分野だと思う人も、本書を通じて社会教育の魅力の一端にふれ、その現代性を知ってほしい。

3 『教育の探求』△ 大田 堯

一九七七年まで本学教育学部教授をされていた大田堯氏には、岩波新書に『教育とは何かを問いつづけて』と『教育とは何か』の二冊の名著がある。東京大学出版会から一九七三年にだされた本書は、それらの序章のような著作である。

大田教育学の真髄は、子どもは出番をもつことによって、選びながら発達するという主体的な子ども把握と、地域ぐるみで子どもの出番に配慮してきた大人社会の「習俗としての教育」の認識にあるといえよう。現代の病める学校教育にたいして柳田民俗学をくぐって生活・地域・人類の視点から教育学を再構築しようと努力されてきた大田氏の研究は社会教育学の課題にも密接につながる。学際的な研究とは、現代的関心に即して概念の再定義をおこないながら、歴史を根源的にとらえ直す営みによって発展するのだということをあらためて示唆される。

本書の冒頭に「選びながら発達することの権利について」という論文がある。日本の子ども・青年は「選ばれる」ことに慣れて、あるいは、それに甘んじて、どれだけ本当に「選ぶ」ことのために格闘しているだろうか。多様性や個性を強調する教育改革が提唱される今日、人間形成の営みとしての「選ぶ」ことの意味を考え、自己形成と重ねあわせて深めることが教育学に入門する道でもあろう。

城山英明《しろやまひであき》（大学院法学政治学研究科・法学部助教授／行政学・国際行政論）

1

社会科学的思考にとって唯一の実験場あるいは現場は歴史である。歴史を素材とした独自の視角からの作品は思考の座標軸を提供してくれるものであった。

『日本の古代国家』石母田正（岩波書店）

システムの周辺における「後発的国家形成」を扱ったものといえる。

『支配の社会学Ｉ』マックス・ウェーバー（創文社）

家産官僚制と近代的官僚制の比較の様々な視点は、想像力を現在でも刺激する。

『大転換――市場社会の形成と崩壊』カール・ポラニー／吉沢英成、野口建彦、長尾史郎、杉村芳美訳（東洋経済新報社）

歴史的に社会に埋め込まれていた市場が一九世紀の一時期自律化したが、不安定であり、必然的に福祉国家というかたちで市場が再び社会に埋め込まれるに至る過程を分析したもの。現在でも市場と社会の関係を考えるうえで参考になる。

『全体主義の起原1・2・3』ハンナ・アーレント／大久保和郎、大島通義、大島かおり訳（みすず書房）

国内体制と国際社会における一九世紀から二〇世紀への転換を、国民国家、帝国主義、全体主義という概念を独特なかたちで用いて定式化し、二〇世紀の悲劇の思想的・構造的条件を分析したもの。

2

『大地のノモス　上・下』△カール・シュミット／新田邦夫訳（福村出版）

「旧き良き秩序」としての「ヨーロッパ公法」を懐かしむもの。

『危機の二十年』△E・H・カー／井上　茂訳（岩波文庫）

理想主義と現実主義のどちらかに偏るのではなく、両者の緊張を保ちつつバランスをとることを主張する。二〇世紀において権力政治が変質せざるをえないことを認識するが、将来の国際統治構造としては世界政府を否定する。

『国連再生のシナリオ』モーリス・ベルトラン／横田洋三監訳（国際書院）

『国連財政――予算から見た国連の実像』田所昌幸（有斐閣）

いずれも国際連合の優れた分析である。

『決定の本質』グレアム・T・アリソン／宮里政玄訳（中央公論社）

キューバミサイル危機を素材として、意思決定過程を三つのモデルで分析したもの。

『反古典の政治経済学　上・下』村上泰亮（中央公論社）

戦後日本の政治経済体制の意義と限界を包括的に総括することを試みたもの。

3

『外交』H・ニコルソン／斎藤　眞、深谷満雄訳外交論の古典である。

『近代中国政治外交史』坂野《ばんの》正高

優れた近代中国通史というだけではなく、緻密な制度分析を基礎とした政策決定過程の事例研究としても興味深い。

『権力と参加』西尾 勝

行政対参加という対立図式ではなく行政過程の内在的要請として参加を捉えることで、ダイナミックな対抗過程を内包する新しい（？）行政概念を提示しているといえる。シンクタンクやNPOの役割といった新たな現象を考えるうえでも示唆的である。

武川《たけがわ》正吾《しょうご》（大学院人文社会系研究科・文学部助教授／社会学・社会政策）

1

『三四郎』夏目漱石（岩波文庫ほか）

じつは最初に読んだとき、きわめて退屈な小説だと思ったのだが、自分が本郷界隈に出没するようになってから改めて読み直してみて、惹かれるようになった。何に惹かれたかというと、三四郎と美禰子のロマンスではなくて、そこに登場してくる数々の地名であり、地形描写であり、そして何よりも当時の大学人の生態であった。私が学生の頃はまだ、この小説のなかで「偉大なる暗闇」と形容されているような「大先生」がおられたし、その後地震があったとはいえ、さすがに坂道や池はまだ残っていたから、そこで繰り広げられている世界が妙にリアルに感じられたのだった。

2

『大転換』カール・ポラニー／吉沢英成ほか訳（東洋経済新報社）

目から鱗が落ちるとはこのことではないかと思われるような本だった。大学院生のときにこの本を読むまでは、学部時代に講義や読書を通じて勉強した社会科学上の知識が私の頭のなかでは断片的なものにとどまっていた。ところがこの本によってそれらが秩序づけられた。宇野理論も大河内理論も大塚史学も丸山政治学も福武社会学も例外ではなかった。本当は新入生がすぐに読むべき本ではなくて、後期課程に進学してから読むべき本かもしれない。そのときまで頭の片隅に題名をとどめておいてほしいという意味で、ここに掲げておく。

3 『現代化と現代社会の理論』△ 庄司興吉

この本が出版されたのは今から二〇年前である。このためタイトルと刊行年を結びつけて「今さら何で」と溜息をつく人がいるかもしれない。ところがどっこい、この本で示された展望は今でも生きている。本書が下敷きにした脱工業化社会論は、その後の歴史のなかで現実にそぐわないものとして急速に色褪せたものとなった。しかしインターネットをはじめとする情報化のインフラ整備が進み、近年ではかえってその現実性が増すようになっている。この本は今日でも通用する社会学史、現代社会論の明快な入門書である（と思う）。

西秋良宏《にしあきよしひろ》（総合研究博物館助教授／先史学・中近東考古学）

1 『シュリーマン――トロイア発掘者の生涯』 エーミール・ルートヴィヒ／秋山英夫訳（白水社）

『鳥居龍蔵伝――アジアを走破した人類学者』△ 中薗英助（岩波書店）

『見果てぬ夢「明石原人」――考古学者直良信夫の生涯』◇ 直良三樹子（時事通信社）

『かもしかみち』藤森栄一（学生社）
『かもしかみち以後』藤森栄一（学生社）

正規の大学教育を受けたことのない人類学者・考古学者の伝記と自伝。既存の権力にすりよらぬ者、すりよる者。学問への姿勢も身の処し方も人さまざま。在野に身をおいた研究生活など、駒場の諸君には想像もできないことなのかも知れない。しかし、冒険してみよう、フィールドに出てみよう、学問をやってみよう、そんな気をおこさせる本ばかりだ。少なくとも僕はそんな気になった。

2 **『ことばの考古学』**コリン・レンフルー／橋本槙矩訳（青土社）

古代土器を年代順に並べたり、石器の使い方を推定したりするだけが考古学ではない。現代考古学に最も求められているのは、物的証拠からいかに新しい情報を引き出すかの理論を作ることと、それを実践することである。古文書も粘土板もない先史時代に人々が何語を話していたかなど、そもそもわかるものだろうか。著者は、システム論や人口論など関係諸科学を総動員してこの難問にいどみ、インド・ヨーロッパ語族の起源が定説よりも数千年さかのぼることを説く。その結論よりも、新しい考古学の手法をふんだんに取り入れた立論の手順を学んでほしい。

『5000年前の男――解明された凍結ミイラの謎』コンラート・シュピンドラー／畔上司訳（文藝春秋）

ヨーロッパ・アルプスで偶然発見された先史人の遺体。現代の遭難者と間違えて警察が出動したほど保存状態がよかった。普通なら腐ってしまう軟部組織も有機物の道具も残っていた。ハイテクを駆使した現代考古学は、彼が死にいたった経緯や生前の行動、病歴、当時の風俗・習慣など、およそ考古学がめざすもののほとんどを解明してしまった。翻って、軟部組織も有機物の道具も残っていない普通の遺跡なら、それらはどうやって解明したらいいのか。考古学の手法を改めて考えさせる。

3　**『ヒトはなぜ立ちあがったか』**渡辺 仁

個人的に敬愛している著者の一冊。だが、そんな理由は抜きにして文句なしに推薦できる本格的な研究書。四〇〇万年以上も前に始まったヒト化のプロセスを、現代に生きる人々を調べて得た民族学や生態学の知識を使って解明している。学問の細分化・専門化が進んだ昨今、これほど総合的な仕事を一人の研究者が成し遂げたこと自体、かなり異例である。アプローチの斬新さにはもちろん、著者の学問の広さと深さにも感銘を受けずにはいられないだろう。

橋元良明《はしもとよしあき》（社会情報研究所助教授／情報行動部門）

1　**『邪宗門』**高橋和巳（朝日文庫）
『豊饒の海』三島由紀夫（新潮社）
『言語にとって美とはなにか　ⅠⅡ』吉本隆明（角川書店）

世界中がベトナム戦争や大学紛争で荒れた昭和四〇年から四五年までは、社会史の側面だけでなく文芸の世界でも時代を画する時期だった。この時期、互いにライバルを意識した高橋和巳と三島由紀夫がともにライフワークを完成させ、三島と同世代の吉本が前期の代表作を世に問うている。高橋の『邪宗門』はオウム事件を予言した小説として一昨年来、再び脚光を浴びているが、オウム事件は別にしても昭和の精神史をみごとに描出している。ある意味で重なるテーマを、どこまで美的に昇華し得るか実験して見せたのが三島の四部作。ともに読み物としても文句なくおもしろい。吉本の『言語美』はもはや陳腐という声も一部にあるが、在野からの果敢な挑戦には迫力がみなぎる（吉本隆明を知らない大学生もいるそうだが、彼はばななのお父さんです）。

『縛られた巨人――南方熊楠の生涯』神坂次郎（新潮社）
『南方熊楠』鶴見和子（講談社学術文庫）
『南方熊楠コレクション』◇（全五巻）（河出文庫）

ブームが去った後に改めて題材の真贋を検証する余裕は大学生時代でないとなかなかもてない。かつてあれほど書店の書架を飾った南方本も近頃肩身を狭くしているようすだが、南方ほどの大物であれば誰がどういう切り口から書いてもおもしろい本になる。南方に興味をもったら、ついでに気宇壮大なご本体を崇めてみてはいかがか。人物が小粒化している現今、この他に田中正造や魯山人など近代日本の傑物に関する書物を読破するのも一興だろう。

2

『ことばの探究』△ D・E・クーパー／大出晃、服部裕幸訳（紀伊國屋書店）
『言語を生みだす本能　上下』スティーブン・ピンカー／椋田直子訳（NHKブックス）
『メタファーの記号論』△ 菅野《すげの》盾樹（勁草書房）
『言語・思考・現実』B・L・ウォーフ／池上嘉彦訳（講談社学術文庫）

なんでもかんでも「マルチメディア」のご時世、大学生層のことばへの関心はひと頃ほどではなくなっているようだ。認知的世界における言語の影響力を過大視しすぎるのも問題だが、人間存在や文化のあり方をことばの側面から再考するのは教養課程の必修課題であろう。

『橋爪大三郎の社会学講義』橋爪大三郎（夏目書房）

『言語ゲームと社会理論』橋爪大三郎（勁草書房）

あえてここで名を挙げなくとも大学生に人気のある著者であるが、自室の本棚に飾るだけでなく（とくに後者）是非ご一読願いたい本である。前者は、大学の学問も試験のためにだけあるのではなく、それなりにしっかり現実との接点を持ちうることをわかりやすく説き、後者はさらに人文社会科学における「理論」の存在意義に目を見開かせてくれる。

『滅びゆく思考力』J・ハーリー／西村辨作、新美明夫編訳（大修館書店）

『コンピュータ新人類の研究』△野田正彰（文藝春秋）

『ポップ・コミュニケーション全書』△（PARCO出版局）

『滅びゆく思考力』はジャーナリストが科学者へのインタビューをもとにまとめた本で、必ずしも科学的根拠がしっかりしているとは言い切れないが、ニューメディアの影響を再考する題材にはなる本。『コンピュータ新人類』はハッカー少年とのインタビューを中心にまとめ、パソコン文化に警鐘をならした本だが、人とパソコンの関わりを考えるうえで貴重な参考資料となる。『ポップ』は若手の社会学者らが若者のメディア文化をさまざまな角度から自由に論じたものだが、読み物としてもおもしろく、社会学することの楽しさを教えてくれる。

『顔をなくした女』大平 健（岩波書店）
『やさしさの精神病理』大平 健（岩波新書）
『豊かさの精神病理』大平 健（岩波新書）

若者に人気のある雑誌やテレビのバラエティ番組をかいまみていると、今の日本の若者は世界レベルで見てやはりどこか病んでいるのではないかと思わずにはおれない。おそらくそういう思いは、実は青少年自身が心密かに感じ、誰にも本心を打ち明けられない状況にあるのではないか。大平は精神科医であり、三冊とも診療における臨床カルテがベースとなっているが、そこに描かれているのは我々がごく普通に接する青年の一断片である。病理現象が常態化している今の日本を改めて冷静に見つめ直すにはかっこうの入門書である。

その他、精神世界と社会との関連を見つめた古典として、
『自由からの逃走』エーリッヒ・フロム／日高六郎訳（東京創元社）
『夜と霧』V・E・フランクル／霜山徳爾訳（みすず書房）
の二冊は私から勧めるまでもない著名な本であるが、先に延ばさず連休中にでも是非一読されたい。

3 『テレビと子どもの発達』無藤 隆編

テレビ番組が子どもにどのような影響を及ぼすか（たとえば暴力シーンやポルノ）については米国では膨大な研究の蓄積があり、一般向けに敷衍した解説書も多く出回っているが日本ではこの分野の適切な書籍は少ない。その中で既存の研究を適切にレビューし、評論的俗説を排して実証的見地からこの問題に取り組ん

だのが標記の本である。初版から早一〇年が経過し、データ的にやや古びた箇所があるが、今もなお日本人の情報行動の大半を占拠するテレビ視聴の社会心理・文化的重要性を考えるなら一読しておきたい本。

『機械の知　人間の知』辻井潤一、安西祐一郎

　認知科学の領域で東京大学出版会は精力的に良書を出版し続けている。最近の『認知心理学』（全五巻）や少し前の『認知心理学講座』のいずれの巻も是非目を通しておくべきだが、『認知科学選書』も良書が目白押しである。その中で『機械の知　人間の知』はとくに人の知を機械の「知」との対比からわかりやすく解明しようとしたもので、計算機科学や心理学を志す学生のみならず、一般の学生にとっても、認知科学のとてつもなく大きな魅力を満喫させてくれる導きの書となるだろう。

長《は》谷《せ》川《がわ》まゆ帆《ほ》（大学院総合文化研究科・教養学部助教授／歴史学）

「汝の汝」的な対他関係から脱して「我」を立ちあげていくこと、それはこの国では今なお確信犯的な勇気を要する。ふりかえってみると、自分がそれまでの殻を破って最初に大きく拡がろうとしていた学生時代、砂に水がしみこむようにたくさんの書物を読んだ記憶がある。その中でもとくに眼から鱗が落ちるような感銘を受けたのは、次の三冊。一つは

『*Du Côté des Hommes*（男たちの側では）』

G. de Ridder（L'Harmattan）

　というフランスの社会心理学の本であり、もう一つはA・マスローの

『創造的人間』△ A・マスロー／佐藤三郎、佐藤全弘《まさひろ》訳（誠信書房）

　最後の一冊は、ヒマラヤの登山家（日本人）

によって著されたネパールの人々の歩行に関する小さな書物。この本については、その題名さえ忘れてしまったし、マスローについてもしばらく前まで記憶の奥底に沈んでいた。しかし、あの頃、たぶん軽い気持で、しかもたのしく読んだにちがいないこうした書物が、意外にもわたしの意識の奥深いところにしみこみ、その後じわじわと影響を及ぼしていったのではないかと思う。

まず『男たちの側では』は、その当時、まだ日本ではフェミニズムさえ軌道にのっていなかった頃に、やがて日本にも「男性問題」が浮上してくるだろうことをたしかに予感させてくれていた。またマスローは、自己犠牲や共同体的な集団主義的倫理から自分を解きはなち、なによりもまず自分を肯定し、愛し、大切にすること（いわゆる自己愛やエゴとはちょっとちがうのですが）、それがあらゆることの出発点であり、そのうえで初めて人は誰かを愛し尊重し一緒に生きることができるという、わたしにとってはその頃とても新鮮に思われた自己認識の方法を教えてくれていた。三つ目の本は、食べるものさえ粗末な痩せた体軀のネパールの人々が、立派な歩行能力をもち、美しくみごとな足腰をもっていることを語る旅行記のようなものだったと思う。だが、それは西洋対日本という明治以来の思想の枠組みをズラし、文明そのものを問いなおそうとする方向性をもち、社会史研究やC・レヴィ＝ストロースの『野生の思考』（大橋保夫訳／みすず書房）にもつながる、西欧中心思考の相対化へとわたしをいざなうものであった。

2

まず、社会史研究の記念碑的書物を三冊あげておきたい。

『ハーメルンの笛吹き男』 阿部謹也（平凡社）
『無縁・公界・楽』 網野善彦（平凡社）
『全体を見る眼と歴史家たち』 二宮宏之（木鐸社）

戦後歴史学の曲がり角に位置する、ドイツ中世史、日本中世史、フランス近世史のそれぞれに個性的な歴史家の叙述。わたしたちがどこからきて今どこにいるのかを考える手掛かりとなる。同じ著者たちの他の著作も合わせて読んでみることをお薦めする。

『歴史家たち』 N・Z・デーヴィス他／近藤和彦、野村達朗編訳（名古屋大学出版会）

は、一四名の歴史家たちへのインタヴューからなる。歴史学研究の舞台裏、歴史家の生きざまにも触れられ、とにかくおもしろいし、欧米の歴史学へのよき入門書となる。

『歴史・文化・表象――アナール派と歴史人類学』 J・ルゴフ他／二宮宏之編訳（岩波書店）

を含む叢書「ニュー・ヒストリ」（全一二巻）からは、アナル学派や近年の政治文化の歴史学の一端を垣間見ることができる。

『ベナンダンティ』 C・ギンズブルグ／竹山博英訳（せりか書房）
『モンタイユー』 E・ル・ロワ・ラデュリ／井上幸治他訳（刀水書房）

ともに異端審問記録をもとに探求された社会史研究の最良の成果。前者は、一六世紀イタリアのフリウーリ地方の農耕儀礼「魂が自由に体を離れ、夜の合戦に出かけていく」シャーマンたちの「闇の歴史」に関わる。後者は、一三世紀末のカタリ派の牙城モンタイユー（ピレネー）の名もない人々の世界。両方とも、気がつくとのめり込んでいるこわい本。

『ジェンダーと歴史学』 J・W・スコット／荻

野美穂訳（平凡社）

言説と権力の関係から、「女の歴史学」と同時に歴史学研究全体の、批判的乗り越えをめざす力作。一読をお薦めしたい。

『女性・ネイティヴ・他者』トリン・T・ミンハ／竹村和子訳（岩波書店）

『月が赤く満ちる時』トリン・T・ミンハ／小林富久子訳（みすず書房）

西欧中心の普遍主義的思考からも、アイデンティティに固執するエッセンシャリズムからも距離をおく、今もっともスリリングなジェンダー論。この、映画を創り音楽を理解するベトナム系アメリカ人作家トリン・T・ミンハの挑発的批評に浸ることで、複雑なものを単純化せずに抱えていく、スパイラルで柔軟な思考の可能性を考えることができる。

3 **『夜の鼓動にふれる――戦争論講義』**西谷修

は、戦争（＝闇）から現代を論じる好著。狭い専門研究に閉じこもる前に、ぜひとも読んでおくとよい一冊。ヘーゲルやハイデガー、バタイユやレヴィナス、ブランショなどの哲学的思索に読者を導きながら、まことにアクチュアルで批判的。戦火のない「全面戦争」＝「経済戦争」を生きる現代に、「成長」とはちがったひろがりをもつ「歴史」「大人の時間」の創造を促す。

『歴史の文法』『未来のなかの中世』は、歴史に限らず、広く社会や人間の問題に関心のある方々にもお薦め。歴史学の現在、歴史的思考のおもしろさを、具体的素材を通じてわかりやすく見せてくれる親切な本。

樋《ひ》口《ぐち》広芳《ひろよし》（大学院農学生命科学研究科教授／動物生態学）

1 『ロビンの生活』△ D・ラック／浦本昌紀、安部直哉訳（新思索社、一九七三年／原書一九四三年）

私が学部学生や大学院生だったころには、野生動物の生態や行動についての本はわずかしかなかった。私たちはそれら数少ない本をたんねんに、また場合によっては何度も読んだ。そして、それらの本の多くは、たしかにそれだけの価値があった。『ロビンの生活』は、そうした本の中でもとりわけ興味深いものだった。私は翻訳を二回ほど読み通したあと、原書にふれたくなってそれを読み、そしてもう一度翻訳にかえっていった。

何がそんなによかったのか。野生動物を観察することにはいろいろな楽しみ方がある。が、もっとも刺激的なのは、動物たちを一個体ずつ識別して、だれがどこでどうしたのかという個体ごとの動きを追跡していくことである。『ロビンの生活』は、そうした個体識別にもとづく野外生物学の古典なのである。また、のちに著名な鳥類学者になるD・ラックが、若き日の情熱を傾けてとりくんだ研究の成果なのである。

今ではこの手法にもとづく野外研究は世界中で広く行なわれており、この当時には思いもよらなかったようないろいろなことがわかってきている。しかしそれでも、鳥たちの一年の生活の諸側面をたんねんに追究し、そのすぐれた結果をわかりやすく楽しい読みものとしてまとめた本書は、いまだに精彩を欠いていない。私はそれを何となくうれしく思う一方、同じ鳥の研究者として少なからず残念にも思っている。

2 『生命の多様性』△ E・O・ウィルソン／大貫昌子、牧野俊一訳（岩波書店、一九九五年／原書一九九二年）

われわれがすむこの地球上には、じつにさまざまな生物がいる。動物だけでも、水中には小さなプランクトン、ヒトデ、タコ、フナ、カエル、カメ、クジラなどなど。陸上にはクモ、トンボ、チョウ、トカゲ、スズメ、ネズミ、サル、ゾウなどなどがいる。まだ未発見の生物も多数あり、地球上の生物の全種数は一〇〇〇万種とも三〇〇〇万種ともいわれている。

生物学の重要課題の一つは、なぜこのように多様な生物がいるのか、またそれはどのようにして進化してきたのか、を解明することである。『生命の多様性』は、そうした問題に長年かかわってきた高名な生物学者が、いろいろな具体例を引きながら多様性の実態、仕組、進化などについてわかりやすくのべたものである。生物の多様性の問題は、生態学、分類学、動物行動学、遺伝学、分子生物学、進化生物学など、ほとんどすべての生物学分野にかかわっている。本書は、生物学に関心をもつ人、生物学関係の専攻に進もうとしている人などに広く読まれてよい本である。

3 『保全生物学』樋口広芳編

生物の多様性は、今日世界的な規模で急激に減少している。それをくいとめるための活動が世界各地で活発に行なわれているが、そうした中で生物多様性を保全するための科学的な研究、保全生物学が最近大きな注目を集めている。この学問の特徴の一つは、多くの学問分野が細分化を進める中で、総合科学の道を目指していることである。多様性の保全にかかわることであれば、生態学や遺伝学であろうと、動物行動学や進化生物学であろうと、あるいは飼育学や育種学であろうと、何でもとりこんでいこうという姿勢である。そこには、若い科学の新鮮な意気込みが感じられる。

『保全生物学』は、保全生物学の理論と実践を、国内外の事例を紹介しながらわかりやすく解説したものである。執筆者は六人。この中には、自然保護団体や動物園に勤務した経験をもつ人、保全生物学が重視する理論にとくに関心をもつ若い研究者、自身の研究を通じて野生生物がくらす環境の保全に長年かかわってきた人などが含まれている。それだけに、本書にはそれぞれの執筆者の貴重な経験や熱い思いがこめられている。自分が編集した本を推薦するのは少々心苦しいが、日本でのこの分野の発展を願って最善をつくしてつくった本である。環境問題、自然保護、野生動物の保全と管理などに関心をもつ人に広くおすすめしたい。

福田《ふくだ》慎一《しんいち》（大学院経済学研究科・経済学部助教授／マクロ経済学）

1

大変お恥ずかしい話ですが、私は高校時代まで「現代国語」という科目は大の苦手でした。とくに、試験問題において「下線部において筆者の考え方として正しいものはどれか？」などという問題が出題されたときには、まともに答えられたことがありませんでした。したがって、私がこれまでに読んだ本の中から、「感動した本」などと題して文学作品などを紹介したら、友人たちに笑われてしまうのが落ちです。そこで比較的無難なところで、経済学に関連した以下の二冊の本をご紹介します。

『消費者重視の経済学△』 伊藤隆敏（日本経済新聞社）

簡単にいってしまえば、規制緩和などによる自由競争的な市場の確立が日本の消費者に大きな利益をもたらすことを主張した啓蒙書です。もともとはビジネスマンなど一般向けに書かれた本ですが、もしかしたら、今日の経済学者の中でどのような考え方が主流を占めているかをとりあえず理解するのに格好の本かもしれません。

『国際金融の政治経済学』△ 浜田宏一（創文社）

現イェール大学教授である著者のもっとも代表的な研究成果です。MIT Pressから英文の翻訳も出版されており、国際金融を専門的に研究するもののなかでは知らない人がいないくらい有名な本です。ただし、本書のV章の研究があまり有名なので、他の章までじっくりと読んでいる人は意外に少ないようです。これらの章をじっくりと読めば、新たな発見があるかも？

2 私が経済学部の学生のころは、教科書といっても難解なものが多く、勉強するのに苦労しました。しかし、最近ではわかりやすく書かれた教科書が数多く出版されています。そうした中で、あえて宣伝をかねて、以下の本をあげさせていただきます。

『マクロ経済学・入門』 福田慎一、照山博司（有斐閣）

マクロ経済学の基本的な考え方を日本経済のデータを用いながら、やさしく解説した本です。細かな経済学の理論体系の勉強よりも、いま日本経済で何が起こっているかを経済学的に理解したい人にお薦めします。

3 東京大学出版会からは、経済学関係だけでも数多くの優れた専門書が出版されており、どれを優先的に推薦するかというのは非常に難しいのですが、独断と偏見のもとに以下の二冊の本をここでは挙げておきます。

『戦後日本の経済改革』 香西《こうさい》 泰《ゆたか》、寺西重郎編

第二次世界大戦後の経済的混乱から奇蹟的(?)な復興を遂げた日本の経験を経済学的に分析した論文集。ほぼ同様の内容のものが、英文でも出版されており、経済改革に悩む旧社会主義国や発展途上国に対する多くの教訓を与えるものとして注目されています。

『価格変動のマクロ経済学』 福田慎一

この本も、半分コマーシャルをかねて挙げました。ただし、専門書ですので、ある程度経済学を勉強した人でないとすべてを理解するのは難しいかもしれません。これから、マクロ経済学を本格的に勉強しようという人にお薦めします。

宮下《みやした》志《し》朗《ろう》(大学院総合文化研究科教授／ルネサンス文学・書物の言語態)

私は本は読むくせに、すぐ忘れるというタイプの人間だけれど(「記憶力を嘆くのに、判断力を嘆く人間はいない」というモラリストの箴言が聞こえてくる)、ここでは若き日の読書を思い出してみよう。

『失われた世界』 コナン・ドイル／龍口直太郎訳 (創元SF文庫)

漫画少年・貸本少年だったが、それ以外でたぶん最初に読んだ本。きっかけは『少年』だかの別冊付録にダイジェストが載っていたから。なおホームズ物は性に合わず、ルパンを好む少年であった。

『江戸川乱歩集』 江戸川乱歩 (創元推理文庫)

これは中学時代の愛読書(実際は春陽堂文庫で読んだ)。とりわけ「押絵と旅する男」と

「陰獣」がすばらしい。前者はそのレンズ嗜好に、後者はおどろおどろしい情念に惹かれたものと思われる（加藤泰《たい》の映画も好きだった）。以後、完全な乱読時代に突入し、点数をしぼりきれないが、

『二十日鼠と人間』スタインベック／大門《おおかど》一男訳（新潮文庫）

人間としての優しさということ。

『ロビンソン・クルーソー』デフォー／平井正《まさ》穂《お》訳（岩波文庫）

男の子の読書の定番だが、私の場合は、この趣味が大塚久雄の著作へ、そして「社会史」好みへとつながる。

『ガリヴァ旅行記』スウィフト／中野好夫訳（新潮文庫）

小学生のときにダイジェスト版を読んで感激して、紙芝居を作った。ラブレーへの原点か。富山太佳夫《たかお》氏の新訳*を心待ちにしている。

『虚無への供物』中井英夫（講談社文庫）

塔晶夫名で出たときは知らず、駒場の学生のときに読みふけった。手垢にまみれた三一書房版が当時の熱中ぶりを物語る。文学以外では、高階秀爾**『名画を見る眼』**（岩波新書）とか山口昌男**『本の神話学△』**（中公文庫）に啓発された。

そして教師になってからだと、**『草競馬流浪記△』**山口瞳（新潮文庫）とか**『移動祝祭日△』**ヘミングウェイ／福田陸太郎訳（岩波書店、同時代ライブラリー）。ああ、できうれば大学教師ではなく、こんなふうになりたかった……といった具合で、いささか陳腐なる推薦リストとあいなった。

2 **『フランス・ルネサンスの文明』**リュシアン・フェーヴル／二宮 敬訳（ちくま学芸文庫）

＊2002年『ユートピア旅行記叢書　第6巻』（岩波書店）として刊行。

「アナール派」の始祖の名講義が、わが恩師の名訳により文庫本で読める。風通しがよく、しかも濃密な中身の名著。

『愚者の王国 異端の都市』△ ナタリー・デーヴィス／成瀬駒男他訳（平凡社）

ルネサンスの文化を考える際の必読書だが、むしろ同著者が偽亭主事件を扱った**『帰ってきたマルタン・ゲール』**△ 成瀬駒男訳（平凡社ライブラリー）から入るのが筋道か。

『西洋古典こぼればなし』 柳沼重剛（岩波書店、同時代ライブラリー）

著者はプルタルコスの訳者として知られる。人文系の学問を志す諸君は「二人の古典学者」なる文章を熟読玩味されたい。

3 **『ラブレー研究序説』**△ 渡辺一夫

著者はわが国を代表する仏文学者（一九〇一―七五）で、その門下からは優れた学者のみならず、作者・批評家を輩出し（大江健三郎がそのひとり）、いわゆる東大仏文黄金時代を築いた。本書はその博士論文で、主任教授の命令でいやいや書いたという伝説もある。いわゆるヴァリアント研究であるから、通読した人間はほとんどいないのでは？ にもかかわらず、私が大学院生の時分に買い求めた本の奥付を見ると「第二刷」となっている（定価は七二〇円）。今日では考えられないことだ。なお古書店では法外な値段が付いていたりする。

『本とシェイクスピア時代』△ 山田昭廣

著者はわが国におけるシェイクスピア書誌学の第一人者と思われる。こうした形質書誌学は、やはりルパンよりもホームズの国の方がお似合いなのか。

『ことばの栞』△ 鈴木一郎

著者は『古代ローマ喜劇全集』全五巻の訳者

のひとり。この全集も東京大学出版会から出たのだが、ぜひ復刊していただきたい。さて『ことばの栞』は短文からなり、言葉の考証などにこと寄せて古代ローマの世界を描いた好著。いつぞや『UP』で在庫僅少本のリストに挙がっていたから、早い者勝ち。

油井《ゆい》大三郎《だいざぶろう》（大学院総合文化研究科・教養学部教授／現代史）

「世紀末」を迎え、ひとびとは歴史、とりわけ、世界史への関心を強めているのであろうか。中央公論社が昨秋刊行を開始した新シリーズの『世界の歴史』（全三〇巻）がよく売れているという。もちろん、「世紀末」といっても、単純に時間的な区切りを指すに過ぎない面もあるが、二〇世紀も終ろうとしている現在の場合、それは先行きの「不透明感」やある種の「閉塞感」をも伴っており、それゆえ、ひとびとは過去に遡って、現在を相対化し、将来への指針を少しでも得たいとも考えているのだろう。そこで、この欄でも、世界史学への入門的な書籍を中心に紹介してみたい。

『史的システムとしての資本主義』 イマニュエル・ウォーラーステイン／川北 稔訳（岩波書店）

従来の社会科学が自明の前提としてきた「国民国家」を相対化し、近代以降の時代においては「世界システム」だけが完結的な「システム」であると主張した挑戦的な書物。

『20世紀の歴史・極端な時代 上・下』 エリック・ホブズボーム／河合秀和訳（三省堂）

イギリス歴史学界の泰斗が、膨大な戦死者や虐殺の犠牲者をだした二〇世紀を「極端な時代」と特徴づけ、その世界史的意味を概説した、やや大部だが、好著。

『想像の共同体　ナショナリズムの起源と流行』ベネディクト・アンダーソン／白石　隆、白石さや訳（リブロポート）

　冷戦後の世界各地でかえって強まっているナショナリズムを、さまざまな事例の比較を通じて分析し、「想像の共同体」としての側面を解明し、いまや古典的地位を獲得した書。

『オリエンタリズム』エドワード・サイード／板垣雄三、杉田英明監修／今沢紀子訳（平凡社）

「東洋」と「西洋」との平等な関係の構築が切実に求められている現在、「西洋近代」の「東洋観」が無意識的にもっていた偏見や差別感を脱構築することが不可欠となっているが、そのような思索の端緒を開き、カルチュラル・スタディーズの興隆を促した古典的名著。難解だが、知的刺激に富む。

2

　二一世紀の世界のあり方を考えるとき、米国の動向は重要なポイントとなっているが、一見膨大に流通している米国関係の情報を整理して、米国社会の基本的趨勢を選り分けることは案外難しい作業である。そこで、私の専門分野でもある米国史に関わる専門への入門書を挙げておきたい。

『アメリカの民主政治　上・中・下』A・トクヴィル／井伊玄太郎訳（講談社学術文庫）

　一九世紀半ばにフランス人が描いた米国政治分析の古典的名著であるが、米国民主制や米国人の精神構造の分析だけでなく、比較政治学的な書物としても興味深い。

『アメリカとは何か』斎藤　眞（平凡社ライブラリー）

　植民地時代から独立を経て現代に至る米国史の太い線を大胆にキャンバスに描いたと形容で

きる知的刺激に富む書物であり、文庫本として再刊されたため手軽に入手できよう。

『アメリカ外交の悲劇』 ウィリアム・A・ウィリアムズ／高橋 章ほか訳（御茶の水書房）

米国外交を「帝国」膨張史の観点から分析し、ベトナム戦争の悲劇を予言した書であり、米国外交をラディカルに批判した古典といえよう。

『もう一つのアメリカン・ドリーム』△ ロナルド・タカキ／阿部紀子、石松久幸訳（岩波書店）

米国における中国系・日系・朝鮮系・フィリピン系移民の苦闘の歴史を概説し、米国で好評を博した書物の平易な部分訳の書であるが、米国における多文化主義的な歴史の掘り起こしの一端を知ることができる好著である。

3 東京大学出版会の出版物の中にも、それぞれの時期に世界史の書き換えを迫る意欲的な企画が見られたが、とくに次の三点を推薦しておきたい。

『帝国主義と民族』△ 江口朴郎

初版が一九五四年に出版されたものであるので、やや古くなった部分もあるが、現代世界を理解する上でのキーワードとなってきた民族や帝国主義を理解する上で古典的な価値をもっている。

『新しい世界史』◇（全一二巻）

中堅の歴史研究者によって一九八〇年代後半に刊行された近現代の世界史叢書であり、従来の「正史」によって無視されてきた史実の発掘によって「近代」の根源的問い直しを迫った力作がそろっている。

『講座世界史』（全一二巻）歴史学研究会編

近現代史を中心として、最新の成果を吸収し通史とテーマの叙述を縦横に駆使して、従来の世界史の大胆な書き換えを意図した、意欲的な世界史の新講座であり、昨年完結した。目下、刊行が進んでいる中央公論社や今秋から始まる岩波書店などの世界史企画と比較しながら読むと興味深いだろう。

1998

国立大学の法人化には慎重論、反対論が多いものの、キャンパスにはいずれ法人化されるだろうとの「空気」が次第に醸し出される。先端研の教官有志が技術移転会社を設立。過去にはほとんど禁句であった「産学協同」は、いまや「産学連携」として大学の進むべき道となる。駒場寮の一部は引き続き寮生が占有するが、他方、明け渡された跡地にホールが建設され、こけら落としの公演が行われる。

石《いし》 弘之《ひろゆき》（大学院総合文化研究科・教養学部教授／国際環境科学）

1

最近の環境関連の出版はすさまじい。出版社の人と話すと「環境関係の本の売れ行きはいまひとつ」といいながらも、点数だけは増えていく。気になる環境本は一応買っているが、これが年間にして和書と洋書を併せて百数十冊にはなるだろうか。むろん読むのはその一部で、あとは必要な部分の拾い読み程度が多い。

まだ抽象的な論議が中心である「地球環境問題」は、二十一世紀に入って農林漁業という一次産業との関係という形で収斂してくる予感をもっている。

『食と農の戦後史』△ 岸 康彦（日本経済新聞社）

その意味で、最近読んだ中で自分の考えをまとめるのに、もっとも役立ったのが本書である。日本の戦後の農林漁業の歴史を膨大な情報をもとに手際よく整理している。日本の過去四十年の食のあり方がいかに異常であり、今後に大変な負の遺産を残したかが鮮やかに描き出される。

『奪われし未来』 シーア・コルボーン他／長尾力《つとむ》訳（翔泳社）

身の回りにあふれる人工の化学物質の中に、体内でホルモンと同じ働きをするものが次々に見つかっている。男性の精子の産生能力を奪い、女性に子宮内膜症を起こすなど、その影響は身近に及んでいる。カーソン女史の『沈黙の春』以来、最大の社会的インパクトを与えたという評価が高まっているが、私にとっても、一連の環境本の中でももっとも衝撃的だった。

2

『土と文明』 V・G・カーター他／山路健訳（家の光協会）

原書は一九五五年に出版されて以来版を重ね、

加筆・訂正がされてきた。日本語訳も原本に従って再三訳出され、本書は九五年に出版された最新の版である。人類の輝かしい繁栄のもとで、実は自然生態系がぼろぼろになり、土壌が荒廃して農業生産を危うくしている事実を、過去の文明の崩壊に先例をさぐりながら詳述している。おそろしい本である。

『緑の世界史』 クライブ・ポンティング／石弘之他訳（朝日新聞社）

私自身が翻訳に関わったものを取り上げるのは少々気が引けるが、これは地球の環境の変化から人間社会の変遷を追った環境史である。原書を一読して、目からウロコが何枚も落ちた。従来の歴史が政治や経済の力学から書かれたのに対して、環境がいかに歴史に大きな影響を及ぼしてきたかが、一目瞭然である。

3 **『保全生物学』** 樋口広芳編

環境学というのが存在するならば（存在せず、せいぜい「環境論」であろうとする意見も根強い）、それは高度な応用科学になるはずである。著者は、最近の生物多様性の概念を下敷きにして、自然環境をどう保全するかの現実論を豊富な実例で紹介する。改めて、人間によって攪乱された環境の保全のむずかしさが浮かび上がってくる。

石塚《いしづか》 満《みつる》（大学院工学系研究科・工学部教授／知能情報工学）

1 2 私の専門は人工知能、知能情報メディア、知的ネットワーク化情報環境といったところで、日頃は研究に関連して専門書を読む（眼を通す）ことが多い。人工知能といえば、最近では一九九七年五月にチェスの世界チャンピオンのカスパロフに、ＩＢＭのディープブルーが勝利したことが大きな話題になった。チェスのプログラムは約四十年かかって人間のチャンピオンを破るレベルに成長した。これは一領域の機能であるが、他の領域においても人間の知的機能に匹敵する人工知能機能、知的な情報処理機能の開発が続けられている。最近では、ネットワーク化の進展により利用できる情報量は増大しているが、このような巨大化した情報空間で我々人間の活動を支援してくれる知的エージェント機能などが大きく注目されてきている。

人工知能や知的情報処理の専門書は多数あるが、ここでは文系の諸君も含めて広い立場から興味深く読める書を中心に紹介することにしたい。

『認知革命——知の科学の誕生と展開』△ Ｈ・ガードナー／佐伯胖、海保博之監訳（産業図書）

哲学、心理学、人工知能、言語学、人類学、神経科学という認知科学に関係する広い範囲の分野の歴史が大変充実して書かれている。著者の博識は大したもので、これだけの分野の内容を深く的確に書ける人は他にいないであろう。

『ゲーデル、エッシャー、バッハ——あるいは不思議の環』 Ｄ・Ｒ・ホフスタッター／野崎昭弘他訳（白揚社）

人工知能がブームであった一九八〇年代に、研究者間でこの書を読んで話題にすることが一種の流行となった。論理学のゲーデル、不思議な絵のエッシャー、バッハの音楽の共通項は何だと思いますか？　それは自己言及という点で、この観点を軸として人工知能の周辺の話題を興味深く記している。著者は人工知能の研究者だが、文筆家としての才能も大したものである。

『心の社会』Ｍ・ミンスキー／安西祐一郎訳（産業図書）

ミンスキー先生（ＭＩＴ）は人工知能の創成期から今日に至るまで、四十年にわたり常に指導的な役割を果たしてきた。これは一九八六年に発刊された「心は存在するか？」をテーマにした書である。重要な書なのであるが、実はここで取り上げるかどうか迷った。事例を挙げてやさしい言葉で書かれたエッセイ集なのであるが、初心者にはその奥に潜む意味がなかなか把握できないのではないかと思うからである。むしろ、大学院等で人工知能の研究を行い、行き詰まった時に本書を読むと、新しい道へのヒントが得られるといった効果があると思われる。心とは単独に存在するのでなく、数百数千の小さなエージェントの働きによって醸し出されるものであるとの考えが述べられている。

『ＨＡＬ伝説――２００１年コンピュータの夢と現実』Ｄ・Ｇ・ストーク編著／日暮雅通監訳（早川書房）

「２００１年宇宙の旅」という映画を見たことがあるでしょうか？　一九六八年製作の科学映画の名作であり、貸ビデオ屋さんにあり、今でも（衛星放送などで）放送されることがある。今から約三十年前に英知を集めて今日の科学技術を予測し、Ｓ・キューブリック監督により細心の考察に基づき製作された。木星に向かう宇宙船の全てをコントロールするのがコンピュータＨＡＬである。このＨＡＬは万能で、視覚、音声会話能力、感情を持ち、チェスも指し、姿は大型コンピュータだが人間的な能力を有する。物語ではＨＡＬが製作されたのは一九九七年とされていることから、このＨＡＬの誕生年を記念して本書が作成された。三十年前の予測に照らして今日の現実の技術レベルはどのようであるのかを、一流の研究者が語っている。何が予測より進んで、何が予測に反して難しいかを理解するのに良い題材と思う。私も面識がある編著者のストーク氏は、読唇（唇の動きだけで話を理解することは困難だが、とくに英語の場合は音声と併用すると認識率が向上する）の研究をしているので、HALには一段の思い入れがある。

以上は縦書きの読み物的書物であるが、人工知能のテキストも二冊を挙げておく。

『エージェントアプローチ：人工知能』S・ラッセル、P・ノーヴィグ／古川康一監訳（共立出版）

原著は一九九五年に出版され、人工知能の研究の歴史等、非常に充実した内容であり、欧米では多くの大学でテキストに採用されつつある。翻訳は筆者も一章分を担当しており、出版されたばかりである。

『知識の表現と高速推論』石塚　満（丸善）

自著で恐縮だが、単なる技術紹介書とは異なり、知識機能の重要な要素である推論の高速化に焦点を当てて記しており、特色をもっている（工学部電気系学科四年生で授業があります）。

以下は専門分野を離れて、役立つと思われるいくつかを挙げておくことにしたい。

『オイラーの贈物——人類の至宝 $e^{i\pi}=-1$ を学ぶ』吉田　武（海鳴社）

『素数夜曲——女王の誘惑』吉田　武（海鳴社）

数学は重要だが抽象的で無味乾燥なものなので、数式や定理が多く出る本を面白く読むといったことはあまりない。しかし、本書は興味深い話題の流れに沿って、数学に潜む美しさ、神秘を解き明かしてくれる。数学を面白くしてくれる本である。

『日本人の英語』 M・ピーターセン（岩波新書）
『続　日本人の英語』 M・ピーターセン（岩波新書）

研究者、あるいは社会に出て働くようになると、自己の考えを文書で表現することが不可欠であり、きわめて重要な能力になる。グローバル化した社会では英語の表現能力は欠かせない。会話コミュニケーション能力は経験の積み重ねが重要であろう。文書については読むことはできても、書くとなるとちょっとしたことでも不明なことが生じ、日本人英語になってしまいがちである。aとthe、単数、複数の使い方など(国際会議論文では内容は別にして、英語表現がおかしいということで不採録になることもある)。そんな日本人が犯しやすい英語の誤りを、背景に存在する英語の心と共に具体的に指摘してくれる。このようなことに注意して英文に親しむようにすれば、確実に英語力は向上していくことであろう。

3　東京大学出版会からは人の心の働きを幅広く扱う **『認知科学選書』全二十四巻** が出版されている。人間への興味、そして新しい情報機能へのアイディアを生むのに役立つであろう。

岩本通弥《いわもとみちや》（大学院総合文化研究科・教養学部助教授／民俗学）

1　歴史学および文化人類学・民俗学に関心を持つ学生に、両者をつなぐ作品を、いくつか挙げてみたい。

『山の民』 江馬 修《しゅう》（春秋社）

明治初年、飛騨高山に起った二つの百姓一揆を描いた歴史小説であるが、高山盆地の農民と山間地の農民の生活の相違や、新しく赴任した地役人と郡中会所、町年寄、庄屋の対立など、諸階層の認識の相違や、その葛藤を克明に描き出し、重層する関係性のなかで事象が推移していく「歴史」の総体を把握しようとする。その重厚な歴史的リアリズムは圧巻である。江馬は妻であった三枝子（民俗学者）と郷土誌『ひだびと』を刊行しながら、いく度もの改作を経てこれを纏め上げるが、本書を裏打ちしているのは、そうした郷土の「生活」に関する地方史的・民俗学的知識である。本書も「歴史」の総体からすれば、「部分」に過ぎないが、現実から、歴史をどう認識するか、あるいはエスノグラフィ（民族誌・民俗誌）をどう記述するのか、それを思索するには、格好の材料を提供してくれている。大岡昇平の**『歴史小説論』**（岩波、同時代ライブラリー）もあわせ読むとよい。

『近代天皇制の文化史的研究』 高木博志（校倉書房）

同世代の近代史家の著作であるが、近代天皇制が生み出した「伝統」の創造を、国家儀礼のみならず、初詣の成立や史蹟名勝といった文化財の創出をも視野に含め、民衆がそれにいかに取り込まれていったか、具体的かつスケールの大きな作品として描き出している。

『烈士の誕生』 真鍋祐子（平河出版社）

韓国の学生運動ではしばしばセンセーショナルな焼身自殺が付きまとう。若き宗教社会学者である著者は、フィールドワークによって、その生成過程を記述、分析する。動態的民族誌として紹介するだけでなく、隣国の同時代の若者たちが何を考え、どう行動するのか、日本の同世代にも是非知っていてもらいたい。

2 専門の民俗学からいえば、何よりも柳田國男の著作（例えば『明治大正史世相篇』）を読めと薦めたいが、今の学生にとっては既に古典の部類に属するのだろう。一人で読むには難解である。毎年、柳田の名を含んだ研究書は、一〇冊以上は刊行されているが、最近は社会学・経済学・思想史・文学など、民俗学者以外の著作がほとんどである。そのうち、質が高く、かつ廉価で、よい手引き書となるであろうものは、以下の二冊であろうか。

『柳田国男』 川田 稔（吉川弘文館、歴史文化ライブラリー）

『柳田国男の読み方』△ 赤坂憲雄（ちくま新書）

3 去年あたりから基礎演習を受講する学生にも、その存在を知らない人が圧倒的に増えて来てしまっているようなので……。

『知の技法』 小林康夫、船曳建夫編

また民族問題やエスニシティに関心のある人には、1と同じく、歴史学と文化人類学をつなぐものとして、次の一冊を薦めておこう。

『日系アメリカ人のエスニシティ』 竹沢泰子

大津《おおつ》 透《とおる》（大学院人文社会系研究科・文学部助教授／日本古代史）

1 時間にゆとりがなく、あまり専攻外の書物を読む機会がない。日本史はとくに雑用や企画が多いのか、調べて考えるより前に物を書かされているような安易さが全体に感じられるが、たまに良書にめぐりあい他の分野に偉い研究者がいるのを発見すると、少しホッとする。最近そうした感じをうけたものとして、

『現代史を学ぶ』△ 渓内《たにうち》 謙《ゆずる》（岩波新書新赤版）

著者はソヴィエト政治史の大家だが、ソ連崩壊を冷静にうけとめて、歴史を学ぶとは何であ

り、どうあるべきかを卒直に語っている。深い体験にもとづいた誠実な姿勢に、学者の理想的な姿があり、感動的ですらある。

『徒然草抜書――表現解析の方法』△ 小松英雄（講談社学術文庫）

『やまとうた――古今和歌集の言語ゲーム』△ 小松英雄（講談社）

　徒然草も古今集も手垢にまみれた古典であるが、国語学者の著者が、徹底した文献学的批判により、従来の注釈の不備を明らかにしていく。古典解釈の名のもとに進められた注釈・通説がいかにあやういものか。定家により確立する歌学の伝統がどれほど古今集と異質であったか。面白さのわからない解釈は誤りであることを確認させてくれ、今日なおなすべきことが多いという自信を与えてくれる。

『日本美術の見方――中国との比較による』△ 戸田禎佑《ていすけ》（角川書店）

　著者は中国美術史家であり、中国絵画の本質をとり出したうえで、水墨画・山水画という同じ名をもちながら日中の美術の間に本質的差異があることを明らかにする。日本研究者が安易に「日本的」というよりもはるかに説得力がある。中国文化の継受のあり方として興味深いだけでなく、本当の比較文化論をするためには何が必要であるかを教えてくれる。

2

　日本古代史を学ぼうと思えば、何種類もの通史（『日本の歴史』）をはじめ、本はあふれている。手あたり次第に読めばよいのだが、歴史学といわゆる歴史との違い、大切なのは史料から結論が導かれる手続の正しさにあることを理解しておいてもらえればと思う。水準が高く深みのある啓蒙書として、

『日本の誕生』吉田　孝（岩波新書新赤版）

『正倉院』東野治之（同）

をあげておくが、概説書をたくさん読んで知識を集積することにはあまり意味がないので、むしろ次のような、通読にたえるすぐれた研究書を、歯をくいしばって読み通した方が、学問の醍醐味が体験できてよいだろう。

『日本の古代国家』石母田 正（岩波書店）

『律令国家と古代の社会』吉田 孝（岩波書店）

『均田制の研究』堀 敏一（岩波書店）

『中国家族法の原理』滋賀秀三（創文社）

後二者は東洋史の名著。なお、日本古代史の基本史料である『日本書紀』『続日本紀』は、岩波書店の新旧の日本古典文学大系で詳細をきわめた注釈が刊行されているので、のぞいてみるのもよいだろう。

3

『唐令拾遺』仁井田 陞《のぼる》（一九六四年復刻出版）

『唐令拾遺補』池田 温《おん》編集代表（一九九七年）

前者の初版は一九三三年で、仁井田氏二十歳代の仕事で、学士院恩賜賞に輝いた日本の東洋学の金字塔。今日でも律令制研究では不可欠な書物。後者は仁井田氏が旧著後に書いた関連論考を集めた前半と、その後六十年間の学問の進展により、改訂、追補できる唐令の逸文を集積した後半からなる。半世紀をこす長い時間をかけて積み重ねられる学問の重みが実感でき、また美しい活版の旧字印刷は、二十世紀の印刷文化のおそらく最後の輝きである。東京大学出版会以外ではこうした出版は不可能であったろう。もう一冊あげれば、

『秦漢隋唐史の研究』上・下　濱口重國（一九六六年）

戦前発表の論考も多く含むが、今日なお価値を減じない不朽の名著。即時の復刊を行ない、

学問の基盤整備に貢献してもらいたい。

茅根《かやね》 創《はじめ》（大学院理学系研究科・理学部助教授／自然地理学）

皆さんが大学に入学した一九九八年は、社会全体に変革が求められている転換期です。日本では、高度成長を進めた官僚や政治、経済システムのひずみがあらわになりました。そんな中にあって、大学は公正な立場からこれを批判し変革を導く機能が期待されてもよいはずなのに、大学も大学生もその気力さえ失ってしまったように見えます。

『人間を幸福にしない日本というシステム』カレル・ヴァン・ウォルフレン／篠原 勝訳（毎日新聞社）

は、こうした無気力の由来を説きほぐし、真の市民として私たちが立ち上がるべきことを説きます。

一方、国際社会では、東西対立に代わって地球温暖化が人類の解決すべき課題として立ちあらわれました。書店の環境問題の棚にも、たくさんの本が並んでいます。地球温暖化のメカニズムを理解し、それがこれまでの消費文明そのものの変革を迫っていることを理解するために、次の三冊を挙げます。

『地球環境問題とは何か』米本昌平（岩波新書）

『地球温暖化問題に答える』小宮山 宏（東京大学出版会）

『地球温暖化を防ぐ——20世紀型経済システムの転換』佐和隆光（岩波新書）

最初の本は、国際政治の中でこの問題がクローズアップされてきた経緯と背景を解き明かします。二冊目は技術による対策、三冊目は経済システムの変革による対応について、その見通しと私たちが取り組むべきことをまとめています。

社会との接点のあるものばかり紹介してきましたが、自然科学のおもしろさ、ロマンを味わいたいなら、断然この三冊です。

『ホーキング、宇宙を語る——ビッグバンからブラックホールまで』 スティーヴン・W・ホーキング／林一訳（早川書房）

『ワンダフル・ライフ』 スティーヴン・ジェイ・グールド／渡辺政隆訳（早川書房）

『ガイアの時代——地球生命圏の進化』 J・ラヴロック／星川淳訳（工作舎）

最初のものは宇宙と時間の起源について、二冊目は生命の進化について、最後の本は地球それ自体を生命体ととらえることについて、それぞれの著者の個性的な議論が展開されます。異論のあるものもあるのですが、事実の積み重ねに基づく帰納とともに科学が持っている演繹の魅力を存分に味わわせてくれます。物理学、古生物学、地球科学と分野は異なりますが、いずれも人間が存在することの意味について論及するという興味深い一致が見られます。

2

大学に入るための勉強は、初めから答えのある問題をいかに限られた時間で要領よく解くかという力をつけるものでした。大学での勉強は、質的にまったく違うものです。それでも、これまでにつけた受験力を前向きに活かすために、

『「超」勉強法』 野口悠紀雄（講談社）

を読み直しましょう。ただし最終章で著者が提起していることこそが、大学で学ぶべきことであることを真剣に考えて。

もし、理科系に進むのでしたら、

『理科系の作文技術』 木下是雄（中公新書）

は必読です。論理的な文章構成、段落や文が備えているべき要件について丁寧に解説してくれます。レポート、卒論、論文と、あらゆる段階で何度でも読み直して実践して下さい。文科系の方にも読んでほしい一冊です。

研究者になることを目指す方には、次の三冊を薦めます。

『若き科学者へ』△ P・B・メダウォー／鎮目恭夫訳（みすず書房）

『科学者とは何か』 村上陽一郎（新潮選書）

『理系のための研究生活ガイド』 坪田一男（講談社ブルーバックス）

一冊目は科学に取り組むことの意義と作法について、二冊目は科学の仕組みと社会に対する責任について、三冊目は楽しんで研究することを軽いフットワークでまとめたものです。

さらにもし、先ほどあげた地球環境問題に地球科学の立場から迫りたいと考えていらっしゃるのでしたら、教科書ですが次の二つを薦めます。

『一般地質学Ⅰ、Ⅱ、Ⅲ』◇ アーサー・ホームズ／上田誠也ほか訳（東京大学出版会）

『地球環境論』 住　明正ほか（岩波講座地球惑星科学3）

前者は、地球に現在働いているプロセスと過去の地球の歴史について、豊富な写真と図で説明してくれます。後者は全一四巻のシリーズの一冊で、温暖化だけでなく、オゾン層や資源、水、土壌、過去の環境変動について、きちんとした地球科学のベースのもとにまとめられています。このシリーズの最初の三巻は基礎編で、教養課程の学生にもわかるように書かれているそうです。全巻にわたって、地球内部から地殻、大気から惑星を対象とする地球惑星科学の最前線が、中堅から若手の研究者によってまとめられています。最初の三巻を手がかりに、興味のある巻や章を順にのぞいていったらよいと思います。

　私の主たる研究対象はサンゴ礁です。サンゴ礁のことを知りたかったら、部屋の中で本を読んでいるより、水中マスクとシュノーケル、フィンを持って南の島に出かけましょう。その美しさに感動して帰ってきたら、次の一冊があります。

『サンゴ礁の自然誌』△チャールズ・R・C・シェパード／本川達雄訳（平河出版社）

　この本には、あなたが気づかなかったサンゴ礁の仕組みと息づかいとが描かれているでしょう。次はそれをもとに、サンゴ礁の生物や地形をもう一度丁寧に見に行きましょう。

　サンゴ礁にさらに興味をもってくれたら、

『サンゴの生物学』山里 清（東京大学出版会）

『サンゴ礁』高橋達郎（古今書院）

があります。前者は生物学の立場から、後者は地学の立場から、サンゴとサンゴ礁でどんな研究がされているのかをまとめたものです。

　なお、最近私自身がまとめた本に

『サンゴとマングローブ』茅根 創、宮城豊彦（岩波書店）

があるので、これも是非読んでほしい。

3　1で挙げた『地球温暖化問題に答える』と、2で挙げた、『一般地質学Ⅰ、Ⅱ、Ⅲ』と『サンゴの生物学』が、東京大学出版会の本です。

北川東子《きたがわさきこ》（大学院総合文化研究科・教養学部助教授／哲学）

17

人と同じように、本とも出会いがなくてはなりませんが、うまく、ある本と出会うと、まるで「自分のために」書かれたような気がするものです。自分の考えてきたことが見事にことばになっていると感じたり、自分が今考えている問題について新しい視点を獲得できるからです。最近そのようなかたちで出会ったと思う本を挙げてみましょう。

『犯罪被害者の心の傷』小西聖子《たかこ》（白水社）

「解釈の暴力」というテーマについて論文を書いているときに、この本と出会った。本にも、「冷たい本」と「暖かい本」がある。この本は、本当に「暖かい本」のひとつだ。著者は精神科医。殺人事件で子供を失った人や、子供のころ性犯罪を受けた人たちのために心理カウンセリングを行っている、いわば「心の傷」の手当人。いくつかの具体的な症例を紹介してカウンセリングの具体的な手続きを教えてくれるが、「暴力」とはなにか、「救い」とはなにか、を深く考えさせる。

『ナショナリズムとセクシュアリティ』ジョージ・L・モッセ／佐藤卓己、佐藤八寿子訳（柏書房）

ナチズムによってドイツを追われてアメリカに亡命した歴史家が、「ナショナリズム」と「性の問題」との交差を、豊富な資料分析をもとに論じている。ドイツを中心にして、十九世紀末から一九三〇年代までのヨーロッパにおける「セクシュアリティの文化」が、ヨーロッパ現代史の身体として浮き彫りにされている。この本を読めば、「ナチズム」が当時の人に与えた悪魔的な力がひしひしと伝わってくるだろう。

『創造者たち——現代芸術の現場』△ 小林康夫
(講談社)

　昨年十二月に出たばかりの本。本学総合文化研究科・表象文化論教授の著者が、画家、建築家、作曲家、詩人そしてデザイナーなど十二人の日本人芸術家と哲学的な対話を交わす。長らく哲学の本を読み続けていると、あまりに抽象的な論理がひとり歩きするので、ときどき現実喪失感に襲われるが、この本を読んで、久しぶりに哲学の緊張感を味わうことができた。とりわけ舞踏家天児牛大《あまがつうしお》との対話は印象的。「動くこと」について、まるで舞踏の流れを見るように、語りの舞いが演じられている。日本語がこのように豊かな思想的力をもっていたとは、まさに驚きだ。

2　哲学の基本文献を挙げるというほど、無茶で意味のないこともありません。基本をマスターするという発想自体が、反哲学的です。それと同じように、哲学史を読めば、哲学の基本線がわかるというのも嘘です。むしろ、哲学をわかるためには、哲学が文化の一部である、あるいは端的に言えば「哲学的文化」であるという認識が決定的です。それぞれの時代の制約や特殊性のなかで、どのような「哲学的文化」が生まれてきたかを分かろうとしなければなりません。以下に挙げたのは、そのための助けとなるような本です。

『アドルノ』△ マーティン・ジェイ／木田 元、村岡晋一訳（岩波書店）

『アンリ・ベルクソン』 ウラディミール・ジャンケレヴィッチ／阿部一智《かずとし》、桑田禮彰《のりあき》訳（新評論）

『ハイデガー』 リュディガー・ザフランスキー／山本 尤《ゆう》訳（法政大学出版局）

『戦後日本の思想』△ 久野 収、鶴見俊輔、藤田

省三（岩波書店）

そうはいっても、これだけは皆さんに読んでほしい哲学書があります。それは

『精神の生活』上・下　ハンナ・アーレント／佐藤和夫訳（岩波書店）

です。自分の意識の内部深くに入り込んで、徹底的に思索を進めていくという哲学の真摯な姿を見るようで、わたしの大好きな本です。

3　推薦したい本が多すぎて困るのですが、またひとつどうしても読んでおいてほしい本が出ました。

『聖書の言語を超えて』宮本久雄、山本　巍、大貫　隆

なぜ、今日本で聖書を読むのか――聖書のことばが直接わたしたちに届き、古代が目の前にたち現れるかのような気がします。

木庭《こば》　顕《あきら》（大学院法学政治学研究科・法学部教授／ローマ法）

1　読書において、量もまた重要であるが、それよりももっと重要なことは、十分な論拠に基づいた叙述であるのか、十分に厚い教養から紡ぎ出されたものであるのか、等々、常に批判を欠かさずに読むこと、書物を的確に選別しうるようになること、である。懐疑とクリティクは、日本の文化形成において欠落した層の一つであることに常に留意しなければならない。もう一つ新入生諸君に勧めたいのは、できるだけ多くの語学を身に付けること。日本語だけではどうしても見通しが狭くなる。他方で、翻訳を利用する際には細心の注意が必要である。(反省してみると、私の乏しい日本語読書経験の中で優れた翻訳に負う部分が非常に大きいこ

とに気付くが、以下では、翻訳を除外する。推薦に際して翻訳をも論じなければならなくなるからである。）

時間の経過に耐える読書経験は自ずから限られることになるが、バランスのとれた批評の重要性を再認識するために、きわめて標準的な選択になるが、以下の三点を推す。

『フロオベルとモウパッサン△』中村光夫（講談社）

『日本文学史序説』上下　加藤周一（筑摩書房）

『思想としての近代経済学』森嶋通夫（岩波新書）

私の少々特別な読書体験の対象は、

『スターリン政治体制の成立△』第一部〜第四部

溪内 謙（岩波書店）

である。通読さえしえていないにも拘わらず、ここに挙げるのは、ぎりぎりまで対象を批判的に見ながらなおかつその批判に耐える全体像を何とか構築しようとする姿勢の厳格さを、その強靭にそぎおとされた文体から学ぶ、という習慣を持とうとするが故である。実際、私自身、時を置いて何度か、しかしまたしても、殆ど古典文学のようにしてこれを読む、ということに気付く。ホメーロスやダンテならばこのようにして読んで非難されることはないだろう。ヨーロッパならば「文学史」の対象に当然入るこの作品の少なくとも存在を是非知っておくように奨める。

2

法学政治学は元来全て輸入された学問であり、今のところ日本語によって付加された寄与はきわめて少ないことに注意しなければならない。しばしば言われるように「独自」を主張する作品に限って独自でさえないことが多い。その中で、一瞬の閃光のように可能性を開示して見せた作品が、

『損害賠償法の理論』平井宜雄（東京大学出版会）

　である。根底的な批判と再構築の作業を見ることができる。これが日本の法学界において hapax にとどまることなきよう切望してやまない。政治学におけるこの意味の「古典」はもう少し多く、直ちに的確な案内を得るチャンスも多いと思われる。岡義武から一世代の間続いた学派の作品群については、薦められ過ぎて読まないうちから陳腐がりエキセントリックな作品で気を紛らせる、ということをおそれるのみである。原点にあるメンタリティーを知る一手段として、近刊の中から、

『岡義武ロンドン日記』篠原一、三谷太一郎編（岩波書店）

　を推す。一言で言えば、市民社会の存在を実感しうるそうした感受性が一個の文学的表現をえたものである。編者の二つの対照的な文章も、ともにきわめて洗練されたものである。

3　近刊に限定して、一点だけ選ぶとすれば、

『貴族の徳、商業の精神――モンテスキューと専制批判の系譜』川出良枝

　に触れることになる。きびきびした批評を楽しみつつ（その場合註を忘れずに読むこと）、同時に、確実に到達された一個の研究水準を知ることができる。

佐《さ》藤《とう》俊《とし》樹《き》（大学院総合文化研究科・教養学部助教授／国際社会科学専攻）

1　私が面白いと思う本はどうも種類が決まっているようだ。人が考えられない、あるいは考えたくないことを考えてしまった本である。この「しまった」というのが大事で、

最初から「人を驚かせてやろう」「最先端をいってやろう」と意気込んでいる本は、残念ながら大概面白くない。

読みやすさも考えて、ここでは、

『書物としての新約聖書』田川建三（勁草書房）

『近世濃尾地方の人口・経済・社会』速水融《あきら》（創文社）

『大モンゴルの世界』杉山正明（角川選書）

の三冊をあげておこう。

『書物としての新約聖書』は、新約聖書とは何かを丁寧にかつできるだけ公平に述べようとしたもの。ここでいう「公平」というのは、自分の立場を明示して評価基準を示す、要するにフェアプレイの精神である。門外漢の私には学問的な評価はできないが、読んで頭も気持ちもすっきりする。「信じる」という言葉が連想させるある種の偏狭をこえて、信じるとは何かを考えさせる本である。最初店頭でみた時は分厚さに一瞬ひるんだが、その後版を重ねているようで、いい本が売れるのは他人事ながら嬉しい。

『近世濃尾地方の人口・経済・社会』は歴史人口学の本で、江戸後期の濃尾地方の宗門改帳をデータ化して、人口動態や家族形態、都市―農村間の移動などを計量的に示したものである。「近代以前の農民は生まれたムラに閉じこめられていた」という定説がいかに嘘かがよくわかる。その辺の圧倒的な迫力はやはり数字の威力だが、それまでの地道な作業の積み重ねはもっと感動的。おかげで、しばらく、品切れになった歴史人口学関係の本を探して、古本屋をうろつく日々がつづいた。

『大モンゴルの世界』はとかく伝説やイメージが先走るモンゴル帝国の実像にせまったものだが、その核心は結局のところ、ユーラシアは草原でつながっているという単純な事実につきる。だから遊牧民の世界と農耕民の世界は地と図のごとく相互に反転しうるのだ、と気づかされたとき、「大陸」というものを観念ではなく、体感できる気がした。最近著者はモンゴル関係の本をいろいろだしているが、この本のみずみずしさはまた格別である。

2 私の専門は社会学だが、一年生には統計学を教えている。

統計学というのは初心者泣かせの学問で、とくに文系の人間には鬼門である。「やさしい統計学」と銘打った本も多いが、大体、著者がやさしいと思いこんでいるだけか、説明を適当にはしょっているか、どちらかである。そのなかで、

『わかりやすい統計学』 松原 望（丸善）

は本当にやさしく、かつきちんと説明してある貴重な例外。豊富な図表もうれしい。統計学は「学」というより、便利な道具箱である。だから、物理学、生物学、医学、経済学、社会学といった各分野にあわせて、使い方もちがってくる。数式アレルギーの人——本当いうと私もそうである——には、そういう具体的な使い方から入った方がなじみやすいだろう。例えば社会学系では、

『社会調査法』△ 盛山《せいやま》和夫、近藤博之、岩永雅也（日本放送出版協会、放送大学印刷教材）

がおすすめだが、新入生にはちょっとむずかしいかも。でも、頭の隅に「こんな本もある」と覚えていれば、役に立つ時があるだろう。統計数字がついてまわる現代社会、デタラメな数字の罠から自分を守るすべは身につけておきたい。

社会学となると、さすがにいろいろありすぎて困ってしまう。

『プロテスタンティズムの倫理と資本主義の精神』 マックス・ウェーバー／大塚久雄訳（岩波文庫）

は定番中の定番だろうが、ここではあえて、**『プロテスタンティズムの倫理と資本主義の《精神》』** マックス・ウェーバー／梶山 力訳／安藤英治編（未来社）

との併読をおすすめしたい。「古典」がいかにつくりだされていくのか、そのオモテとウラがわかってくる。その後で、

『近代・組織・資本主義』 佐藤俊樹（ミネルヴァ書房）

を読むと、その「古典」の描く世界像がさらにドンデン返しされるという、スリリングな経験も味わえるはずである。

現代的な路線では、ミシェル・フーコーとニクラス・ルーマンが東西の両横綱だろう。どちらも解説本はかなりあるが、おすすめしない。翻訳があるのだから直接読むのが一番。それも手軽で有名なものはさけた方が賢明である。いろいろ変な予備知識が入ってきて、自分なりの読み方ができなくなるからだ。フーコーなら、『監獄の誕生』や『性の歴史1 知への意志』といった、図式的な分浅く読めるものは後回しにして、

『狂気の歴史』 ミシェル・フーコー／田村 俶訳（新潮社）

『ピエール・リヴィエールの犯罪』 ミシェル・フーコー編／岸田 秀、久米 博訳（河出書房新社）

などの、言説のディープな世界に頭からつっこんでしまってはいかが。今さら、誰でも知っている「フーコーの図式」をなぞってもしょうがないだろう。それよりはむしろ、

『観察者の系譜』△ ジョナサン・クレーリー／遠藤知巳訳（十月社）

で、本物のポスト・フーコーの苦闘を追体験した方がいい。思い入れたっぷりの訳者解説もおすすめ。

ルーマンならば、

『公式組織の機能とその派生的問題』上・下 ニクラス・ルーマン／沢谷 豊、関口光春、長谷川幸一訳（新泉社）

ぐらいがいいかもしれない。

『社会システム理論』上・下 ニクラス・ルーマン／佐藤 勉監訳（恒星社厚生閣）

もいい本だが、よほど読み手が頭を使わないと中身は読み取れない。私もまだまだ「読みおわった」とはいえないが、だめもとであえて挑戦するのも悪くない。「急がば回れ」ができるのは、大学一、二年生だけの特権だから。

図式的、図式的と連呼したが、社会学にかぎらず、現代の思想の悪い癖は second hand の図式的理解をふりまわす点である。例えば、「ディアスポラ」や「他者」をめぐるユダヤがらみの議論が流行しているが、ユダヤ教のテクスト、

『ミシュナⅣ9〜10 アヴォート、ホラヨート』△ 石川耕一郎訳（エルサレム文庫）

を読むだけでも、通説的なユダヤ教理解はふきとんでしまう。テクストを読めば宗教がわかるというのはプロテスタンティズム的偏見だが、より根元の事実にせまっていく積み重ねは大切である。

3 東京大学出版会の本となると、いろいろ目移りして困るのだが、

『神秘の中世王国』 高山 博

『文明としてのイスラム』 加藤 博

をあげておこう。どちらも「中東イスラム世界」というシリーズの一冊。ユダヤ教もそうだが、イスラムも私たちの常識から一見かけはなれているだけに、通説的なイメージがつい先行してしまう。それをつきやぶってなおかつ自分たちとちがう社会をどう理解していくか――そういう本はなまじの社会学よりよほど身になる。

もちろん、そんな辛気くさいことぬきで、好奇心で読むだけでも十分ワクワクできる本である。「考えてしまった」本の上質な快楽は、やはり何にもかえがたい。

鈴木《すずき》博之《ひろゆき》（大学院工学系研究科・工学部教授／建築史学）

1 自分が印象を受けた本を書くのは恥ずかしいのですが、大学に入った頃を思い出してみると、

『ナジャ』 A・ブルトン／稲田三吉訳（現代思潮社）

『シルトの岸辺』 J・グラック／安藤元雄訳（集英社）

『オーレリア』 G・ド・ネルヴァル／稲生永《ひさし》訳（中央公論社、新集世界の文学）

『入沢康夫詩集』 入沢康夫（思潮社）

などを思い起こします。いずれもシュールレアリスティックというより、ミスティックな小説や詩です。とくに『シルトの岸辺』は、時間の流れを感じさせてくれた小説であったという印象があります。また、全然関係なく、

『単独行』 加藤文太郎（二見書房）

を挙げましょう。一人で山に登った人の文章ですが、山など登らない私にも、面白い本でした。当人は最後に二人でパーティを組んだ登山で遭難死しています。

また岩波文庫に入っていて、訳者名は忘れましたが

『虚栄の市』サッカレー

『ローマ帝国衰亡史』◇ギボン

は印象に残っています。これ以外、全集を買ったり、代表作を読んだものには、泉鏡花、谷崎潤一郎、永井荷風、P・ヴァレリー、W・キャザーなどがあります。W・キャザーは外国でたまたま読んだ一冊が面白く、ペーパーバックを見つけては読んだものですが、英語も易しく、それでいて何か深い喪失感があって好きな作家です。こう挙げてくると、専門とは関係のない本ばかりで、まあ、読書とはそうしたものだと思います。

2 方法論と見方を考えるうえで、

『ウィッグ史観批判』△H・バターフィールド／越智武臣他訳（未来社）

『ヒューマニズムと芸術の哲学』T・E・ヒューム／長谷川鑛平訳（法政大学出版局）

を挙げましょう。ともに近代批判として読んだものです。

もっと狭い意味での私の専門領域である建築史学では、恩師の

『日本建築史序説』太田博太郎（彰国社）

を勧めたいと思います。これは簡潔にして要を得た通史で、読み返す度に発見があって、何度読み返したことでしょうか。いわば、読んでファイトが湧く本です。もうひとつ、これは自分が訳したものなので気が引けますが、

『古典主義建築の系譜』J・サマーソン（中央公論美術出版）

を挙げておきます。西洋建築の大きな伝統を、一種の文法と見做して解説したもので、読んで面白いので、むかし訳したものです。

日本の近代建築を知るには、

『日本の近代建築』上・下　藤森照信（岩波新書）

がお勧めです。歯切れの良い通史を読んで、建築史という学問の魅力を感じてください。

さらに、

『住宅道楽』石山修武《おさむ》（講談社選書メチエ）

を勧めます。建築とは何か、住宅とは何かという問題の根源を愉快に、真剣に考えることになるでしょう。

3　残念ながら私はあまり良い読者ではないので、多くを挙げることはできませんが、

『図集　日本都市史』高橋康夫他編

は、文句無しに有益な本です。ほぼ同じ編者による『日本都市史入門』Ⅰ～Ⅲというシリーズも役に立ちます。都市史という分野を本格的に成立させた著作といえるもので、建築に興味のある人々にも必読の本です。

谷口将紀《たにぐちまさき》（大学院法学政治学研究科・法学部助教授／現代政治分析）

1　さて困った。研究者とはいえ、『UP』読者に誇れるほどの読書量は私にはない。よって、この項に挙げる本は、ごく最近に私が読んだものである。まず、

『相対化の時代』坂本義和（岩波新書）

『安全保障』田中明彦（読売新聞社）

を読んだ。著者は各世代を代表する国際政治学者、鋭い分析の背後に秘められたそれぞれの思索の道程を辿りたい。

先日東京で父親と酒を飲んだ。前書を読了した直後の私は、彼の世代＝六〇年安保を巡って議論を投げかけた。普段政治向きの話を滅多に

しない父は、寂しげに、それでいて微笑を浮かべつつ、ポツリ、ポツリと当時の有様を語った。曰く「全学連は……」「六月一五日は……」。しばらくして、帰省した私の机上に置かれていたのが、

『安保闘争』 井出武三郎編（三一新書）

である。「一九六〇年九月二〇日購入」と書き込みのあるその本には、今、父の万年筆、そして私の赤鉛筆による傍線が引かれている。

2

『羅生門（藪の中）』のように、ひとつの事象も視点によっては全く異なる様相を見せる。良く吟味された新たな視点は、読者を「知的冒険」の世界に誘ってくれる。政治学（広義）では、思想史・政治史・現代政治からそれぞれ一点ずつ、

『マックス・ヴェーバー入門』 山之内　靖（岩波新書）

『近代日本の国家構想』 坂野《ばんの》潤治（岩波書店）

『戦後日本の市場と政治』 樋渡展洋（東京大学出版会）

を挙げておく。さらに、私が専門とする現代日本政治論で『羅生門』を味わうならば、

『いま政治になにが可能か』 佐々木　毅（中公新書）

『自民党政権』 佐藤誠三郎、松崎哲久（中央公論社）

を読み比べることをお薦めしたい。

3

この原稿を書く上で、もっとも難渋した項目。その理由を知っていただくために、まず、

『東京大学出版会図書目録』

に目を通していただきたい。他の追随を許さない政治書の多さは、われわれ政治学者にとって有難い限りであるが、いざそこから数点を選

ぶとなると、逆にそれは煩悶の種となる。可処分時間が相対的に多い学生諸氏には、この「宝庫」を片端から渉猟することを薦めたいところであるが、ここではとりあえず、私の専門領域における最先端の業績として、

『現代日本の政治過程』 小林良彰

『税制改革と官僚制』 加藤淳子

を推薦しておく。

谷本雅之《たにもとまさゆき》（大学院経済学研究科・経済学部助教授／日本経済史）

経済史の研究の研究らしきものに手を染めはじめた学部時代から、研究を職業とするようになった今日に至るまで、折りにふれ、自分のしていることは何なんだろうという疑念が頭をもたげます。そのような折りに思い出される本をいくつか挙げておきます。

『自分のなかに歴史をよむ』 阿部謹也（ちくまプリマーブックス、筑摩書房）

『現代史を学ぶ』 溪内 謙（岩波新書）

ともに、著名な歴史家が、自らの歴史研究との関わり方を語ったものです。前者は、一〇代向けに編まれた叢書の一冊で、語り口は平易ですが、自己の存在を賭けて歴史研究に携わる姿勢が伝わってきます。後者は、E・H・カー（『歴史とは何か』の著者）の学問的影響を受けたソビエト史家が「共産圏の崩壊」後に著わしたもので、歴史研究の入門書の構成をとりつつ、現代の問題と歴史研究との緊張関係が自らの研究の軌跡に重ね合わせて印象深く語られています。

『回想　満鉄調査部』 野々村一雄（勁草書房）

『わが異端の昭和史』 石堂清倫《きよとも》（勁草書房）

『私の読んだ本』 松田道雄（岩波新書）

昭和一〇年代の社会科学の研究が不自由であった時代に、マルクス主義の影響を受けた青年を受け入れた特異な研究機関として満鉄調査部がありました。野々村の回想録には、そこで「息をつめるようにして」研究をつづけながら、満鉄調査部事件に巻き込まれていく、当時の社会科学者の姿がリアルに描かれています。石堂清倫は、満鉄調査部で野々村の上司の地位にあり、ともに満鉄調査部事件で検挙された人物です。松田道雄の著作は、自らの読書歴を語る中で、戦前・戦中にマルクス主義に傾倒した医学生の行動と精神を浮き彫りにしています。

2

オーソドックスな教科書や研究書は、授業等で触れることと思いますので、ここでは経済史の分野でここ一〇年余りの間に、それまでになかった着想・視角を提示し、広く反響を呼んだ著作をいくつか紹介しておきます。

『プロト工業化の時代』 斎藤 修（日本評論社）

プロト工業化論は、一九七〇年代から八〇年代にかけて欧米で提起された本格的な工業化以前の工業化を論ずる議論ですが、本書はその紹介にとどまらず、理論モデルの構成要素の吟味を行い、そこから日本と西欧の新たな比較史研究の可能性を指摘した刺激的な著作です。

『日本文明と近代西洋』 川勝平太（ＮＨＫブックス）

近世以降の世界経済史のダイナミズムを、「物産」に着目して描きだしたスケールの大きな経済史論。一つの着想が、一点突破的に従来とは異なる歴史像を作り出しており、その手法の鮮やかさが印象的です。

『アジア間貿易の形成と構造』 杉原 薫（ミネルヴァ書房）

アジア間の貿易関係に着目することで、欧米諸国の進出史として捉えられていた近代アジア史のイメージを大きく変化させた研究書。近代経済史におけるアジア間関係の重要性が、膨大な貿易統計の整理によって説得的に示されています。

3 **『近代日本とイギリス資本』** 石井寛治

ケンブリッジ大学の図書館に眠っていたイギリス貿易商社の経営史料を丹念に読み込み、幕末開港後の日本の対外経済関係の研究水準を飛躍的に向上させた重厚な著作。無味乾燥に見える会計帳簿の山が、熟達者の手にかかるときわめて雄弁に史実を語りだすものであることが感得されます。

『世界市場と幕末開港』 石井寛治、関口尚志《よしゆき》編

経済学部の教官が中心となったコンファレンスの記録。右記の石井氏の著作の要約版も報告されていますが、最も興味深いのは報告後の討論がかなり忠実に再現されていることです。このコンファレンスのシリーズでは、他にも『経済学と現代』、『第三世界と経済学』などが同じスタイルでまとめられており、研究者間の時にスリリングなやりとりをかいまみることができます（その後、討論記録が載らなくなったのは残念）。

中村健之《なかむらけんの》介《すけ》（大学院総合文化研究科・教養学部教授／ロシア文学）

1 **『履歴書（矢吹義夫宛書簡）』**◇ 南方熊楠

（平凡社『南方熊楠選集』第六巻　筑摩書房『南方熊楠随筆集』にも）

これまで何度も男の子たちに薦めてきた。熊楠の学習方法やアメリカ、キューバ、イギリス遍歴も冒険小説に劣らぬ波瀾万丈だが、自分の研究のために、猥談ならびにエロスの博識を駆

使して寄付を募る天才の楽しそうなことよ。金を出す方もよろこぶのだから、双方一両得（フェミニストのみなさま、お赦しあれ）。それだけじゃない、この語りのリズム、まるで踊っているようだ。読むうちにこちらも腹の底から笑い出すこと必定。知のおかしさが体で感じられる。ドストエフスキーは「人間の尊厳はでたらめにこそある」と言ったけれど、こういう実例に出会うと、そんな気もしてくる。

2

①染谷 茂**『ソルジェニーツィン「イワン・デニーソヴィチの一日」注釈・対訳』**（美顕プリンティング出版部、一九九七）

文学であれ政治であれ領域を問わず、ロシアのことを勉強したい人はロシア語ができたほうがいい。それには是非染谷先生の注釈書を読んで勉強をするのがいい。ロシア人のロシア語の誤りも指摘されている。コロレンコの『マカールの夢』の注釈・対訳もツルゲーネフの『生きている聖骸』の注釈・対訳も、この人の書いた本で勉強してよかったという喜びを感じる。本はそういう本に出会いたいものだ。今度の注釈は、染谷先生ご自身のラーゲリ体験にも裏打ちされて、とりわけ厚みがある。

②J・H・ビリントン**『イコンと斧』**（J. H. Billington "***The Icon and the Axe —— An Interpretive History of Russian Culture***". Vintage Books, New York, 1966)

これももう二〇年くらい、ロシアのことを勉強したいという人に薦めている。ロシア文化の歴史がこんなにわかりやすいおもしろい物語だとは、この本に会うまで知らなかった。とりわけ十六、十七世紀のロシアの宗教の話は、他の著者からは聴けない「現代性」がある。シャープで博識のアメリカ人学者の力役を見るようだ。

私は学校の授業でもこの本の世話になっている。三〇年前に書かれた本だが、いまロシアでは、この本の後注にあがっている文献、つまりビリントンが典拠としたロシアの文献が、さかんに復刻されている。

3 『夢みる権利――ロシア・アヴァンギャルド再考』 桑野 隆

二十世紀初頭のロシアの芸術は全体が高圧電流を帯びてパチパチ火花を発しているようだ。社会全体が空前絶後の可能性の崖縁に立ったように思われた時代、「夢みる権利」の翼をもって人類史の未知の時空へ飛び立つことが可能になったと思われた時代である。これでは知識人は落ち着いて地道に議会制民主主義をめざす気になぞなれなかっただろう。人類の歴史でもまれなその激しい新しい文化状況を、篤学の士が、たくさんの芸術領域の全体にわたって丁寧に正確に解説してくれている。

西中村《にしなかむら》 浩《ひろし》（大学院総合文化研究科・教養学部助教授／ロシア語）

1 学生時代は小説、それも長編小説をよく読んだ。まずは最近あまり読まれないロシア文学の紹介も兼ねて、わたしの読書のなかでとりわけ大きな意味をもった作品をいくつか挙げようと思う。

『戦争と平和』 トルストイ／工藤精一郎訳（新潮文庫）

わたしがまともに本を読みはじめたのはかなり遅く、高校二年くらいのときからだった。これはクラブ活動に明け暮れていた中学生のとき読んだ唯一の長編小説ということで覚えている。

『カラマーゾフの兄弟』 ドストエフスキイ／原卓也訳（新潮文庫）

ドストエフスキイの小説はわたしと同世代、あるいはそれ以上の世代の必読書だった。神、自由、幸福などの深刻な問題をあつかった小説で、とくに「大審問官伝説」の章に強い印象を受けた。父親殺しをめぐる動的なプロットの展開で読ませてくれる小説でもある。

『われら』△ザミャーチン／川端香男里訳（岩波文庫）

大学院に入る前に読み、結局この作家を大学院に入ってからずっと研究するはめになった。ハックスリーの『すばらしき新世界』、オーウェルの『一九八四年』へとつながるアンチ・ユートピア小説の先駆的作品。

『土台穴』プラトーノフ／亀山郁夫訳（国書刊行会）

八〇年代はじめに読んだときには当時のソ連では発禁の本だった。二〇世紀ロシアの作家のなかで、わたしがもっとも重要だと思う作家である。社会主義革命の理念に鼓舞された民衆が独自に理想社会を建設しようとして挫折していく姿を寓意的に描いた作品。翻訳の難しい独特の文体で書かれているが、やっと日本語でも読めるようになった。

次に、最近読んだ本のなかでとくに興味を引かれたものを二点挙げておく。

『クレオール主義』今福龍太（青土社）

『オリエンタリズムの彼方へ』姜 尚中（岩波書店）

外国の文学や文化を研究するということは「他者」である異文化を理解しようとすることだが、二冊とも異文化理解について大いに考えさせてくれた本である。

2

『ドストエフスキーの詩学』バフチン／望月哲男、鈴木淳一訳（ちくま学芸文庫）

『フランソワ・ラブレーの作品と中世・ルネッ

サンスの民衆文化』バフチン／川端香男里訳（せりか書房）

単なるドストエフスキー論、ラブレー論ではなく、近代の小説や中世の（そしてスターリン時代の）文化の本質を論じた、現在では古典的ともいえる名著。

『ロシアの宇宙精神』セミョーノヴァ、ガーチェヴァ編著／西中村 浩訳（せりか書房）

自分が訳した本で恐縮だが、あまり知られていない一九世紀末から二〇世紀はじめにかけてのロシア思想を広く紹介しようとして訳したのだから、ここで挙げるのも許されるだろう。

『現代思想』一九九七年四月号**「ロシアはどこへ行く」**（青土社）

雑誌ではあるが、現代ロシアの思想・精神状況を知るのにもっとも手頃なものだと思う。

3 **『夢みる権利――ロシア・アヴァンギャルド再考』**桑野 隆

講義風に読みやすく書かれてはいるが、ロシア・アヴァンギャルドという非常に複雑な問題を、最新の研究を踏まえてきっちり整理した本である。

西平 直《にしひらただし》（大学院教育学研究科・教育学部助教授／教育人間学）

1 **『アブラハムの生涯』**森 有正（日本基督教団出版局）

「信仰とは、望んでいる事柄を確信し、見えない事実を確認すること」（ヘブル11―1）。言葉の本当の意味での「出発」は、冒険である。信じることである。何の確かな保証もない中で、「内的促し」の命じるところを信じ、歩み続けることである。イスラエルの父「アブラハム」を題材に、人生の旅路における、信じるという営みの深みを解き明かした名著。

『シッダールタ』ヘルマン・ヘッセ／高橋健二訳（新潮文庫）

　豊かで敬虔なバラモンの家に生まれたシッダールタ。その教義にも禁欲にも、官能の享楽にも安息を見いだすことのない、あくなき求道者。その彼が、いかにして、大いなる河の流れに身を捧げ、その調和の一部に至るのか。インドの風光に託された精神的・求道的な人間形成物語。

『ぼくを探しに』『ビッグ・オーとの出会い（続・ぼくを探しに）』シェル・シルヴァスタイン／倉橋由美子訳（講談社）

　何か足りない、何か欠けている。ぼやき続ける「かけら」の物語。しかし、そこに登場する、大きなふくらみ、ひとり満たされている「ビッグ・オー（Big O）」は、ユングの「自己・ゼルプスト」を思わせる。サラリと流れる、小さな絵本。

2

　自然科学ではない心理学。かといって、人のカウンセリングの技法でもない、人の〈こころ〉の学問的探求。〈こころ〉と〈からだ〉と〈いのち〉を貫く心理学的人間学のために、いずれも大著ながら、以下三点。

『無意識の発見』上・下　アンリ・エレンベルガー／木村 敏、中井久夫監訳（弘文堂）

　フロイト・ユングを双璧とする「無意識」の研究領域に踏みいるための、最も重要な参考書。精神分析前史としての上巻も貴重。

『宗教的経験の諸相』ウィリアム・ジェイムズ

／桝田啓三郎訳（岩波文庫）
世俗的な価値意識から、一歩目が離れるとき、人の〈こころ〉はいかに多様な体験をするか。スピリチュアリティに関心を持ち続けた哲学・心理学者の、実に豊かな人間観察。

『意識と本質』井筒俊彦（岩波文庫他）
東洋の伝統的思想を横ならびにして、そこに同じひとつの構造を見る。存在と意識の相関関係。存在論が、〈こころ〉や〈からだ〉の人間学とセットになっている。こうした〈こころ〉の奥行きを知ってから、欧米伝来の心理学を学ぶと良いのですが。

3 なんとも面映ゆいですが、思い入れのある二冊。

『エリクソンの人間学』西平 直
『魂のライフサイクル――ユング・ウィルバー・シュタイナー』西平 直

西村《にしむら》義樹《よしき》（大学院総合文化研究科・教養学部助教授／言語学）

1 専門にかぎることなくと言われても、自信をもってお薦めできるものということになると、専門に関係がある本になってしまうのがちょっと悲しい気もしますが、ことばに少しでも関心のある人なら読んで絶対損にならない（読まないと大損になる）書物を挙げておきます。

『レトリック感覚』佐藤信夫（講談社学術文庫）
『レトリック認識』佐藤信夫（講談社学術文庫）
（文学的装飾、美辞麗句、効果的な説得術といった）伝統的な修辞観を超えて、人間の認知（意味を読み取り、創り出す営み）の現われとしてレトリックを捉え直し、ひいてはことばの本質そのものに迫る知的冒険の書（というような陳腐で大袈裟な言い方を佐藤氏自身はお使いにならないでしょうが)。このテーマについて佐藤氏ほど明晰に語れる人は後にも先にもいないと思います。この二冊が面白いと思ったら(思わない人がいるとは想像しがたいのですが)、同じ著者の

『レトリックの消息』△(白水社)

『レトリックの意味論』△(講談社学術文庫)

も読んでみて下さい。前者は論文集ですが、いずれも読みやすいものばかりです。後者は佐藤氏の著書の中では最も手強いのですが、それでもことばの本質に関わる難問についてこれだけ平易に語れるのは驚異的だと思います。

佐藤氏の一連の著作に接してことばに対する関心が深まったら、

『ことばと身体』尼ケ崎彬(勁草書房)

に挑戦してみてもよいでしょう。佐藤氏と同じくこの著者も、難解に語られがちなテーマについてわかりやすく書く希有な才能に恵まれているようです。この本を読んだ人は、ソシュール、ウィトゲンシュタインといった巨人たちと現代言語学の一大潮流である認知言語学とのつながりを理解するとともに、これらの人々と理論について学ぶ意義を体得することでしょう。

2

言語学的な意味論への導入としては、

『意味の世界』△池上嘉彦(NHKブックス)

がお薦めです。私は駒場の学生の時にこの本を読んで池上氏の学問の世界に引き込まれました。同じ著者の

『ことばの詩学』△(岩波同時代ライブラリー)

『「英文法」を考える』(ちくま学芸文庫)

も平易で冷静な語り口の中にことばへの熱い思いがほの見える好著だと思います。次の本も池上氏の編著で、意味論研究の最近の動向をわかりやすく概説したものです。

『英語の意味』（大修館書店）

1で紹介した本もそうですが、私が専門としている認知言語学の重要な視点を先取りした池上氏の著作として、次のものを挙げておきましょう。

『「する」と「なる」の言語学』（大修館書店）

『詩学と文化記号論』（講談社学術文庫）

この二冊の本でも興味深く論じられている言語と文化・思考との関係について書かれた古典的な書物、

『言語・思考・現実』Ｂ・Ｌ・ウォーフ／池上嘉彦訳（講談社学術文庫）

は現在でも一読の価値が十分にありますが、訳者による詳細な解説を読むだけでも、この問題の難しさと面白さがとても良く理解できます。同じテーマについて身近な言語現象を取り上げて明晰に論じた次の本もお薦めです。

『ことばと文化』鈴木孝夫（岩波新書）

『日本語と外国語』鈴木孝夫（岩波新書）

3 長くなってしまいましたが、最後にことばについていろいろ考えさせられる書物として、

『翻訳の方法』川本皓嗣《こうじ》、井上 健編

を挙げておきます。大学受験を終えて間もない皆さんが英語（そして外国語一般）を学ぶ意味を改めて考えるきっかけを与えてくれる好著だと思います。

水越《みずこし》 伸《しん》（社会情報研究所助教授／メディア論）

1 『古典の影――学問の危機について』西郷信綱（平凡社ライブラリー）

『作品としての社会科学』内田義彦（岩波書店）

学際領域、超ナントカ領域などという、よく

言えば刺激的、悪く言えばいい加減な場所に足を踏み入れるためには、がっちり制度化された学問以上に、理論や研究の意義を問い、学問の政治性を自覚していなければならない。この二冊は、古典学、経済史というそれぞれの領域で、たえず自らの姿勢を問い直し、しなやかで強靭な知的軌跡を描いた研究者の学問論として含蓄がある。

『ワンダフル・ライフ——バージェス頁岩と生物進化の物語』 スティーヴン・ジェイ・グールド／渡辺政隆訳（早川書房）

『幼年期の終り』 アーサー・C・クラーク／福島正実訳（早川書房）

私は子どもの頃から動植物が好きで、草花園芸をこよなく愛して今日に至っている。そのことを正当化して言うわけではないが、人文・社会科学というのはどこかで生物の生態や進化、未来といった次元と結びついていなければならないと思う。グールドの論争的な著書は、進化論の新しい次元を切り開く知見として、また科学ジャーナリズムはいかにあるべきかを考える素材として面白い。クラークはSFの古典。ここに現れるような倫理と想像力の系譜は、サイバーパンクにも、サイバースペースにも脈々とつながっている。

『レディ・ジョーカー』上・下 髙村 薫（毎日新聞社）

かつて松本清張の作品群は「社会派」ミステリと呼ばれたが、その系譜上に位置する、いわゆる「社会科学系」冒険小説の旗手の最新作。社会科学やジャーナリズムの意義や視点、方法論を考えるうえで、髙村の作品はすべて面白く、ためになる。

2 『メディアの権力』◇全三巻　デイビッド・ハルバースタム／筑紫哲也、東郷茂彦、斎田一路《いちろ》訳（サイマル出版会）

アメリカのメディアの総体像を構造的にとらえる上で貴重な、ニュージャーナリズムの古典。

『限界芸術』◇＊鶴見俊輔（講談社）

カルチュラル・スタディーズを東アジアの中の日本という空間で進めていく際、鶴見の業績はもっと参照されるべきである。

『20世紀のメディア』全四巻（ジャストシステム）

一九九〇年代におけるメディア論の一つの水準点を示している論文集。こんなものがワープロソフト「一太郎」をつくっている徳島のソフトウェア会社という「周縁」から刊行されたということ自体も一考に値する。私も一巻を編んでいるので半ば宣伝だが。

3 『社会科学再考——敗戦から半世紀の同時代史』石田雄《たけし》

敗戦から半世紀たった一九九五年に、日本の社会科学の歩みをアクチュアルに跡づけ、その限界と可能性を探っている。石田の誠実で真摯な姿勢に学ぶところは大きい。

『アジアから考える』全七巻　溝口雄三、浜下武志、平石直昭、宮嶋博史編

新しい次元でアジアを考えるためのシリーズ。絶妙な編集で、多様な領域との接合点が見いだせる。

三《み》村《むら》昌泰《まさやす》（大学院数理科学研究科教授／現象数理学）

1 『対称性の破れが世界を創る——神は幾何学を愛したか？』I・スチュアート、M・ゴルビツキー／須田不二夫、三村和男訳

＊'99年、『限界芸術論』（ちくま学芸文庫）として刊行。

（白揚社）

本書は神学に関する本でも、幾何学の本でもない。自然界に現われるさまざまなパターンや紋様の美しさが、人間の手を借りずにどのようにして出来上がったのかを、見事に書いている自然科学の書物である。この本は数学者によって書かれているのだが、けっして数学に興味を持つ者だけを対象にはせず、自然界の不思議な現象に興味を持つ人たちを「数理科学の世界」へ誘い入れようという強い動機を感じることができる。私ごとになるが、この手の本を早く書きたいと思っていたのだが、まさに先を越されたというところで、残念でもあり、また少しでも早く世に現われたと喜びたい感でもある。

『宇宙実験最前線――DNAの突然変異から謎の対流の出現まで』△ 日本マイクログラビティ応用学会編（講談社ブルーバックス）

この本はマイクログラビティという言葉があるように、物質界に現われる無（微小）重力の影響を紹介したブルーバックスである。重力がなくなると熱対流、浮遊、沈降といった我々のおなじみの現象がすべて消えてしまう。このような状況下で我々が地上で体験できない現象をライフサイエンスやマテリアルサイエンスの視点から平易な言葉で、興味深く解説している。この分野は私の専門ではないが、新しい科学分野に夢を見出したいと願っている一人として、読んだ後の感激は久しぶりに学生時代にタイムスリップした感じであった。

2 **『発生現象の細胞社会学』**△ 柴谷篤弘（講談社サイエンティフィク）

この本の初版は一九七九年であり、今となってはかなり古いものであるが、そこには発生生物学における未解決の問題にたいして、理論的研究者である著者の苦悩と格闘の跡をうかがい知ることができる書物である。数学、物理学、化学、生物学など既存の研究分野から飛び出して融合（複合）的な研究分野に興味を抱く人達にとってはぜひ読んでいただきたい書である。

3 東京大学出版会からは数多く出版されているので、推薦するのもなかなか難しいものです。とくに私の専門に近い数学、応用数学、数理生物学の書物に限ると、これまで「UP応用数学選書」「UPバイオロジーシリーズ」があります。そのなかでもあえて二つを（独断と偏見で）選ぶと次の二つになります。

『物理現象のフーリエ解析』小出昭一郎（UP応用数学選書4）

『個体群と環境』高橋史樹（UPバイオロジー48）

山中桂一《やまなかけいいち》（大学院総合文化研究科・教養学部教授／一般言語学・記号論）

1 本との取り組みにもいろいろあり、したがって「印象にのこる」かたちもずいぶん多様だが、ここでは二つの場合だけについて書く。ひとつはわたし個人における忘れがたい読書体験のこと、もうひとつはごく最近の愛読書（？）である。

『善の研究』西田幾多郎（岩波書店・岩波文庫）

ちょうど大学へ入ったころ、何となく迫られるような気がして買い込んだ何冊かのうちのひとつである。『戦争と平和』、『資本論』の二冊には何度かアタックを試みてけっきょく敗退したが、この本は苦労のあげく読み通した。内容について解説するほどの記憶は残っていないけれども、脳漿を絞るような思いで読み進んでいるうちに、しだいにすこしずつ意味が見えて来はじめる、その印象が自分にとっては初めての経験で、読み終えて強い達成感をおぼえた。

The Art of the Novel (Scribner) ヘンリー・ジェイムズ。翻訳はないのではないかと思う。

大学院にはいりたての夏休みに読んだ本である。これはジェイムズが自作の小説に付した解説をまとめて一本にしたものであるが、当の作品そのものをあまり読んでいなかったこともあって、駆け出しの英文科生にとっては晦渋・難解をきわめた。完読はしたけれどもついに分かったという感覚を持つことが出来なかった。いままでもこれは、英語で書かれた最も難解な著作だと思っている。授業でジェイムズの短編を教科書に使いあえなく討ち死にした経験もあるが、その顚末については触れない。

『論理哲学論考』 ルードヴィヒ・ヴィトゲンシュタイン（藤本・坂井訳、法政大学出版局）

これは難解な本だという噂があったので、ずいぶん身構えて取り組んだ。が、案に相違して非常によく理解できた気がした。難解というより、たぶん、さまざまの思考をほとんど際限もなく誘う本というほうがより精確で、この経験が、ヴィトゲンシュタインのほかの著作やノート類にまで進むきっかけになった。

『夏の砦』 辻 邦生（文藝春秋・文春文庫）

いままでの三著とは毛色がかわって、これは小説である。ただし著者はこの作品をたねにして創作論を発表しており（『記号学研究8』、東海大学出版会）、また創作ノートも幾種類か公刊されている（著者のことばによれば、ついに陽の目を見なかったヴァージョンも何種類かあるらしい）。その点でこれは、ドストエーフスキーの『創作ノート』などと並んで、特定の展開や筋立てがどういう意図のもとに選び取られ、また例えば「土蔵のなかの水に落とすローソク」というような謎めいた心覚えが、完成稿でどんな場面として、どのように言語化されているか、創造というものの神秘的な過程をあれこれと推理するうえで興味が尽きない。じっさいには、何とかそれが突き止められないものか考えあぐねているだけなのだが。

2

言語研究の分野で最先端に飛びつくのは簡単である。しかし「よりよく跳ぶためには」つぎの二著あたりまで後戻りしてもらいたいと思う。本心は、いっそのことアリストテレスまでと言いたいところである。

『一般言語学講義』フェルディナン・ド・ソシュール／小林英夫訳（岩波書店）

『ロマーン・ヤーコブソン選集』△ ①―③ 服部四郎、川本茂雄編（大修館書店）

これを並べ読むことによって、ひとつの分野を規定する基本原理がどのようにして導き出され、それが実証と理論によってどのように修正されて行くか、「構造主義」と総称されるパラダイムについてつぶさに実見することができる。もうすこし個別的な言語事実の記述・説明に密着した著書としては、日本を代表するふたりの言語学者の著作を挙げておく。

『英語基礎語彙の研究』△ 服部四郎（三省堂）

『言語の構造』◇ 泉井久之助（紀伊國屋書店）

前者は厳密このうえない実証主義的なアプローチによって、後者は学識と目配りの広さによって、どちらもわが国における言語研究の水準を示した業績であり、言語学という学問の力強さを教えてくれる。

3

この項について書くのは非常にしんどい。『知の技法』からはじめて、『文学の方法』『翻訳の方法』その他、何冊か出版会の本に親しんではいるが、たいてい自分自身や同僚たちが関係しており贅言は避けたいところである。しかしこれらを除くと、読んだことのあるのは『英国社会史』上・下（今井登志喜）一冊だけで、ことさら薦めるのも大いに気が引ける。これは衆人の認める名著であるが、読んだのはずいぶん昔のことで、いまも刊行されているかどうか知らない。

吉井《よしい》 譲《ゆずる》（大学院理学系研究科・天文学教育研究センター教授／銀河天文学）

『日本人の行動パターン』 R・ベネディクト（NHKブックス）

『「甘え」の構造』 土居健郎（弘文堂）

最初の一冊は『菊と刀』の著者が日本人の言動や思考様式を文化人類学の手法で鋭く分析したもので、もう一冊は日本人の相互依存の精神構造を見事に論証したものである。日本の不可解さについて、欧米の友人とかなりしつこく議論を交わしていた頃に読み、とりわけ印象に残っている。

『オーストラリア』△ I・II 福島健次（NHK出版）

初めて長期滞在したオーストラリアで、その文化に触れながら読んだ。理屈ではないレポート形式のこの本は、不慣れな異国での暮らしに大いに役立ち、忘れられない一冊になっている。

『少年H』上・下 妹尾河童（講談社）

戦後生まれの私にこれだけ鮮明に戦時中の人々の暮らしを語ってくれた書物に出会ったことはなかった。久しぶりに引き込まれた。読み継がれていく名著であろう。

『物理学とは何だろうか』上・下　朝永振一郎（岩波新書）
『物理法則はいかにして発見されたか』◇　R・P・ファインマン／江沢　洋訳（ダイヤモンド社）
『宇宙創成はじめの三分間』△　S・ワインバーグ／小尾信彌訳（ダイヤモンド社）
『ホーキング、宇宙を語る——ビッグバンからブラックホールまで』　S・W・ホーキング／林一訳（早川書房）

　私が専門とするところの銀河天文学で薦めたいものは原書ばかりで日本語訳がない。それら原書やいわゆる教科書的なものを列挙することはやめ、そのかわり、物理／宇宙／銀河をキーワードとして一般的な読み物を選んでみた。宇宙に関連するテーマは理論物理学から観測天文学まで実に多岐にわたり、最初に全体像を意識しておかないと、宇宙研究の本筋を見失う危険がある。天文学が現代物理学の発展にどうかかわってきたのか、宇宙論は何を解明しようとしているのか、銀河を研究することが宇宙にどうかかわっているのか。これらの本に刺激されて、読者が本格的な宇宙研究に駆り立てられることを望む。
　ところで、昨年のクローン技術でクローズアップされたように、現代科学の進展がいつも社会にすんなりと受け入れられるわけではない。自然科学の負の側面を私たちに自覚させたもうひとつの例を忘れないために、次の二冊も是非読んで欲しい。

『オッペンハイマー——科学とデーモンの間』△　村山　磐《いわお》（太平出版社）
『科学は変わる——巨大科学への批判』◇　高木仁三郎（東経選書）

ロスアラモスで原子力爆弾を完成させた物理学者の栄誉と悔悟の一生を綴った一冊と、原子力が平和利用されたからといって決して問題は解決しないことを語った一冊である。

最後に、自然科学を志す若い人には、湯川秀樹の自伝を薦めたい。学生時代に読んで深い感動を覚えた本である。

『旅人――ある物理学者の回想』 湯川秀樹（角川文庫）

3 『時と暦』 青木信仰

天体運動に基づいて研究され精密化されてきた「時間」には数千年の歴史がある。何気なく使ってきたこの時間を大事にしたいと思わせる貴重な本である。旧東京天文台時代、私の上司だった青木先生の博識に脱帽した。

1999

文部省は国立大学の法人化を抗いがたいと見て容認。国立大学協会は反対の姿勢を崩さず。しかし、蓮實総長は法人化に反対の記者会見を行う一方、「独立行政法人化を前提とせずに」法人化を「検討する」諮問機関である、「東京大学の設置形態に関する検討会」を発足させる。

二月、東大理科三類（医学部進学）の入試に面接が取り入れられる。外国人学校卒が大学院入試の資格として認められる。

浅香《あさか》吉幹《きちもと》（大学院法学政治学研究科・法学部助教授／英米法）

1 『影をなくした男』シャミッソー／池内紀《おさむ》訳（岩波文庫）

小学生の頃たまたま読んで、「影をなくす」ことが人間にとっていかに大きな問題であるか、と強烈な印象を受けたのであるが、これが有名な本かも知らぬまま成長し、やがてそもそもそんな本を読んだという記憶自体も錯覚ではなかったのか、と思い始めた頃、この新訳が出版された。読書の楽しみはそのような偶然の出会いにあるのかもしれない。

『ホームズ―ラスキ往復書簡集』△ M・D・ハウ編／鵜飼信成訳（岩波現代選書）

アメリカの偉大な老法律家とイギリスの若き大政治学者とが、呆れるほどの読書量と鋭い批判精神とをもって、知の愉しみを伝え合う。自分の不勉強を思い知らされる一冊。

2 イギリスのある高名な弁護士によれば、法を大学で学ぶことは「まったくの時間の浪費である。有為な若者なら六か月も夜学に通えば必要なことをすべて知ることができるし、あとは実地で身につけてゆくことができるのであるから。」大学の法学部では杓子定規に適用される規範を学生にたたき込んでいる、という世間のイメージが正しいとすれば、確かにそんなところで四年も費やす必要はなかろう。実際のところ、教壇から聞こえてくるありがたい教えを唯々諾々とノートにとり、右受領しましたと証する答案を提出すれば、悪い成績がつかずに卒業できるかもしれない。しかしそのような虚しい作業が法学教育であるとは、法学教育の目的と方法に関する長年にわたる議論と実践を経ている現代の法学教師には思いもよらぬことである。自分が何を学んでいるか四年間勘違いしたままで卒業してゆく学生――知識と技術だけが法の構成要素であるという錯覚は、本人が愚かであるというだけですむ問題ではなく、社会にとって迷惑極まりない――はともかく、自分が大学で法を学ぶことにどのような意義があるか真剣に考え始めた諸君は、すでに法学の第一歩を踏み出したといえるであろう。大学コミュニティの一員たる「学生」として――諸君はもはや「生徒」ではない――学問をするための心構えについては、

『うひ山ふみ・鈴屋答問録』 本居宣長（岩波文庫）

『蘭学事始』 杉田玄白（岩波文庫）

無批判に法や正義の名を唱える輩は、「悪しき隣人」とか「法匪」などとして古来から胡散臭いものとみなされている。この際、法や正義を学ぶ過程で、その存立基盤を一度は徹底的に疑ってみることも意味のあることかもしれない。

『原典対照ルイス・キャロル詩集』 ルイス・キャロル／高橋康也、沢崎順之助訳（ちくま文庫）

の中の「スナーク狩り」での不条理な法廷や、

『地下室の手記』 ドストエフスキー／江川 卓訳（新潮文庫）

の露悪家に直面した後に、デマゴーグの甘言やシニシズムの刺激に惑わされることを避けながら、諸君は法のどこに光明を見いだすであろうか。

　諸君がこれから担っていく社会においてどのような法が望ましいかは、現在教壇に立っている法学教師が決めるのではなく、諸君自らで決

めてゆかなければならない。法学教師はその判断の手がかりを提供しているにすぎない。

『マルチメディアと著作権』中山信弘（岩波新書）

では、技術の急速な発展に法がどのように対応してゆくべきか、という宿題を諸君に課している。

3 『法の実現における私人の役割』△ 田中英夫、竹内昭夫

『〈法〉の歴史』村上淳一

この二冊は内容が高度であるが、とにかく一年生の段階で読んでみて、いずれまた四年生になった頃に読み直してみる価値のある本である。人間が動かし人間に関わるものである法が、どのような可能性を秘めているかについて、この二冊はまったく異なる方向から照明をあてて、諸君の頭脳に挑戦している。

天野《あまの》正幸《まさゆき》（大学院人文社会系研究科・文学部教授／ギリシャ哲学）

1 読んで印象に残るような本と言えば、私の場合、文学作品を何冊か挙げるべきでしょうが、私の記憶力が悪い所為か、俄には思い浮かびませんので、最も強く印象に残っている本を一冊だけ挙げておきます。

『緋文字』ホーソン／鈴木重吉訳（新潮文庫）

この本を読んだとき、私は、ひとたび重大な過ち（crime というよりは sin）を犯した人間は、生きるに値するのか、もし値するとすれば、その後どのように生きればよいのか、という問題に悩まされ、未だに答を見出せません。

2 哲学に興味を持っている人には、哲学史の本や解説書を読むよりも、哲学書を（できれば原文で）読むことを勧めます。その

理由は、哲学の本質は哲学史的な知識ではなく哲学的思考に存するからです。

哲学書を読むにしてもどの哲学者を選ぶべきかについては、人によって興味・関心が異なりますから、一概には言えませんが、本格的に哲学を学びたいという人にまず薦めたいのは、

『方法序説』◇デカルト／落合太郎訳（岩波文庫）
『省察』◇デカルト／三木 清訳（岩波文庫）

です（因みに、前者は一般人向けにフランス語で書かれたもので、後者は専門家向けにラテン語で書かれたものです）。そもそも哲学は学問であり理論的な基礎づけを必要とするものなのですが、この二冊はそのことを極めて明瞭に教えてくれます。その内容に関しては批判もありますが、デカルトの方法論には学ぶべきものがあります。

次に薦めたいのは、

『純粋理性批判』カント／篠田英雄訳（岩波文庫）

です。この本は、世界についての我々の認識は、言わば「生《なま》の事実」の受動的な認識というわけではなく、そもそも事実というのは我々が能動的に言わば「構成」するものである、ということを教えてくれます。このような発想の転換をカントは「コペルニクス的転換」と呼んでいます。

私の専門のギリシャ哲学に関しては、以下の入門書的な本を薦めます。

ギリシャ哲学全般に関しては、

『ギリシア哲学史』加藤信朗《しんろう》（東京大学出版会）

ソクラテスに関しては、

『ソクラテス』岩田靖夫（勁草書房）

プラトンに関しては、

『プラトン』斎藤忍随《にんずい》（講談社学術文庫）

なお、先にも述べましたように、哲学に関しては哲学書を読むことが肝要ですから、このよ

うな観点からいくつかの作品を挙げるとすれば、
プラトンに関しては、
『ソクラテスの弁明』久保 勉訳（岩波文庫）
『パイドン』岩田靖夫訳（岩波文庫）
『国家』藤沢令夫《のりお》訳（岩波文庫）

アリストテレスに関しては、
『形而上学』出 隆《いでたかし》訳（岩波文庫）

3 プラトン哲学の入門書として
『初期プラトン哲学』加藤信朗
を薦めます。また、些か専門的ではありますが、
『根拠よりの挑戦――ギリシア哲学究攻』井上 忠
は優れたギリシャ哲学研究書です。更に、
『ギリシア哲学の最前線 Ⅰ・Ⅱ』井上 忠、山本 巍編訳
は、現代欧米のギリシャ哲学研究の最高水準の論文を集めた論文集です。

石岡圭一《いしおかけいいち》（大学院数理科学研究科助教授／地球流体力学）

1 **『ファウンデーション』**アイザック・アシモフ／岡部宏之訳（ハヤカワ文庫）
『三屋清左衛門残日録』藤沢周平（文春文庫）

十代の頃は、小説というといわゆる純文学に傾倒していて「娯楽小説なんて」とちょっと頭でっかちな読書をしていましたが、最近は自分に素直になって、上質のエンターテインメントを求めて小説を読むようになってきました。そういう意味でここに挙げた二冊は、SFと時代小説と対照的なものですが、どちらもその条件を十二分に満たしているだけでなく、独自の広い世界を構築しているものです。

前者はアシモフのライフワークとなる大河シリーズ「銀河帝国興亡史」の幕開けとなる小説で、文明の崩壊の影響を最小限にくいとめるた

めに設立された組織の歴史を描いています。出版が一九五一年ともはや半世紀も前の作品にもかかわらず、科学が細分化されていき、逆に衰退していってしまうさまの描写などは、まるで現代まで見越して警告を与えているようで、まったく古さを感じさせません。

後者はテレビドラマにもなった作者の代表作の一つであり、隠居したものの、御家騒動に巻き込まれることになってしまった武士の物語です。ストーリーの面白さや描写の味わいだけでなく、その文章のリズムの良さには感心させられます。

2

『地球をめぐる風』 廣田 勇（中公新書）
『大気大循環と気候』 廣田 勇（東京大学出版会）

「新入生が専攻を選ぶときのヒントになるような本」ということなので、高校卒業程度の知識でも読める大気科学の入門書を二冊選んでみました。はからずも、両方とも我が恩師の著作になってしまいましたが。

前者は、入門書というよりはむしろ読み物という感じで、成層圏の大気力学の発展の歴史を非常に分かりやすくエキサイティングに語ってくれる本です。物理学や数学の発展史については良書がたくさんありますが、大気科学の発展史を臨場感あふれる筆致で描く本書は希有な存在であり、「これで大気科学を志しました」というのはわたしだけではないと思います。

後者は教養課程クラスの学生を対象に書かれた入門書で、数式などをできるだけ使わずに大気大循環、および気候に関して考える際の基本となる部分について平易に解説してくれています。

3 『気象力学通論』小倉義光
『成層圏と中間圏の大気』松野太郎、島崎達夫

東京大学出版会は大気科学に関する本を出版してくれる希少な出版社のひとつなので、薦めたい本は多いのですが、実際に教科書のように使われている名著二冊を選びました。

前者は大気力学の基本についてまとめた、学部生程度対象の標準的な教科書であり、大気科学を志す日本の学生はかならずお世話になる一冊といえると思います。

後者は中層大気と総称される成層圏と中間圏について、大気力学の専門家と大気化学の専門家が協力して書き下ろした大学院生程度向けの教科書です。最新の研究成果から見ると若干古く感じられる部分もありますが、この分野に関する教科書としては出色の出来栄えであり、世界にも誇れるものといってもよいでしょう。

大《おお》久《く》保《ぼ》修平《しゅうへい》（地震研究所教授／地球計測）

1 『古典の発見』梅原 猛（講談社）

理科に入学した諸君にはを強くすすめたい。

受験古文の呪縛をたちきって、日本の古典教養を身につける糸口になるだろう。個人的な体験を告白すると、博士論文準備中にうっかりこの本を読んだのがきっかけで、岩波古典文学大系にのめり込んだことがある。枕草子・源氏あたりで勢いがついてしまうと、徒然草とか謡曲を経て、西鶴・近松・芭蕉まで読み上げるのはあっと言う間である。

2 筆者は学部三年で、地球の形や位置決定に関する「測地学」の講義を受け持っ

ている。日本の近代測地学の祖、伊能忠敬流にいえば「測天量地の術」である。そこで、彼の測量を題材にした長編

『四千万歩の男』井上ひさし（講談社文庫）

を、立花隆氏に「教養がない」という烙印を押された東大の文科系の諸君にすすめたい。科学とはもっとも遠いところにいそうな戯作者を任ずる井上氏であるけれども、科学とエセ科学（暦学vs.陰陽道）の違いや、科学的態度（「どんな偉い人がいったにしても、全てをまず疑いなさい」）などについての記述は非常に興味深い。これは一九九九年には戯曲として上演されるそうである。

　測量の話がでたついでに、

『地球を測った男たち』フロランス・トリストラム／喜多迅鷹《としたか》、デルマス柚紀子訳（リブロポート）

『経度への挑戦』デーヴァ・ソベル／藤井留美訳（翔泳社）

をすすめておこう。

　前者は三人のフランス人科学者が、「地球の形は縦長の楕円体に近いのか、それとも横長の楕円体に近いのか？」という問に対する答えを得るために、南米において七年の歳月をかけて測量をおこなったときのドラマである。

　後者は「経度のハリソン」とよばれたイギリスの時計職人の物語で、彼の地で二十三週間連続でベストセラーだった本である。緯度は北極星の高度できめられるということは小中学生でも知っているが、経度の決定はむずかしい。しかしこれが出来なければ、大海原を航海する船の位置がわからず、安全な航海はむずかしい。かつての大英帝国が世界に先んじて経度決定に成功したことと、大英帝国が十八世紀以降、七

つの海に覇を唱えたこととは無関係ではないようだ。

ちなみに現在の超大国アメリカ合衆国にGPSという位置決定法（カーナビ等に用いられる）があることを考えあわせると、最先端の測地学と超大国の取り合わせは意味深長である。

3 日常何気なく使っている、経度、緯度、高さの意味を深く考えさせてくれ、かつできるだけ数式を用いないで測地学を解説した本としては、

『測地学入門』△萩原幸男

が手頃な教科書である（残念ながら現在は品切）。

測量と地震研究は深いつながりがあるが、

『地震と断層』島崎邦彦、松田時彦編

をすすめたい。これは、筆者の属する地震研究所の複数の教官が駒場の全学ゼミナールで行なった講義をもとに書きおこされたものである。最先端の話題を初学者のレベルで解説しており、記述も平易な良書である。好きな章から読みはじめられるというのもよい。

草光俊雄《くさみつとしお》（大学院総合文化研究科・教養学部教授／英語）

1 私が英国に留学したときに、何冊か持っていった日本の本で繰り返し読んでその度に心の休まりを感じたのが

『西脇順三郎詩と詩論』△（筑摩書房全六巻）

だった。慶應義塾では経済学部で学んだが、大学院では文学部の授業を好んで聴講した。西脇先生の晩年の演習にも出させて頂いたが、このモダニストの詩人の詩と詩論は異国にいた私の心に深くしみ入るのだった。鮨や天ぷらは食べたいと思わなかったが、西脇先生が永遠の哀

しみを感じるといわれたどじょうやこんにゃくは私の精神の乾きと郷愁とを増幅作用させたものだった。

やはり留学中に読んで強い感銘を受けたのが

『澀江抽斎』森　鷗外（中公文庫）

だった。斬新な手法を駆使して描かれた江戸後期の学者や文人たちの姿を羨望の気持で読み耽ったが、憑かれたように資料を探し求める歴史家鷗外の魅力は丁度歴史研究を始めたばかりの私にとっての励みとなるものであり、その後の範ともなった。

学生時代に大きなショックを受けた本は

『思想のドラマトゥルギー』林　達夫、久野　収

（後に増補版が出た。平凡社ライブラリー）

である。六〇年代の終りに学生時代を送った者の一つの典型として学生運動に明け暮れた。その後研究者を目指そうとしたときに出会い、柔軟な思考とその視野の拡がりに目が眩み、そこで言及されている本に凡て目を通そうとして挫折したのも今から思えば当然だが、その後の自分の研究のヒントがたくさんつまっていたと思いあたることが多い。

2　私の主な研究対象はイギリス近代の社会経済史・文化史だが、この分野の日本語で手に入る良い入門書を見つけるのは難しい。むしろ翻訳だが英国以外の国の歴史書の方に魅力的なものが多いようだ。例えば

『帰ってきたマルタン・ゲール』ナタリー・Z・デーヴィス／成瀬駒男訳（平凡社ライブラリー）

は、歴史家の想像力と文献資料との間の緊張感漲る攻防の面白さに固唾をのむ新しい社会史の傑作で、十六世紀フランスの農村で起きたにせ亭主事件を物語る著者の力量の素晴らしさを充分味わっていただきたい。デーヴィスはつい

最近翻訳の出た
『王の奇跡』マルク・ブロック／井上泰男、渡邊昌美訳（刀水書房）
をパイオニアとして始まった心性史のすぐれた継承者であるが、もう一人現代の歴史家で忘れてはならないのはカルロ・ギンズブルグである。彼の
『チーズとうじ虫』杉山光信訳（みすず書房）
は『マルタン・ゲール』と同時代のイタリアの農村を舞台にした民衆文化の基層を分析したものだが、粉屋メノッキオの心性の拡がりを共感しながら論じる歴史家の筆は専門家以外にも多数の読者を魅了する力をもっている。この二冊を読んだ後、それぞれデーヴィス、ギンズブルグの、より大きな著作に進まれてもよいであろう。

3 **『消費社会の誕生』**ジョオン・サースク／三好洋子訳
は近世イギリス経済史の大家によるオックスフォード大学のフォード講義をまとめたもので、豊富な資料を用いて展開される近世イギリスの息吹きを是非堪能していただきたい。
『支配の代償』木畑洋一
はシリーズ「新しい世界史」の一冊。イギリス人の帝国意識にメスを入れ論議を呼んだ研究だが、今ではイギリス帝国史の必読文献となった。

小《こ》長井《ながい》一男《かずお》（生産技術研究所・第一部教授／耐震構造学）

1 緑陰にひねもす本を広げ、世の喧騒を忘れて……「そんな生活ならなんとか自分でも勤まりそう」と飛び込んだ大学の世界である。しかし書棚のかなりの部分が学内外の委員会やら**【台所の苦しい学会】**運営の資料に埋め尽くされ、また**【巨費科学】**と**【零細科学】**

の予算獲得の狭間で右往左往し、あげくは【墨守すべき理念】と新しい時代へ向けた改変への提言との相克に時間を削られている。とどめは将来の学問の興廃のかかっている重点化された【大学院】で数の増えた研究の〝質〟を落とさない（?）よう悪戦苦闘している。よくも我が身で務まっていると思う。

【 】内の言葉は

『学者の手すさび』伏見康治著作集（全8巻）（みすず書房）

からとった。好きで選んだはずの学問、研究になかなか時間の割けないもどかしさ苛立たしさを募らせているなかで、同業者としての共感を覚えながら、新しい研究への意欲を掻き立てられ励まされる気がして一気に読み終えた。新入生の皆さんより、むしろわれわれ教官が「もって銘すべき」示唆に富んだ随想集かもしれない。しかしともあれ【大学教授の生態】を垣間見ながら、新たな学問探求のありかたを考えるうえで是非薦めたい著作である。

2　三十三歳のときに家族ともども渡米して一年をすごした。歳がばれるが十三年前の話である。その生活の立ち上げのときの苦しい記憶は拭い去りがたい。想定問答集として電話メモを用意したが、受話器を取った瞬間頭が真っ白、保険会社では話が通じず門前払いを食らった。事故車を改造したものと気が付かず購入した車が、電気系統の故障でスラム街で立ち往生。そしてサンルーフからの雨漏り。以来今日まで、英語とは悪戦苦闘である。そんな研究者が薦める英語の本を二つ。

Practical English Usage, Michael Swan 著、Oxford 大学出版会

Technical Writing and Professional Com-

munication for Nonnative Speakers of English, Thomas N. Huckin and Leslie A. Olsen著、McGraw-Hill

あるいは受験英文法の native 版とお考えの諸氏もあるかもしれないが、とにかく、皆さんが社会へ出て活躍する上で英語のイロハを見直す好著と思われる。とくに後者は英語で論文を書く人にとってとりわけ役に立つ。あれから十三年が経つのに英語の上達は遅々として情けなくなるほど……しかし皆さん、たとえどんな赤面ものの失敗を通してでも外国に親友が増えていくことはほんとうに楽しいことです。

自分の専門は耐震構造学なので、やはりその関係の著書も加えておくべきであろう。といってあまりに専門的な著書も薦めるのは少しためらわれる……たとえそれが好著でも。むしろ皆さんには打ち立てられた理論をその優秀な頭脳で辿る以前に、新たな学問の展開への夢と情熱と独創性を育んでいただきたいからである。という意味で、最近読んだ本の中からは

『地震考古学』△寒川《さんがわ》旭《あきら》（中公新書）

誉田山《こんだやま》古墳の前方部北西端の崩壊跡から「日本最大級の古墳が活断層に切断されているのでは？」と、大学院時代に心の深奥に疑問の灯を点した著者は、その後十年を経てこれを世に問い、そしてこれに共感を覚えた人たちと「地震考古学」を立ち上げていく。地下に残された液状化の痕跡の写真は私たち耐震構造の人間にも強烈な印象と、重要な示唆を与えてくれる。

時間を切り刻む生活をしているので、まとまった長文や大作をなかなか読めない。そのため、これまで挙げてきた随想集やら文庫本が勢い私の推薦リストに名を連ねてくる。その意味で絵本もまた楽し。張り詰めた緊張の糸を適度に心

地よくほぐしてくれる。少し値段が高いので新入生の皆さんに薦めるのは幾分ためらわれるが……

『地質スケッチ集』羽《は》田《だ》 忍 （築地書館）

著者も謙遜しながら言っているので、絵の巧拙については論評を差し控える。水彩絵の具で淡く着色されたと思われる各地の地質の何気ないスケッチには、遠い祖先が恐れおののいたかもしれない地盤破壊の痕跡もひっそりと封じ込められている。

3 東京大学出版会の書籍となると、貴重な学術資料的なものばかり手許にあって新入生の皆さんに薦められるものかどうか煩悶する。しかしやはり見た目にも美しく、絵本のように想像を掻き立てられるものとして、

『日本近海海底地形誌』茂木昭夫

また皆さんが2枚の写真を横に並べて裸眼で立体視ができるのなら、

『写真と図でみる地形学』貝塚爽平、太田陽子、小《こ》疇《あぜ》 尚、小池一之、野上道男、町田 洋、米倉伸之編

をお薦めする。大空高くから、大地を俯瞰する鳥になったような子どものような爽快な気分になれること請け合い。

斎藤《さいとう》兆史《よしふみ》（大学院総合文化研究科・教養学部助教授／英語文体論）

1 青春の三種の神器。いずれも大正、昭和初期に愛読された青春の書だが、アナクロ人間の私は、これらを昭和五十年代に読んで大いに感銘を受けた。

『善の研究』西田幾多郎 （岩波文庫）

日本独自の思想体系である西田哲学の原点。「三昧」の境地を思わせる「純粋経験」など、

仏教的とも言える概念が用いられているのは、西田の親友・鈴木大拙の影響だろうか。

『三太郎の日記』◇ 阿部次郎（角川選書）

人生についての思索が満載されている。

『愛と認識との出発』△ 倉田百三（角川文庫）

青春を真摯に生きんとする者への最良の手引き書。いまの感覚からすると、真面目すぎてついて行けないと思うかもしれないが、「後れて来たる青年」を正しく導こうとする著者の情熱に触れるだけでも違う。

2 日本人の手になる三大英文著作。国際化が叫ばれる現在、日本人が自己の文化的独自性を保ちつつ、いかに英語を用いたらよいかについての一つの指針となる。それぞれ翻訳もあるが、英語で読まなければ意味がない。

Bushido, the Soul of Japan 新渡戸稲造（講談社ほか）

日本人の倫理意識の根底にある「武士道」を説き明かした不朽の名著。英国の哲学者トマス・カーライルを思わせる美文調の難解な英文で書かれているが、ぜひ読解に挑戦していただきたい。

The Book of Tea 岡倉天心（講談社ほか）

茶の湯を通じて日本人の美意識を紹介している。新渡戸の英文とは対照的に、小気味よい文体で書かれた短い本なので、さほど苦労せずに読破できると思う。

Zen and Japanese Culture 鈴木大拙（タトル）

日本人の書いた三大英文著作という場合、普通はここに内村鑑三の *How I Became a Christian* が入るのだが、英文の質、および他の二作との内容的な関連性から言ってこちらをすすめる。禅と武士道、茶の湯などとの影響関係を論じているので、前の二作とひと揃いで読むと、日本文化の原点がわかる（ような気がする）。

3 「**知の三部作**」

新入生が専攻を選ぶときのヒントになる本としては、2で挙げたものよりむしろこちらをおすすめする。いずれも小林康夫、船曳建夫編。

『知の技法』＋**『新・知の技法』**

『知の論理』

『知のモラル』

佐藤良明《さとうよしあき》（大学院総合文化研究科・教養学部教授／表象文化論）

発行部数の少ない本のなかに、〝名著〟

3 にはない価値を見出そう。東京大学出版会、私の好きな三冊

『犯罪学——理論的考察』G・B・ヴォルド、T・J・バーナード／平野龍一、岩井弘融監訳

犯罪性および犯罪的人格について古今の理論を紹介する。犯罪者特有の頭蓋骨の研究など、アッと驚く説が続出。理論というものがいかに暴力的たりうるか、知っておくことはたいへん有用だろう。

Man'yōshū, tr. by Ian Hideo Levy

リービ英雄氏による『万葉集』の英訳。日本訳の古文だとなかなか身近に感じにくい世界が、英語を通してだと、シンガーソングライターの甘い世界と重なりあう。『サラダ記念日』より、松任谷由実選「五七五」より、断然すてきだ。

『MRIイヌ・ネコ断層アトラス』舘野之男、山田一孝

画像診断機器の進歩に伴い、身体の内なる世界が視覚経験の最前線として広がってきている。たしかにエグイ。しかしそのエグサから、浄化された現代文明に失われたものが逞しくよみが

えってくる思いがする。医学・生物系志望者のみならず映像を志す諸君にもお薦め。

---

17 **下井《しもい》 守《まもる》**（大学院総合文化研究科・教養学部教授／化学）

『人間臨終図巻』 山田風太郎（徳間書店）

新入生に勧めるにはふさわしくないかもしれないが、とにかく面白い。各界の著名人を死んだ年齢毎にまとめ、それぞれに人となりや死を迎えたときの様子を加えたデータベースであり、英雄、政治家、芸術家、科学者、さらには犯罪者まで九二三名が集められており、興味が尽きない。ちなみに、武田信玄、シェイクスピア、原田甲斐、ナポレオン、野口英世などが私の年齢のところに並んでおり、いやでもせき立てられるのと同時に後ろにはまだまだ長寿で頑張った人たちが並んでいて安心もできる。さすがに十代は少ないが、十七歳で森蘭丸、天草四郎、藤村操、山口二矢《おとや》があげられている。古本屋に勧められ、定価より高い値で購入した。後で廉価版も出たため古本屋が謝っていたが、損をした気にはなっていない。

『江戸名所図会』（ちくま学芸文庫）

『江戸から東京へ』 矢田挿雲（中公文庫）

初めて東京で暮らす方も多いと思う。この大都会には意外と江戸時代からの名ごりが残されている。池波正太郎の『剣客商売』（新潮文庫）『鬼平犯科帳』（文春文庫）などと本書を片手に東京を歩くと面白い。

『メス化する自然（*The Feminization of Nature*）**』** キャドバリー／古草秀子訳（集英社）

『奪われし未来（*Our Stolen Future*）**』** コルボーン他／長尾 力訳（翔泳社）

『環境ホルモン入門』 立花 隆他（新潮社）

軟弱な若者の代名詞として流行語にまでなっているが、「環境ホルモン」は我々の物質観を変えなくてはならないほど重大な問題であり、決して見過ごしてはならない。環境ホルモン関係の本は多数出版されているが、最初の二冊はこの問題に先鞭をつけた名著。原著はどちらもPenguin Booksで手に入るので頑張って読んでみるとよい。最後にあげたものは立花隆氏が本学で開いた全学ゼミの成果である。

The Complete National Geographic

これは書籍ではなく三十枚のCD。National Geographicはナショナル・ジオグラフィック協会から刊行されている一般向け月刊誌で、最近は日本語版も発行されている。写真や図版、地図など見るだけでも楽しい記事を毎号満載している（『マディソン郡の橋』の主人公はこの雑誌のカメラマンという設定）。地理ばかりでなく、自然科学関係の記事も掲載される。広告なども含めて創刊号以来百八年分の全ページをまとめてしまった。三万円足らずという価格も驚異である。

2

『化学結合論△』ポーリング／小泉正夫訳（共立出版）

Symmetry and Structure by S. F. A. Kettle (John Wiley)

『エントロピーと秩序――熱力学第二法則への招待△』P・W・アトキンス／米沢富美子、森弘之訳（日経サイエンス社）

『市民の化学――今日そしてその未来』ピメンテル他／小尾欣一他訳（東京化学同人）

『理科系の作文技術』木下是雄（中公新書）

以上はいずれも五年前のこのアンケートであげた書であるが今回もそのまま推薦したい。推薦理由はそのときのものを読んで頂きたい。

***Oxford Chemistry Primers* シリーズ**（Oxford University Press）

化学のモノグラフシリーズで各冊は九十ページ程度、定価も七ポンド程度に抑えられている。これまでに七十冊近く出版されている。駒場の図書館にも備えられているので、少し覗いてみて興味のある分野を読むとよい。化学英語の勉強もかねて挑戦してもよいだろう。

3 **東大公開講座のシリーズ**◇は特定のテーマについて多面的に解説したもので、どれをとっても面白い。

田《た》中《なか》千《ち》穂《ほ》子《こ》（大学院教育学研究科・教育学部専任講師／発達臨床心理学）

1 人生にとっての大きな問いの一つに、「人はどこから来てどこへ行くのか」とか「なぜ生きるのか」といったものがあります。このような普遍的で永遠の問いの答えというものは、無いか、ごく簡単かのどちらかでしょう。後者で言えば、人として生まれてくるのに、とくに意味はありません。ただ、人は無意味に生きることは難しいので、生きる意味を見いだすために生きるのだと言い換えてもいいと思います。その手がかりのひとつが「本」と呼ばれるものです。それ以外のものは、私たちにとってただの印刷物です。図書館や書店や古本屋といった印刷物の山の中から、自分にとっての「本」を見いだすのは一種の宝探し的な興奮があります。しかし多くの場合は、自ら探すというよりは、そのときどきの関心に従って幸運な出会いに遭遇するといったことの方が多いでしょう。ですから、以下にあげるものは、私にとっての「本」でしかありません。

『ヨブ記――その今日への意義』△ 浅野順一（岩

波新書）

キリスト教の世界は共感する部分も多いのは確かですが、じつは日本人にとって、逆立ちしてもわからない世界でもあると思っています。そのような世界も魅力のひとつです。

『ゲド戦記』ル＝グウィン（岩波書店）

Ⅰ、Ⅱ、Ⅲ、最後の書、という四部作*です。箱庭のように、自分の心の中の散歩を文章でするることができるかもしれません。

『わたしと小鳥とすずと』金子みすゞ童謡集（JULA出版局）

この本のページを開いているときにだけ、限りない「やさしさ」、つまり表の世界の裏側に確かに存在するものへの慈しみや哀しみを思い出すことができるなんて、情けない社会になってしまったものです。

『ゲバラ日記』◇チェ・ゲバラ（みすず書房）

外国へ出ると、日本のパスポートの有り難みを感じます。人として最低限の生き方もできない国から見ると、私たちは信じられないほど幸せです。しかしその幸せの構造が根本的に間違っているとしたら……。

『あのころはフリードリヒがいた』ハンス・ペーター・リヒター（岩波少年文庫）

辛い話です。しかし、今の大人たちの心の影に触れるとき、ちらちらとナチスやヒトラーが顔を出しているのに気がつきます。

『インド・大いなる母――三等列車の旅八〇〇〇キロ』△ヘザー・ウッド（図書出版社）

七〇〇ページを越える本ですが、じつに不思議な魅力に満ちた本です。インドの土埃の匂いがしてくるような、暑い太陽にやかれているよ

＊'03年に第5部刊行。

うな、ガンガーに抱かれているような……。

2 心理臨床は、生きた人間が生きた人間を扱う行為です。心理治療者を志すならば、常に自分自身の心を点検する構えが必要です。それは自分の心を正直にみつめ、ごまかさないことであり、人と関わることによって生じるすべてのことの責任をひきうける覚悟をもっていることです。その気構えがなければ、やるべき学問ではありません。その意味で、学問のなかでも特殊な領域といえるでしょう。自分というものを枠外に置いて考えることはできないからです。自分の心を渦中に置き、それを道具として使わなければならないからです。少なくとも私はそう考えています。

その意味でもまず、理論を構築した人の自伝を読むことは、その理論が作られるにいたった必然性を知る上で有用です。また、外国の理論からの借り物ではなく、自分自身の臨床体験からうみだされ、自分自身の言葉で書き貫かれた書物は、形ばかりが整ってみえるわかった風な理論よりもはるかに優れており、実際の治療の役にたつものです。

『フロイトの生涯』△ アーネスト・ジョーンズ／竹友安彦他訳（紀伊國屋書店）
『ユング自伝Ⅰ・Ⅱ』 ヤッフェ編／河合隼雄他訳（みすず書房）
『少年期の心』 山中康裕（中公新書）
『精神療法と精神分析』 土居健郎（金子書房）
『心理療法論考』 河合隼雄（新曜社）
『母と乳幼児のダイアローグ』 丹羽淑子（山王出版）
『内省心理療法入門』 光元和憲（山王出版）
『治療のこころ　巻1〜巻8』 神田橋條治（花クリニック神田橋研究会）

3 『魂のライフサイクル』西平 直
『文化のなかの子ども』箕浦康子

道垣《どうが》内《うち》弘人《ひろと》（大学院総合文化研究科・教養学部助教授／民法学）

1 まずは、学問という行為に一定の理解を持つことが必要である。もちろん、そのためには、各分野の専門書を精読することも必要だが、最初からそんなに肩肘を張る必要はない。

『日本人と近代科学』△ 渡辺正雄（岩波新書）
『日本の数学』△ 小倉金之助（岩波新書）
『知の職人たち』△ 紀田順一郎（新潮社）
『サル学の現在（上）、（下）』 立花 隆（文春文庫）

などは、気楽に読めて、しかし、姿勢を正しくさせてくれる。

肩肘を張る必要はない、というのは、深く学ばなくてよいということではない。しかめっ面をしなくてよい、ということである。

『漢語の知識』△ 一海《いっかい》知義（岩波ジュニア新書）

は、内容の深さと、文章の難しさは無関係であることを教えてくれる。

さらに、漢文および落語の素養は、様々な文章を理解する基礎となる。文庫で出ている種々の落語本はなるべく読んでおきたい。ギリシャ神話、聖書の知識もその類だが、以上の目的のためには、別に本物を読む必要はない。

『ギリシア・ローマ神話』 ブルフィンチ／野上彌生子訳（岩波文庫）

などは手頃。

2 ここでも、直接に法学の知識を与えてくれる本よりも、法学という学問を追究する姿勢を整えてくれる本の方が重要。

『**嘘の効用**（上）、（下）』末弘厳太《いずた》郎《ろう》（冨山房百科文庫）

は、古いものだし、必ずしも承服しかねる点もあるが、一読に値する。また、

『**法と社会——新しい法学入門**』碧海《あおみ》純一（中公新書）

は必読書だと思う。

3 東京大学出版会は、優れた講座ものをいくつも出版している。そのなかから、興味のわきそうなものを拾い読みしてみると、学問に触れることができる。

『**現代日本社会**』東京大学社会科学研究所編（全七巻）

『**20世紀システム**』同編（全六巻）

が、社会科学の観点からは適している。

中澤恒子《なかざわつねこ》（大学院総合文化研究科・教養学部助教授／言語情報科学専攻）

1 『**クマのプーさん／プー横丁にたった家**』A・A・ミルン／石井桃子訳（岩波書店）

Winnie-the-Pooh, A. A. Milne (Magnet)

The House at Pooh Corner, A. A. Milne (Magnet)

初めて通読したハードカバーの本。初めて通読した原書。クリストファー・ロビンと森の仲間達の世界は今も少しも精彩を失ってはいない。ディズニーのアニメのプーさんではなく、E・H・シェパードの挿絵のイメージにこだわりたい。日本語版も独自の世界を感じさせる名訳であるが、近年幼い甥に読んで聞かせる機会があり、残念ながら音読に向かないことがわかった。

『未知の星を求めて』△ 関 勉《つとむ》（三恵書房）

そう、イケヤ・セキ彗星の関氏の半自叙伝である。この本を読んで彗星にとりつかれることになった往時の若者も多いのではないか。私にとっては、当時東京天文台におられた冨田弘一郎先生を初め実に多くの人との出会いのきっかけとなった。趣味と職業はわけた方がいいと教えてくれたのはそういう人達だった。

2 **『AI奇想曲』** 竹内郁雄編（NTT出版）

中にことばと機械の接点をさぐるエッセイが何点かある。最前線の研究も実は研究者の「あ、おもしろい」から出発しているかもしれないし、偉大な研究者も最初はしろうとであったはずだが、専門家になるとその専門知識故になかなか荒唐無稽なことは言えなくなる。そこを敢えて、専門家が今日の最前線も届かない明日の夢を綴った一冊。

『脳とことば』 岩田 誠（共立出版）

ことばの営みとは誰にとってもあまりに日常的でありながら実はまだよくわかっていないことがたくさんある。本書は初歩知識をわかりやすく提示し、興味深い現象をわかりやすく解説してくれる。うーん、不思議だ、と思わず言いたくなる。心理言語学も認知科学としての言語学も、いつの日か神経言語学に帰する日が来るのではないか。

3 ***The Universe of English II***（東京大学教養学部英語部会編）

The Expanding Universe of English（東京大学教養学部英語教室編）

東大に入学された学生諸氏にとっては避けて卒業できない本であるから、推薦するもしないもないが、読んでいて実におもしろい。エッセイあり、評論あり、相対性理論あり、美術ありで、原書の抜粋を集めたものだが、その分野の広がりと語学の注釈にとどまらない訳注が格好の「読み物」を構成している。私自身、この本がきっかけでオリジナルを求めて読んでみたり、同じ著者の本を探したことが何度かある。授業で強要されて本が楽しく読めたためしなどないかもしれないが、テキストとして使われていることでこの本の本来の楽しさが見失われてしまうことのないよう切に願っている。

長島弘明《ながしまひろあき》（大学院人文社会系研究科・文学部助教授／日本近世文学）

1

『荘子』◇（全六冊）福永光司《みつじ》（朝日新聞社）

朝日中国古典選のうち。思考の緻密さとあきれるほどの飛躍、いわゆる「寓言」の奇矯な表現と論理は散文詩、否、ほとんど象徴詩である。無為自然などというと、いじましい皮肉屋か隠居の口吻を連想しがちだが、実に堂々とした文章であるところがよい。

『櫻史』△山田孝雄《よしお》（講談社学術文庫）

上代から近代に至る文献から、熱狂的な桜マニアの逸話など桜にまつわる様々なエピソードを集めた桜大百科。桜の詩歌のアンソロジーとしても読める。初版は昭和十六年ゆえ大和魂の鼓吹など大時代的で、また名文ともいいかねるが、現在花盛りの日本文化論でこれを超えるものがあるのかどうか。著者は著名な国語学者。

『芽むしり仔撃ち』大江健三郎（新潮文庫）

明治以降の短編、中編の中で、屈指の作品だろう。文学がまだ自閉症に陥っていなかった時代の幸福な記念碑である。初期の大江は今や古典だそうだが、この作品を古典扱いできるほどには、その後の文学史は成熟も進展もしていない。

2

『松尾芭蕉』△ 尾形 仂《つとむ》（筑摩書房）

日本詩人選の一冊。詩人よりも感性の鋭い国文学者がいることを初めて知った。私自身は芭蕉をそれほどには評価しないが、この本の芭蕉は、恐らく実際の芭蕉よりもはるかに魅力的である。

『上田秋成年譜考説』△ 高田 衛（明善堂）

年譜型式の伝記考証だが、作家が書いた伝記小説や評伝よりもおもしろい。研究が文学そのものにもなりうることを示して見せてくれた本。残念ながら新刊では手に入らず、古書も九万円、十万円という値が付いている。

『中村幸彦著述集』◇（全十五冊）中村幸彦（中央公論社）

近世文学（江戸時代文学）研究を切り開き続けてきた人の著作集。驚くべき該博な知識だが、真に驚くべきは、危ないほど大胆な仮説と、それを論定してゆく強引なまでの論理の骨太さである。第二巻「近世的表現」、第八巻「戯作論」をとくに推奨する。

『古典入門』 鈴木日出男ほか（筑摩書房）

自分も執筆している本を挙げるのは気がひけるが、日本の古典文学の面白さ、とくに表現のスリリングな面白さを教えてくれるような本は従来なかった。古典はひからびた教養の宝庫ではない。よい古典は永遠に切実な現代文学である。この本あたりを手がかりにして、食指の動いた古典を一冊丸ごと読むことから始めたらよい。

3

『講座日本思想』（全五冊）相良 亨、尾藤正英、秋山 虔編

思想史・日本史・国文学・宗教学・美術史等々、異分野・隣接領域の共同研究が成果を挙げた稀な例。各巻のテーマに対する各執筆者の

態度の多様さと、にもかかわらず相互にリンクしている様は、テーマと執筆者の選択の妙ゆえか。

『風月無尽』 前野直彬

中国古典に出てくる自然の風物についての学問的なエッセイ。文学における風物に対する観念は、それぞれの文化の象徴体系と不可分であり、たとえば「亀」の日中のイメージの比較などは、卓抜な比較文化論になっている。と、堅いことをいわずとも、深夜本書をひもとけば、何よりも悠揚迫らざる文章にほっとする。

野矢《のや》茂樹《しげき》（大学院総合文化研究科・教養学部助教授／哲学）

大学生だった頃に「読んだ」というよりは自分の中に「しみ込ませていった」本を二つ挙げてみよう。ひとつは

『指輪物語』 J・R・R・トールキン／瀬田貞二訳（評論社）

という、ファンタジーの大古典。構築されている世界の大きさもあるが、登場する者たちの息づかいや彼らが置かれた場の空気の震えがその細部を満たしていて、たまらない。読むのなら、

『ホビットの冒険』 J・R・R・トールキン／瀬田貞二訳（岩波書店）

から読みましょう。もうひとつは、

『瀧口修造の詩的実験 1927～1937』 瀧口修造（思潮社）

磨きぬかれた言葉の形がこよなく美しい。ぼくがもっているのは縮刷版で、元のでかいのを学生の頃古本屋で見つけて、欲しかったけど高いので迷っているうち、売れてしまった。欲しかった。誰か、売ってくれませんか？ それか

ら、西脇順三郎の詩もよく読んだ。愛読という意味ではこっちの方が愛読していた。あ、なんかほかにもいろいろ思い出してきてしまった。でも、このくらいで。

2 哲学の本というのは一回読んだくらいではどうもならないものが多い。でも、一回目がなければ二回目はない。ともかく、岩波文庫でも『世界の名著』でも、いろいろ読んで、そのときになんとなく面白いと感じるものを探して下さい。ぼく自身が最初の出会いで「なんか分からんがめちゃめちゃかっこいい」と思ってしまったのは

『論理哲学論考』 L・ウィトゲンシュタイン／坂井秀寿ほか訳（法政大学出版局） 奥 雅博訳（大修館書店）

　初めて読んでから二十年経ったいま、ようやくまじめに読み始めた。大学院のゼミで春から読んでいるけれど、まだ十ページくらいしか進んでいない（十二月現在）。でも、最初っからこんな読み方してると青春の浪費だからやめなさいね。

3 哲学の道に踏み迷ってしまった原因として、二人の哲学者にぶん殴られたから、という実感がある。ウィトゲンシュタインからはボディ・ブロウを受けた。じわじわ効いた。そして大森荘蔵からはストレートをくらった。呻いてうずくまり、立ち上がったときにはぼくは哲学の人になろうとしていた。実は大森荘蔵からのパンチは書物からではなく、大森先生の（旧）教養学科、科学哲学の授業でなのだが、本としては、その主著と言える

『物と心』

　を挙げたい。ぼくが出ていたときに行われた授業での考察は

『新視覚新論』
にまとめられている。哲学は自分の頭で考えるものということをたたきこまれた。どちらの本にも、生身の思考がさらけだされている。

保《ほ》立《たて》道《みち》久《ひさ》（史料編纂所教授／平安時代史）

1 **『亂世の文学者』**△ 堀田善衛（未来社）

堀田善衛の第一エッセイ集。高校時代に神田の古本屋街でみつけた。最近ではさすがに読むことはなくなり、しかも今、ベルギーのルーヴァン大学に在外研究の機会をあたえられていて、本が手許にないので、どこにそんなに惹かれたのかを具体的に説明することはできないが、当時『文藝』に連載されていた堀田の青春自伝『若き日の詩人たちの肖像』を傍らにおいて、その「思想的」解説のようなものとして読んでいた。第二次大戦の中を生身の人間として生きた堀田の言葉は、高校生にも（あるいは高校生だからこそ）説得的で、一時は寝ても覚めても読んでいたように思う。続いて、堀田の「現代史小説」あるいは「歴史小説」、つまり『広場の孤独』『夜の森』『時間』『歴史』『海鳴りの底から』『審判』『スフィンクス』などもすべて読み、第二エッセイ集の『歴史と運命』も愛読した。一人の作家のものを、文字どおり断簡零墨を問わずにすべて読むというのは、頭蓋の中に一人の別人格をもつとでもいえるような奇妙な体験で、その後繰り返すことはなかった。その意味で、印象に残った本といわれると筆頭に挙がる。

『美しきもの見し人は』◇ 堀田善衛（新潮文庫）

この本の原版がでたのは一九六九年一月。私が読んだのは、文庫本になった一九八三年である。何故でたときに読まなかったのか。金がなかったことは確実だが、おそらく知らなかったのだろう。一九六九年一月といえば東大では七学部団交と確認書締結のまさにそのときで、私も大学一年の冬、ちょうど母校の国際基督教大学で学生運動への参加を周囲から説得されていたときにあたる。とても、このおもにヨーロッパ絵画を扱った本を読むという雰囲気ではなかったに違いない。もし、これをそのときに読んでいたら、もう少し「文化的な」人間になっていたかも知れないと思う。堀田氏がヨーロッパにすみついてしまい、堀田氏はそんなことをいわれたら大変に不愉快であろうが、美術評論家か、文明評論家のようになってしまったことが不満であった。しかし、その事情が、これを読んでいると理解できる気もする。堀田氏は、この九月＊亡くなり、実は、私は出発前後のあわただしさに取り紛れて、そのことを知らずにベルギーにきてしまったが、偶然、唯一「文化的な」本としてもってきていて、氏の小説のあちこちを思い出しながら、愉しんで読んでいる。

2 私の専攻は日本中世史だが、必読文献といえるものは少ない。そもそも学者の仕事は散文的な作業であって、本は道具にすぎず、道具はたくさんなければ仕事にならない。必読ということになれば、哲学と方法論。大学時代は当節流行のチャラチャラしたものは読まずに、何よりもマルクス、ヘーゲルその他、古典的なものを読んでほしいと思う。そういう常識がないと、少なくとも私のような凡人には仕事はできない。そこで、ここでは史料それ自体を挙げることとする。

『今昔物語集（本朝）』（角川文庫）

文庫本にすると、四冊。『今昔物語集』の文

＊'98年9月

章は簡潔で明解、きわめて読みやすい。大短編小説集のつもりで、全部読んでほしい。奈良・平安時代についての常識もつくし、何よりも、当時生きていた人々の息吹きが伝わってくる。そして、現在でも、そこから無数の研究課題を発見できると思う。石母田正氏の名著『中世的世界の形成』が、『今昔物語集』の一つの説話を古文書によって跡づけることから出発しているのは有名な話。

『御伽草子』（岩波文庫など）

『御伽草子』を読んでいると、『今昔物語集』のもっていたような思想や文化の散文精神というべきものは何処にいってしまったのだろう。日本の中世というのは、それをなくしていく時代、やはり退歩の時代であったのではないかと悲しくなる。けれども最近、おそらくそうではなく、単純にみえる『御伽草子』の中には、むしろ中世の文化の多層化・複雑化の過程があらわれているのだと考えるようになった。

『御伽草子』の周辺に存在する諸史料を読み抜き、いつか室町・戦国時代の文化の基底にあったものを考えてみたいというのが、私の夢。見果てぬ夢。

3 笠松宏至氏の二冊の本、

『日本中世法史論』

『中世人との対話』

および同氏が実際上の企画をになったといわれる

『中世の罪と罰』

を挙げる。また一緒に**『法と言葉の中世史』**（平凡社ライブラリー）も読んでほしい。歴史家の場合でも、小説家と同様、その仕事の全体を読むことはいろいろなことを考えさせてくれるが、笠松氏は、現在の中世史学の常識の基礎部分を作り出すのに関わった有数の歴史家であり、その世界を知ることはかけがえのないものを与えてくれる。最初からテーマと方法のきまった論文でなく、まったく新しい史料の収集と本格的な解釈によって独力で自分の道を切り開いていくような論文を書くことは私にはできない。今になっても、読むたびにそう感じさせられるのはなかなかつらいものがあるが、最初に読む人は、そういう感じ方をしなくてもすむだろうと思う。

大和《やまと》裕幸《ひろゆき》（大学院工学系研究科・工学部教授／産業環境学・設計工学）

現代の問題は、人間・社会・科学・文化の不分明な部分にあり、専門を定めない大学の初年級、東大では教養学部、で学ぶことの意味は重要である。筆者は船舶工学科を卒業し、航空機の開発現場で働き、その後大学で産業情報システムのあり方を考えている。工学の基礎は、人間・社会に関する理解と想像力、事実認識と論理性で、いわば「文学と数学」である。環境や高齢化社会など工学の取り組む問題も、汎工学的、あるいは社会・人文科学的側面を多く含むものとなり、文科理科の差も小さくなった感がある。

多くの書物によって想像力を養うことが大事と思う。

『罪と罰』 ドストエフスキー（岩波文庫ほか）

『カラマーゾフの兄弟』 同（岩波文庫ほか）

宗教や歴史的背景などがあり、暗く複雑難解である。しかし、人間の大きさ、深さを感ずることができ、意外に爽快な読後感を味わうことと思う。

『こころ』、**『三四郎』**、**『吾輩は猫である』** など、

夏目漱石（新潮文庫ほか）

社会や人間に対する客観的態度と、人間の倫理的葛藤を知った。岩波書店の漱石全集には日記や書簡集もあり、寺田寅彦などの弟子との交友のありさまも興味深い。

『荘子　内篇、外篇』◇ 福永光司（中国古典選）（朝日文庫、朝日新聞社）

気宇壮大な中国思想を味わえる。湯川秀樹博士の自伝『旅人――ある物理学者の回想』（角川文庫）の中には理論物理学的空想との類似点など興味深い紹介もある。

『プロテスタンティズムの倫理と資本主義の精神』 マックス・ウェーバー／大塚久雄訳（岩波文庫）

資本主義の発展とそれを支える精神的背景を分析した書。教養学部時代に読み、社会の発展と人間の精神の関連づけに感心した。

2

いろいろな分野のもつ広がりと、基本的な現象の記述や理解の仕方を学ぶ時期であろう。

『数理物理学の方法』△ R・クーラン、D・ヒルベルト／斎藤利弥監訳（東京図書）

とんでもなく古めかしい書物で、変分法、固有値問題、偏微分方程式など盛りだくさんでうんざりする。しかし若い時期にこのような大著を少し苦労してでも読むのはそれ自身に意味がある。

『システム工学』△ 近藤次郎（丸善）

システム工学が概観できる。以下のような乗り物図鑑も重要な情報源である。

『ビジュアル版　日本の技術100年』3「造船　鉄道」△、**4「航空機　自動車」**△（筑摩書房）

『大自然のふしぎ　乗り物の図詳図鑑』（学習

研究社）

現代的な課題として、コンピュータ社会における人間と組織の問題がある。基本的な問題とアプローチを明確に把握する意味で例えば以下のような書物が挙げられる。

『システムの科学』H・サイモン／稲葉元吉、吉原英樹訳（パーソナルメディア）

3 理工学に関する東京大学出版会の本は教科書が多く、いずれも名著の誉れ高い。以下のものは一般的に薦められる。

『工学における設計』猪瀬 博編

材料、船舶、建築等について、「設計」という定義しにくい内容をその道の第一人者が苦労しつつ解説している。

『線型代数入門』斎藤正彦

私の手元にある本は学生時代に文科Ｉ類の学生から譲られたものだが、その学生がこの本を大変よく理解していたのには驚いた。

2000

外国の大学との研究交流の協定締結が進む。教師の六十歳定年が段階的に引き上げられ、二〇一三年度には六十五歳定年となる。入試情報の一部が開示される。大学での講義を体験するなどのオープンキャンパスが本郷で開催される。大晦日に新世紀を祝うイベントとして安田講堂のライトアップや連続講演が行われる。卒業式にソウル大学学長が祝辞。三月、駒場寮明け渡し裁判一審は国側の勝訴。

秋田喜代美《あきたきよみ》（大学院教育学研究科・教育学部助教授／学校教育開発学）

1 いのちや生のいとなみを透徹したまなざしでみつめ、現代社会に敷衍する価値に対し著者独自の洗練された文体で問題を提起してきた女性たちの本を紹介したい。

『生きがいについて』神谷美恵子（みすず書房）

学部生時代に私が出会った本の中で最も印象に残っている本である。ハンセン病の人たちと関わる経験から生への思索を深めた本。一度は丁寧に熟読してもらいたい。

『沈黙の春』レイチェル・カーソン／青樹簗一訳（新潮社）

環境汚染問題に社会の目を向けさせる嚆矢を放った本である。科学者としての専門知識に裏づけられながらわかりやすく環境破壊の問題を描き、歴史をかえるのに寄与した数少ない本である。また同著者の、

『センス・オブ・ワンダー』レイチェル・カーソン／上遠恵子訳（新潮社）

は、自然と出会う子どもの感性と大人の役割を考えることができる。写真も大変美しく、疲れた時のリフレッシュ、ちょっと一服時の書になるだろう。

2 研究のための思考法を学ぶには、

『知的複眼思考法』苅谷剛彦（講談社）

『認知科学の方法』佐伯 胖（東京大学出版会）

がお薦め。著者の知の技法、おもしろい研究をうむ思考を学べる。どの専攻を志す人にも読んでみてもらいたい本である。

教育や心理を学ぼうとする人には、

『臨床の知とは何か』中村雄二郎（岩波新書）

『ケアの本質』ミルトン・メイヤロフ／田村 真、向野《むかの》宣之訳（ゆみる出版）

『「からだ」と「ことば」のレッスン』竹内敏晴（講談社現代新書）を薦めたい。いずれも題名からみると、教育や心理と無関係にみえるが、多くの示唆を与えてくれる。

また、『授業研究の歩み』稲垣忠彦（評論社）は書物を通して「授業研究の歴史的展開」について学べると同時に、一人の研究者の歩みを考えることのできる一冊である。

3 『子どもの自分くずしと自分つくり』竹内常一

『シリーズ　学びと文化』佐伯　胖、藤田英典、佐藤　学編　全六巻

『教師と子どもの関係づくり』近藤邦夫

は読みやすいので、教育を考える最初に読まれるとよい。

安藤《あんどう》　宏《ひろし》（大学院人文社会系研究科・文学部助教授／日本近代文学）

1 『遥かなノートル・ダム』（「森有正エッセー集成3」ちくま学芸文庫）

二十歳前後、精神的に最も不安定であった時期に、ある種宗教的な渇仰を以て読んだ。「ことば」をつてに状況といかにかかわっていくか、という基本的な心構えを教わったように思う。

『夜叉ケ池　天守物語』泉　鏡花（岩波文庫）

非業の運命を辿る恋人たちが、妖怪に転生する壮大なロマン。五百年後、たとえ漱石、鷗外の名は消えても鏡花だけは読み継がれるだろう、という説があるが、この本一冊を読み下す一〜二時間の体験は、近・現代文学に対する見方を根本から変えてくれるにちがいない。

『あいだ』木村　敏（弘文堂思想選書）

実体論的な思考から関係論的な発想へ。ポス

トモダニズムの課題をこのようにわかりやすく、興味深い言葉で説き聞かせてくれる本も少ないだろう。

『人生について』 小林秀雄（中公文庫）

近年、若い読者がめっきり減りつつあるからこそ、逆にすすめたい。「常識について」は、今日の状況にあまりよく当てはまるのでぎょっとさせられる。末尾の「信ずることと知ること」を手がかりに、柳田国男の世界に入っていって欲しい。

2 **『芸術と実生活』**◇（「平野謙全集」2、新潮社）

いわゆる「平野公式」は永遠のテーマ。希代の読み巧者、とでも言ったらよいのだろうか。小説を読む〝うまさ〟で、この人の右に出る人はいない。今、あらためて彼を批判的に乗り越えていく心構えが必要なのではないか。

『都市空間のなかの文学』 前田 愛（ちくま学芸文庫）

個々の疑問を越えて、おもわずつりこまれてしまう魅力がある。資料操作の手順、論の運び方を含め、研究論文の文体について、多く考えさせられる。

3 **『日本の近代小説　作品論の現在』**◇ I・II 三好行雄編

「作品論」という名のプリンシプルは存在しない。「作品」を基点に、人間と、言葉と、状況の関係を論理的に解析していく多角的な方法を、この本を媒介に開拓していって欲しい。

石井《いしい》洋二《ようじ》郎《ろう》（大学院総合文化研究科・教養学部教授／地域文化研究・フランス語）

1 **『エロティシズム』** ジョルジュ・バタイユ／澁澤龍彦訳（二見書房）

エロティシズムとは「死にまで至る生の称揚」であるという冒頭の一文には、今読んでも痺れてしまいます（普段はそんな顔はまったく見せていませんが）。この本に限らず、学生時代に耽読したバタイユの著作からは非常に強烈な印象を受けました。振り返ってみれば、その時々に自分の価値体系を揺さぶったりくつがえしたりしてきた書物が、結局は最も印象に残っている書物ということになります。そんな書物に出会う機会はそれほど多いわけではないので、二十歳前後の時期にぜひ見境なく濫読して多方面から自分に揺さぶりをかけてください。

2 **『オリエンタリズム』上・下**　エドワード・W・サイード／板垣雄三、杉田英明監修／今沢紀子訳（平凡社ライブラリー）

フランス文学研究から出発したものの、現在は駒場の大学院で「地域文化研究」という名称の専攻に所属している私としては、やはり横断的視野をもった野心的な学生諸君にぜひこの学問を志してほしいと思います。その意味で、まず第一に必読文献として挙げなければならないのが本書。自己同一性と他者性のはざまで思考する複合的な言説は、どの地域を対象として扱うにしても、またどの分野に依拠するにしても、一度は通過しなければならない現代の古典です。ある程度この方面への関心が芽生えたところで読んでみるといいでしょう。

3 シリーズ「リベラル・アーツ」

現時点では、

西谷 修**『夜の鼓動にふれる』**
小森陽一**『出来事としての読むこと』**
桑野 隆**『夢みる権利』**
丹治 愛**『ドラキュラの世紀末』**
工藤庸子**『恋愛小説のレトリック』**

の五冊が出ていますが、この記事が皆さんの目に触れる頃には拙著**『文学の思考』**も仲間入りしているはずです。駒場における教育の精神を集約する「リベラル・アーツ」という定義しがたいタームの意味するところは、これら複数の書物を読んでいく中でみずから実感していただくのが一番であるというのが、私の確信です。

宇野《うの》重規《しげき》（社会科学研究所助教授／政治思想史）

1 人文・社会的な知とは、社会の仕組みや変化を批判的に理解していく営みです。ただその場合、社会を見る目というものは、先行する知の蓄積をふまえつつも、自前で養っていかなければなりません。そういう意味で、

『ギボン自伝』エドワード・ギボン／中野好之訳（ちくま学芸文庫）

『民俗学の旅』宮本常一《つねいち》（講談社学術文庫）

はとてもおもしろい本です。この二冊は、十八世紀イギリスの歴史家、現代日本の民俗学者の違いはあれ、すぐれた自伝であると同時に、いかに「社会を見る目」を養うかを示す良い実例となっています。二人とも大学の外で自らの知を組み立てていった人なので、大学に入ってきたばかりのみなさんに薦めるのもなんなのですが……。

2 私を政治思想史研究へと導いたのは何であったかをふりかえると、やはり丸山真男の著作を思い出します。はじめて読んだのは大学二年の時でした。難しくて完全には理解できないけれど、ここには本当の「思考」がある、とそのとき感じました。ここでは入手しやすさも考えて、

『日本の思想』丸山真男（岩波新書）

をあげておきます。

もう一冊、これは広く歴史学一般への誘いとして、

『歴史とは何か』Ｅ・Ｈ・カー／清水幾太郎訳（岩波新書）

私たちは事実と価値、個人と社会、過去と現在などを、完全に切り離して考えがちです。確かにそうすればすっきりします。でも、なにか肝心なことが抜け落ちる思いも消えません。これらの二項対立をあいまいにするのではなく、その微妙な関係を徹底して考えぬくことを教えてくれるのが、この本です。

3 **『政治学史』**福田歓一
『政治学講義』佐々木毅

この二冊はどちらも、教科書として書かれたものですが、優れた教科書にはかならずメッセージがあります。両者とも、政治を新聞の政治欄（政界欄!?）的なものに限定せず、自らの内に葛藤や両義性をかかえた人間が、自己を解釈し他者との関係を築きあげていく営みの総体の中において、もう一度政治を考えていこうとします。

大堀壽夫《おおほりとしお》（大学院総合文化研究科・教養学部助教授／言語学）

1 これまで読んできた書物だが、あまり覚えていない。

それでも／それゆえ今の自分があるとなれば、身の内どこかに肉化されているのであろう。読書体験の共有度は弱い世代だと思う。

そんななかで思い出すのは、今はなきサンリオ文庫だ。貴重書となってしまった一冊が――

『時は準宝石の螺旋のように』Ｓ・ディレーニ（サンリオＳＦ文庫）

『バベル-17』S・ディレーニ（ハヤカワ文庫）
は言語テーマSFの傑作。
オールディス、ディック、ブラッドベリ、レム、シマック、ティプトリーもラファティーも、ああキリがない。好きだっ、SF！　現役の日本作家では神林長平だろうか――

『我語りて世界あり』（ハヤカワ文庫）
などなど、言語テーマの作品はとくにおすすめ。

2　認知論関係でいえば一点――

『認知意味論』G・レイコフ（紀伊國屋書店）
同系列の書物として

『心のなかの身体』M・ジョンソン（紀伊國屋書店）

『詩と認知』G・レイコフ&M・ターナー（紀伊國屋書店）

『レトリックと人生』G・レイコフ&M・ジョンソン（大修館書店）
言語学については数あるが、専攻のホームページに案内をのせたのでどうぞ（http://gamp.c.u-tokyo.ac.jp で私のところをクリック）。
それよりも、学生諸氏にはコトバの律動＝文体を身につけることをして欲しい。無論これは文科系に限ったことではない。一流の科学者が秀でた文体の持ち主であったことを忘れてはならない。それと、英語がペラペラになりたいあなた、最良の予備トレーニングとして独り芝居などどうだろうか――

Richard III, W. Shakespeare（諸版あり）
冒頭のリチャードの台詞におのが鬱屈を叩き込んで何百回でもシャウトすべし。ついでに教養まで身についてしまうかも知れないぞ。

専門外だが、学問の楽しさを教えてくれるのが――

3 『恐竜学△』小畠郁生（編著）

ギャグではない。一線の学者たちによる恐竜の生態についての研究である。

専門の立場からは――

『シリーズ言語科学』全五巻　坂原　茂（編集）

をあげる。今年度中に全巻刊行の予定。現代言語学の展開を知る上で格好のシリーズとなるであろう。

岸本美緒《きしもとみお》（大学院人文社会系研究科・文学部教授／東洋史）

七年前に一度掲載していただいたので、前回と重ならない本を挙げます。

1 井伏鱒二の初期短編「夜ふけと梅の花」など。青春のモヤモヤした鬱屈と不安が純粋凝縮されている感じで、非常に好きであった。

『儒林外史△』呉　敬梓／稲田　孝訳（平凡社）

明清時代の知識人の生態を描いた清代中期の小説。学部時代に読んだときは、貧相な小人物がたくさん出てきてしまりのないエピソードが続く退屈な本だと感じたが、十年ほど前、必要があって原書を手にしたところ、その面白さに魅せられ、線をひきひき夢中で読んでしまった。粘着的な細部描写の凄さが私にもある程度わかるようになったということである。

2 東洋史入門の必読文献と言えるかどうかわかりませんが、私が心の底から面白いと思い、専門の中国史研究の上でも大いに影響を受けた社会科学の名著を数点。

『小農経済の原理△』チャヤノフ／磯辺秀俊他訳（大明堂）

作者は、ロシア革命とその後の激動の時代に生きたネオ・ナロードニキの経済学者。家族経営を行う小農民は、どのようなカテゴリーを用いて収益を計算し、それに基づく経済活動を行っているのか。資本主義経営と異なるもう一つの「合理性」のあり方が鮮やかに提示される。

『自由からの逃走』 フロム／日高六郎訳（東京創元新社）

作者はナチズム時代にアメリカに亡命したドイツの社会心理学者。伝統社会の絆から解放された下層中産階級の不安な心情、権威を求める大衆の自発的な結集のなかにナチズム権力の基礎を求めている。

大学に入って間もなく読み、「自由からの逃走」の逆説に衝撃を受けた。本書のテーマをなす不安感は他人事ではないと感じられた。

『法の概念』 ハート／矢崎光圀監訳（みすず書房）

読んだのは数年前。清代の民事契約関係の論文を書いたので、法というものについてちょっと常識をつけておこうと軽い気持ちで読みはじめたが、原理的考察の深さと面白さに圧倒された。法の世界の自律性と開放性が、鋭くしかも納得できる形で示されている。

3 **『近世日本社会と宋学』、『東アジアの王権と思想』** 渡辺 浩

論旨明快、イメージ豊かで、専門外の読者も楽しく読める切れ味鋭い本。

北岡伸一《きたおかしんいち》（大学院法学政治学研究科・法学部教授／日本政治外交史）

1 **『徒然草』** 吉田兼好（岩波文庫）

『歎異抄』 親鸞（岩波書店）

『恋愛名歌集』 萩原朔太郎（新潮文庫）

せっかく日本語を使いこなせるのだから、日本の古典を楽しみたいものだ。千年も前の文学に、当時の人と同じように感動出来るなんて、素晴らしいことだと思う。前二者については説明は不要。思想としても文学としても、日本人が生んだ最高傑作の一つだと思う。第三は、朔太郎が独自の観点から選んだ名歌集であり、和歌に親しむのに絶好の本。

2

『官僚たちの夏』城山三郎（新潮文庫）

『池田勇人　その生と死』伊藤昌哉（至誠堂）

私の専門は政治学であり、とくに近代日本の政治と外交の歴史である。その入門の入門として、右のような本はどうだろうか。前者は一九五〇年代から六〇年代にかけての通産官僚の活動を描いた小説で、日本の官僚について理解するために必読の本。後者は、池田勇人の秘書官だった人物による伝記。政治家池田を内側から描き出した、戦後政治家の伝記として屈指のもの。

『職業としての政治』マックス・ヴェーバー／脇 圭平訳（岩波文庫）

『学問のすゝめ』、**『文明論之概略』**福澤諭吉（岩波文庫）

政治の本質というようなことを考えると、ヴェーバーの本を挙げないわけにはいかない。政治の類型、発展などを古今東西の歴史の中に探りながら、政治家の条件を考察した著作。また日本の政治を理解し、近代日本を理解するためには、福澤を超えるものはまだないように思う。福澤以外にも、近代日本の優れた知性による政治評論は、政治学を学ぶためにも、日本近代史を学ぶためにも、大いに勧めたい。吉野作造、石橋湛山など、何度読んでもそのリアルな洞察と視点の高さにうたれる。

『「死の跳躍」を越えて』△ 佐藤誠三郎（都市出版）

『太平洋戦争とは何だったのか』クリストファー・ソーン／市川洋一訳（草思社）

日本政治外交史とはどういうものかを知りたい人には、佐藤教授の素晴らしい論文集を勧めたい。「死の跳躍」とは、明治の医師ベルツの言葉で、失敗すると首の骨を折ってしまうような危険な跳躍という意味で、近代化をめざす日本の歩みをさす。また、太平洋戦争の意味については、ソーン教授の著書を読んでほしい。太平洋戦争がアジアをどう変えたかを淡々と描き出して感動的でさえある。

3 『明治憲法体制の確立』△ 坂野潤治

『新版大正デモクラシー論』三谷太一郎

『昭和初期政治史研究』伊藤 隆

東京大学出版会からは、日本政治外交史のよい本がたくさん出ている。そのうちから、明治、大正、昭和について、一冊ずつ挙げておく。いずれも独自のスタイルの中に、時代の個性を鋭く描き出した名著である。

黒住《くろずみ》 真《まこと》（大学院総合文化研究科・教養学部教授／日本思想史・倫理学）

1 『新共同訳 旧新約聖書』（日本聖書協会）

「若い時にしか読めない本を読んでおけ」という言葉を新入生のころ大人たちからよく聞いた。それを今そのまま伝えたい気がする。「若い時にしか読めない本」とは、基本書・大部の書という意味である。この言葉に従ってか、私は文学・哲学・社会科学などの古典や全集をわからないままいろいろ読んだ。大学一年のときまず思い立ったのは『聖書』の通読。地図や辞典を手に何カ月かで読み終わった。さまざまな古典読みを通じて自分が何か変わったなどとはとうてい言えない。けれど後にときどき思い起こす思考や想像の種子、出来事への興味、価値に対する憧れと畏敬の感、そうしたものがどこかで作られた気がする。

　アジア的思想や欧米における直感的思想の伝統は、今後、二十一世紀的な意味を持ってくるだろう。これからの人は、論理的で反省的な思考をしっかり身につけるとともに、アジア諸地域の思想や感性を知ることも必須だと思う。この後者について、

『仏教◇』ベック／渡辺照宏《しょうこう》他訳

を始めとするインド思想・仏典が、中国・日本への展開も含めて岩波文庫にある。また、

『老子／荘子◇』（「世界の名著」、中公バックス）

など中国古典とくに道家系は、女性的なものの論理を考える上でも重要だ。思考の冒険という点では、

『最後の日記』クリシュナムルティ／高橋重敏訳（平河出版社）

などクリシュナムルティの書は、この上ないラディカルな「脱構築」の呼びかけとして読めるが、しかもどこまでも美しい自然を見失わない。

　自然の一部である自身の生きた身や心と一体どうつき合うかは最も重要なことだ。ところが、現代の多くのメディアのみならず、アカデミズム自体が、むしろそのことから私たちを引き離す。この点をこそ批判し、また自身をふりかえるという意味で、

『野口晴哉著作全集△』（全生社）

『ユングとシュタイナー△』ゲルハルト・ヴェーア／石井 良、深澤英隆訳（人智学出版社）

を勧める。前者は言葉を絶した、しかし最も

日常的な感覚にもとづく生の世界を掘り起こした人の言葉。後者は、感傷的なブームを乗り越えて進む手がかりの一つとして。

2 近世から近代の日本の諸思想・宗教と倫理形成のあり方に私は関心がある。日本思想史は若い学問なので概説書や「定説」が無いが、しかしそれだけ自由な冒険に満ちている。津田、村岡、和辻から現代の源、湯浅、尾藤、子安までそれぞれ得るところが多い。ここでは、「思想」と「歴史」をそれぞれ深いところで結びつける安丸の書をあげる。

『出口なお』安丸良夫（朝日選書）

『日本の近代化と民衆思想』△ 安丸良夫（平凡社ライブラリー）

想像力こそが人間を動かしている。そのことについて安丸は内省と考察を促す。また、

『ニコマコス倫理学』アリストテレス／高田三郎訳（岩波文庫）

は、現代の規範観念では失われた人生の分析論としていまも示唆するところが多い。

3 『丸山眞男講義録』丸山眞男（全七冊）

『日本人の心』◇ 相良亨（UP選書）

『分裂病の精神病理』笠原 嘉《よみし》他編著（シリーズ）

最初の二つは、信奉すべきだからではなく、説得しつつも乗り越えることを促すその正直さゆえに学ぶべき書。現代社会には、ナルシシズムとその脅かしが広がっているようだ。しかし私たちは、「気が違う」ことを自己愛的に排除するよりもむしろ自分たちの内に認めることから、将来を形成する必要があるのではないか。その意味で、最後に七〇年代の遺産ともいうべきシリーズをあげる。

薩摩順吉《さつまじゅんきち》（大学院数理科学研究科教授／応用数理）

1 本を読む目的には、新しい知識や考え方を学ぶこと、自分の考え方を補強すること、感動することの三つがあると思います。若いときからいろいろな本を読んできましたが、最近では一時間半以上かかる通勤時がそのための時間となっています。同僚のT氏と主に古本のトレードをして、月一〇冊以上文庫本や新書本を手当たり次第に読むというわけです。ここではそんなふうに最近一カ月間読んだ本の中から三つ挙げておきます。

『日本人はなぜ英語ができないか』鈴木孝夫（岩波新書）

自分の考え方を補強する本の一冊で、とくに英語教育のあり方について、そのとおりだと納得しました。

『閉鎖病棟』帚木蓬生《ははきぎほうせい》（新潮文庫）

著者は仏文科を卒業してテレビ局で二年勤めたあと、医学部に入り現在は精神科医をしながら執筆活動を行っています。この本は精神科病棟を患者の視点から捉えたもので、この一カ月でもっとも感動した本です。

『チャップリン自伝』中野好夫訳（新潮文庫）

チャップリンが率直に自分の一生を振り返った本で、天才といわれる人がその背後にどれだけの苦労をもっているか、またどれだけ誠実に生きてきたかを知り、やはり感動した本の一つです。

2 学問に王道なしといわれますが、とくに数学・物理は煉瓦積みのようなもので、一歩一歩着実に学んでいかなければなりません。新しい知識や考え方を学ぶのは簡単に電車の中でというわけにはいきません。私たちが学生・

大学院生の頃手にしたものとして、

『スミルノフ高等数学教程』（共立出版）

『ランダウ＝リフシッツ理論物理学教程』（東京図書・岩波書店）

があります。ともに一〇冊を越える大作であり、すべて読破したわけではありませんが、今でも参考書として大いに役立っています。この頃はポイントだけを押さえた本なども出版されていますが（私もそのような本を書いています）、それだけにとどまらず、是非このような大著にも挑戦して下さい。

ごく最近、

『科学と幸福』佐藤文隆（岩波現代文庫）

という本が出版されました。近年、放射能・環境ホルモン・遺伝子操作等々、私たち科学者の気持を暗くする事柄がたくさんあります。科学はどうあるべきか、一流の科学者が書いた本を読んで、是非若い皆さんもこの問題を考えてください。

3

『複素函数論』犬井鉄郎、石津武彦

函数論を教えるとき、まず第一に推薦する参考書です。一九六六年に出版された本ですが、数学を使う人の立場に立ち、かつ数学的にもしっかりした本です。新しいものが決していいわけではない一つの見本と言っていいでしょう。

基礎工学双書に良書がいくつかありますが、その中でとくに、

『常微分方程式』田辺行人、藤原毅夫

は大好きな本です。微分方程式の古典的な結果、現代的な手法を要領よくまとめてあり、執筆作業をするとき、いつも見事だと感じさせられます。

基礎数学シリーズも著者たちが全力投球した

良書がたくさんあります。三つ紹介しておきましょう。

『線型代数入門』斎藤正彦

『解析入門』Ⅰ・Ⅱ　杉浦光夫

『解析演習』杉浦光夫、清水英男、金子　晃、岡本和夫

大学教師も忙しくなり、こうした名著が出なくなっているようです。世間で取りざたされている大学の独立法人化が実施されれば、ますます事態が悪化するに違いありません。

佐藤《さとう》　仁《じん》（大学院新領域創成科学研究科助教授／環境・資源政策論）

人間にはおおよそ狐型とハリネズミ型の二種類いる。アイザイア・バーリンは『ハリネズミと狐』（河合秀和訳、岩波文庫）の中で、そう書いている。狐は多くの細かいことを知っているが、ハリネズミは一つだけだがでかいことを知っている。なるほど、研究者の世界もこの分類が当てはまるようだ。一つの壮大な理論や前提の下に、すべてのことを従属させて説明したがる先生と、必ずしもきれいに統一されていないが、多元的かつ具体的な物事に興味をもち、真理の複数性を少なくとも直感的に認めている先生。社会科学で言えば、経済学者の多くはハリネズミだろうし、私の知るかぎり、地域研究者や文化人類学者の多くは狐である。どちらが良い悪いという話ではない。大切なのは、分けたり、くくったりする行為こそ「研究すること」の中枢部分であり、慎重に行わなくてはならないという点である。

さて、一見平凡で具体的な物事をこよなく愛し、その普遍的な意味を同定することに尽力してきた学問に文化人類学がある。私は途上国を

主な舞台とする天然資源管理を専門としているが、方法論的には文化人類学的な伝統に依拠してきた。そうしたバックグラウンドから、途上国問題を考える学生諸君に是非読んでほしいのが、

『現代世界と人類学』△ レヴィ＝ストロース／川田順造、渡辺公三訳（サイマル出版会）

である。辺境に暮らす奇異な人々を研究する風変わりな学問と思われがちな文化人類学だが、この本がとても平易な語り口でその偏見を正し、「後れた国々」や「貧しい人々」に接する作法を教えてくれよう。

2 「貧しい人々」といえば、途上国研究の歴史を振り返ると、基本的に同じような概念や考え方が衣を変えて反復することに気づく。「貧困」の定義をめぐる議論もしかり。大正時代に書かれた、

『貧乏物語』△ 河上 肇（岩波文庫）

と、厚生経済学の分野で一九九八年にノーベル賞をもらった、

『不平等の再検討』 アマルティア・セン／池本幸生、野上裕生《ひろき》、佐藤 仁訳（岩波書店）

を読み比べてみよう。たとえば、「断食している人と、飢餓を強いられている人とでは同じ栄養失調とはいえ区別されねばならない」というセン理論の核心は、「自発的な貧乏と強制された貧乏を区別する必要性」を説いた河上の主張と重なる。その時々に注目される基本的なアイデアが、実はもっと以前から存在するという事実は、変化しているのがアイデアではなく、それを受け入れる社会的風土の方であることを示しているのではなかろうか。

3 環境問題の社会科学的な研究をはじめたい人には、

『社会的共通資本』宇沢弘文、茂木愛一郎編を薦めたい。この本で扱われている「入会」や「コモンズ」の管理問題は、伝統的な学問分野の一つに収まりきらない広がりをもっている。「資源と人」の問題は、結局は「人と人」の問題であることを感じ取ってほしい。

『実践としての統計学』佐伯 胖、松原 望編

「何をデータとみなすかは、分析者が自らの価値観にもとづいて決めることなのである。」調査・研究の手段と目的を考える手がかりに、あるいは「問題」を正しく設定する縁に、この本を利用してほしい。

杉原厚吉《すぎはらこうきち》（大学院工学系研究科・工学部教授／数理工学）

1

私の読書は系統性のない乱読であるが、その中から言葉とコミュニケーションに焦点を当ててみる（と気取ってみても、結局はやはり系統性のないことを露呈するだけであるが）。

『思考と行動における言語』S・I・ハヤカワ／大久保忠利訳（岩波書店）

言葉のもつ機能の多様さと力の大きさを教えてくれた本。大学院生時代、偶然読み出したらやめられず、一気に最後まで読んでしまった。

『実戦・日本語の作文技術』本多勝一（朝日新聞社、朝日文庫）

この著者の作文技術に関する本はどれもすばらしいが、とくにこの本は、読点の打ち方に関する私の長年のモヤモヤを吹き飛ばしてくれた。

『ことばの差別』田中克彦（農山漁村文化協会、人間選書）

同じ著者の『チョムスキー』を読んで以来、この著者のファンである。最近この本から、論

文の書き方をしたり顔で学生に説いている自分が「差別」に加担していることを知らされて、大きなショックを受けた。

『コミュニケーション不全症候群』中島　梓（筑摩書房、ちくま文庫）

学生との接し方にとまどうことがよくあるが、「他の存在様式に対する想像力の欠如」というこの本の指摘に納得してしまった。

『談話の文法』久野　暲《すすむ》（大修館書店）

文をまたがる構造の中に「文法」を見い出そうとするこの著者の視点に感動した。

『ベストセラー小説の書き方』ディーン・R・クーンツ／大出　健訳（朝日新聞社、朝日文庫）

ベストセラーの作り方に明確な技術のあることが興味深い。この技術を、研究助成の申請書作りに応用したら……？

『誤訳迷訳欠陥翻訳』△別宮貞徳（文藝春秋）

「悪役」ならぬ「悪訳」が、鋭い剣でバッタバッタと斬られていく。翻訳などという恐ろしい仕事は、ゆめゆめ引き受けまいという気になる。

2 『統計技法』宮川雅巳（共立出版、工系数学講座）

統計の教科書であるが、その中にたくさんちりばめられている例がすばらしい。これらの例を通して、統計が身近でおもしろいものであることを学べるだろう。

『有限要素と近似』△O・C・ジェンキェヴィッチ、K・モーガン／伊理正夫、伊理由美訳（啓学出版）

偏微分方程式の近似解法である有限要素法の基礎をわかりやすく説いた教科書。有限要素法の本を何冊も読んだけどよくわからないという人も、この本ならわかるだろう。

3 **『乱数』** 伏見正則（UP応用数学選書）

乱数は、地味ではあるが、計算実験になくてはならない道具である。この本は、長年使われてきた合同法という乱数発生法が、大規模実験には不向きであるという認識のもとに、乱数の良さの検定法と、良い乱数の発生法を解説したものである。研究の上で大規模な計算実験を行なう必要に迫られた私にとって、この本の手法は大変役立った。

『物理学序論としての力学』 藤原邦男

力学を、完成された体系としてではなく、人間が試行錯誤をくり返しながら、次第に作り上げてきたものとして解説してある。この本の「はしがき」には、知識の伝達ではなくて研究者の養成という使命を課したとあるが、著者のその情熱が伝わってくる本である。

鈴木《すずき》宏二《こうじ》郎《ろう》（大学院新領域創成科学研究科助教授／先端エネルギー工学）

ふと思い出して、読み返している本を挙げてみたい。

1 **『阿《あ》房《ほう》列車』** 内田百閒（旺文社文庫）

「用事がない、実益がない」ことを旗じるしに汽車の旅を続けた作者の姿は、通勤の満員電車の中で読んでいると何ともうらやましく感じられる。また、日本語の達人の手による文章を読んでいると、ことばが流れていて実に気持ちがいい。

『月山』 森 敦（文春文庫）

もしかすると研究者に共通して言えるのかも知れないが、何かに「こもる」ことへの願望がある。作者は生と死の相互関係といった大きなテーマを語りかけているのだろうが、何よりもまず、和紙の蚊帳に包まれ夢と現の混沌の別世界で時間を過ごす主人公にちょっとした羨望を覚えてしまう。

2

本にも出会いがあると思っている。これはおもしろそうだというテーマを嗅ぎとる"鼻"と、それに食らいついていける"歯"を絶えず養って欲しい。

『手作りスーパーコンピュータへの挑戦』△ 杉本大一郎（講談社ブルーバックス）

この本は、天文学者が研究のため専用コンピューターを製作してしまった話である。コンピューターに限らず、われわれは自分があくまでユーザーであると思い込んでいることが案外多いのではないだろうか。本当に必要とするものは待っていてはだめだということをあらためて教えられる気がする。

『流れ学』 谷 一郎（岩波全書）

遅い流れから速い流れまで、多種多様な流れの物理が解説されている。しかし、コンパクトな入門書と思ってかかると一行一行が意外と手強いのに気づくだろう。この本で、とは限らないが、若いうちに物理的洞察力をつけて欲しい。科学技術の最前線で求められるのは、新しい知識や技術ではなく、正しい物理解釈のセンスであることが多い。

3

『流体力学の数値計算法』 藤井孝藏

コンピューターシミュレーションから

流体力学に魅力を感じる学生も多いと思う。本書はその原理を説く入門書である。やや専門的な内容だが、決して難解な高等数学が登場するわけではないので（コンピューターが理解できるのは四則演算程度）、書いてあることをそのまま受け入れるのではなく、PCを傍らに自分で再発見しながら読み進めてみることを勧める。

鈴木《すずき》 淳《じゅん》（大学院人文社会系研究科・文学部助教授／日本近現代史）

1 『不肖・宮嶋　踊る大取材線』 宮嶋茂樹（新潮社）

『フライデー』の初期から活躍した現在フリーの報道カメラマンの自伝的作品。著者は筆者とほぼ同世代であり、学生時代から衝撃を受けた写真の多くが、同じ人物の作品であったことに改めて感心させられた。作品も再録されており、ユーモアに溢れる文章とあわせて一つの現代史叙述ともなっている。そこに示された「知力・体力を尽し」た仕事へのこだわりは、われわれに自分の仕事に対する姿勢をあらためて考えさせるに十分であるが、新入生にとっては「東大を含めた六大学、偏差値の高い有名大学を出て報道カメラマンになったやつは……私の知る限り一人もいない。なんでやろ？」という問いかけも刺激的であろう。

2 『歴史の対位法』、『歴史の文法』 義江彰夫、山内昌之、本村凌二編（東京大学出版会）

それぞれ十数名の東大の歴史関係の教官が、各人の専門の紹介を兼ねた短編を寄せている。歴史にいささかでも興味のある新入生には、講義を選択したり、進路を考える前に一度は目を通してもらいたい本。この大学に通いながら、受験用の歴史知識だけを持って社会に出るのは悲しいことだと思う。

3 『日本近代化の基礎過程——長崎造船所とその労資関係：1855～1900年』上・中 中西 洋

元経済学部の労働の研究者によってなされた歴史叙述。原史料をふんだんに利用しながら、政策、経営、技術、官僚、技術者、労働者、そしてそれを取り巻く地域社会と広範な問題関心で、日本初の近代的造船所の生成を描き出している。筆者が、研究者を志望する動機のひとつとなった本で、日本近代史で対象を一点に絞って広範な歴史像を描く仕事としては、最善のもののひとつである。

盛山和夫《せいやまかずお》（大学院人文社会系研究科・文学部教授／社会学）

印象に残っている本としては、一般向きに書かれた最近のものを挙げよう。

『グローバリズムという妄想』 ジョン・グレイ／石塚雅彦訳（日本経済新聞社）

一見するとサラリーマン向けの本だが、内容は大変深い。グレイという人はイギリスの政治哲学者で*Liberalism*（『自由主義』昭和堂）などのすぐれた思想史の著作もある。この本では、反市場原理主義の立場から冷戦後の国際政治経済秩序が直面している諸問題を鋭く考察しており、ロシア情勢をはじめとする各国の状況についての豊富な知識と的確な分析には、大いに教えられる。二〇〇〇年紀の時代構想を考える上で、必読の書の一つだろう。

『リスク——神々への反逆』 ピーター・バーンスタイン／青山 護訳（日本経済新聞社）

リスクとは、デリバティブなど今日の金融化された社会を基礎づける基本概念である。本書は、確率論という数学の一分野がいかにして社会を構成する不可欠の道具になったのかを、ピタゴラスからワイルズ（フェルマーの定理の証明者）まで、数あるいは確率の世界の構造の解明に挑んだ人々の壮大な叙事詩として物語っている。著者は金融ジャーナリストということだが、参考文献や索引もしっかりしていて、統計学関連の教養書としても最適。

『日本書紀の謎を解く——述作者は誰か』森博達《ひろみち》（中公新書）

『ネアンデルタールと現代人——ヒトの500万年史』河合信和（文春新書）

最近の新書にはすぐれたものが多い。それらの中から二点だけ紹介する。いずれも著者が研究者として長年にわたって取り組み、ついに解明した謎を、分かり易く解説したもの。学問における発見の喜びの息吹を感じさせてくれる。

2　社会学に関心を持つ人にはマックス・ヴェーバーの本ならすべて薦めたいが、あえて一つに絞れば、

『職業としての学問』（岩波文庫）

大学教師という職業の世俗的な苦労を導入部におきながら、次第に学問への情熱を語っていく手口は心憎い。もう一つは、

『西洋近代思想史』△上・下　G・H・ミード（講談社学術文庫）

K・ポパーを先取りしているといえる科学哲学観のもと、近代の社会理論の分析を通じて、ミードの社会学理論がおのずから展開されている。

3　『社会階層——豊かさの中の不平等』原純輔・盛山和夫

一冊は自著から。階級・階層はかつて社会科学全体の主要関心テーマであった。なぜそうであったか、なぜ今日ではその関心が薄れてしまったのか、そして現代社会で学歴やジェンダーなどの階層格差はどんな意味をもっているのか。そうした問いに、中期近代から後期近代への変容という角度から答えようとしたもの。

『政治学史』福田歓一

プラトンからヘーゲルまでの主要な政治思想

が詳細かつ明晰に解説されている。著者が法学部で一九七六年度に行なった講義を基礎にしているので、大変平明な文章で、駒場の社会科学系の授業の参考書としても役立つ。

醍醐《だいご》　聡《さとし》（大学院経済学研究科・経済学部教授／会計学）

1 **『教祖の文学・不良少年とキリスト』**坂口安吾（講談社文芸文庫）

無頼派作家というとアウトローのイメージがつきまとうが、無頼→頼るもの無し→独立独歩という語源を想い起こすと、坂口安吾は無頼派を冠するのにもっともふさわしい作家であったといえる。この書物は、そうした安吾の本領がちりばめられた短編集である。

『倚りかからず』茨木のり子（筑摩書房）

無頼派というと男性文学者ばかりが挙げられてきたが、この新刊詩集のなかで、

なぜ国歌など／……／口を拭って起立して
直立不動でうたわなければならないか
聞かなければならないか
　私は立たない　坐っています

と言い切る茨木のり子もまた、真正の無頼派詩人といえる。

『無言館――戦没画学生「祈りの絵」△』窪島誠一郎（講談社）

長野県上田市郊外にある「無言館」は、第二次大戦に召集され画学への志を断たれた戦没学生たちの遺作を展示した慰霊美術館である。右記の書物には、この無言館に展示されている二九の作品と、それぞれの作者の略歴、数行に凝縮された遺族の回顧談が掲載されている。親や妹を描いた丹精な画筆が、それぞれの作者の実直な人柄をなによりも雄弁に伝えている。

2 「なんのために経済学を学ぶか、それは経済学者にだまされないためだ」というジョーン・ロビンソンの言葉の引用で始まる、**『経済の常識と非常識』**都留重人（岩波書店）は、これから経済学を学ぼうとする新入生にとって、「流行に強い」無頼の資質を養うための格好の書物といえる。学歴社会やカジノ社会の経済分析を示し、衆愚医療を憂えて専門家医療の復権を説く医学部教授の言葉を手掛かりにして、医療の外延としての経済（薬価や診療報酬など）を平易な語り口で縦横に論じる記述には、経済学に関する著者の年輪がにじみ出ている。

3 東京大学出版会刊行の書物のなかでは、**『日本の所得と富の分配』**石川経夫編を挙げたい。日本は本当に平等社会かと問いかけ、労働市場や教育などの分野でそれを検証しようとした共著作である。新入生にはいささか重厚であるが、知名度に浮かれてジャーナリズムを遊泳する学者が撒き散らす俗説の洪水のなかで、本物の経済学に触れることができる貴重な書物である。

高槻成紀《たかつきせいき》（総合研究博物館助教授／動物生態学）

1 仙台の東北大学に入学し、それまで読みたいと思っていた生態学の本を求めて大学生協の書籍部に行って求めたのが、**『アユの話△』**宮地伝三郎（岩波新書）**『サルの話△』**宮地伝三郎（岩波新書）**『高崎山のサル△』**伊谷純一郎（講談社）の三冊。それを脇にかかえて、春の仙台の凛とした空気のなかを下宿に戻るまでの昂揚した気持ちが忘れがたい。『高崎山の……』は読み進むうちに自分が林の中を著者といっしょに歩いているような臨場感を味わった。こんなおもしろいことが研究対象にできるのかという驚きと胸のときめきがあった。当時と違い、今は生態学の本が溢れるほどあるので、学生諸君は目移りがするくらいかもしれない。

『照葉樹林文化』上山春平編（中公新書）

は、生態学と人類学をまたぐような壮大な理論をフィールドワークで構築する過程を同時代的にみるようで刺激的だった。研究を離れるが、

『一色一生』志村ふくみ（求龍堂）

は、染織家の筆になり、生物学とはまったく違う角度から生物を考えた佳作で、今でも折に触れて取り出しては読む本である。

2 **『生命の多様性』**Ⅰ・Ⅱ　ウィルソン／大貫昌子、牧野俊一訳（岩波書店）

は、この地球上にいる生物の目のくらむような多様性、その形態、生態、それぞれの種の多様さに加えてそれらが組合わさって形成される群集や生態系のもつ機能の不思議さ、おもしろさを十分に伝えている。しかもその生命の多様性をわれわれがいかに守るかという二十一世紀的なテーマを、豊富な知識と強力な論理、魅力的な生物愛で解き明かしてくれる。生態学を一生の仕事に選んでよかったのだと感じさせてくれた本である。その意味で、

『サクラソウの目』鷲谷いづみ（地人書館）

は『生命の多様性』と多くの共通点があるうえに、われわれに身近な植物を守ることが、いかに胸躍ることであるかを教えてくれる。

3 東京大学出版会の本にはあまりなじみがないが、自分が関係したものとして、

『保全生物学』樋口広芳編

『哺乳類の生物学』高槻成紀、粕谷俊雄編（全

五巻）

がある。前者は最近急速に発展している保全生物学の概要をかなり高度な内容まで紹介している。後者はこれまで日本になかった哺乳類学のテキストを目指したもので、分類、形態、生理、社会、生態から成っている。それぞれの巻を別々の著者が執筆したので、シリーズではありながら個性的に仕上がっている。内容は高度なものもあるが初心者にわかりやすく書いてあるので、これから哺乳類の研究を志す人や、哺乳類に関心のある人にはお奨めのシリーズである。

長谷部恭男《はせべやすお》（**大学院法学政治学研究科・法学部教授／憲法**）

1 **『理由と人格』**デレク・パーフィット／森村 進訳（勁草書房）

本書の圧巻は何といっても第Ⅲ部「人格の同一性」です（そうでしょう？ 森村さん）。これでもか、これでもかと変てこりんな寓話があとからあとから出現して、人格の同一性に関するわれわれの常識を破壊しにかかります。あなたはこの眩惑に耐えられますか。

『果てしなき探求——知的自伝』△カール・ポパー／森 博訳（岩波書店）

扱われている題材や議論の中身ももちろん面白いのですが、主著である『開かれた社会とその敵対者たち *The Open Society and Its Enemies*』を指して、The Open Society by One of Its Enemies といわれることのあったサー・カール・ポパーの、自分に対する批判を決して許そうとしないその人柄が、行間に自ずと表れている点も興味深い本です。こういう人が同僚だったらさぞ大変だったろうと思わせます。

2 学説と人柄とが一致しないポパーのような人もいますが、アイザィア・バーリンの場合、人柄と切り離してその学説を語ることは難しいといわれます。彼の学説と憲法学との関係については、日本ではまださして議論がされているとはいえません。彼の論文選集、

『理想の追求』福田歓一他訳（岩波書店）

に収められた同名の論文からはいるのはいかがでしょうか。

『憲法入門』〔第四版〕伊藤正己（有斐閣）

　憲法の勉強をはじめて、どうにもわからないという学生さんには、この本をすすめています。もっとも、こんなにわかりやすくて面白いのかとうっかり思い込んで憲法の研究者になりたいなどと思い立っても私は知りませんよ。

3 趣味の読書でお世話になったシリーズは歴史学選書でした。

『近代市民社会の成立』成瀬 治

『パリのフランス革命』柴田三千雄

などです。

　憲法関係では、

『何を読みとるか』樋口陽一

をおすすめします。大学にはいったばかりで読むには歯ごたえがありすぎるでしょうが、もうすぐ卒業という頃に読むと憲法学の別の側面が見えてくるはずです。

花田《はなだ》達朗《たつろう》（社会情報研究所教授／メディア・コミュニケーション研究）

1 『思想のドラマトゥルギー』林 達夫、久野 収（平凡社選書）

　ゆえあって私は二七歳のときに二冊の岩波文庫を除いてそれまでに集めた本をすべて手放した。この本は手放した本のなかにあった一冊で

あるが、精神のあり様を定められなかったあの頃の状況のなかで背中を押してくれた本である。この本を読み、この本を捨て、私は勤めを辞めて、文庫本二冊を入れたトランクを持ってヨーロッパへ旅立った。林達夫に精神の運動へと挑発され、それが身体の移動へと結びついてしまった。一九七四年から七五年にかけてのことである。この原稿を書くために、私は最近この本を古本屋で買い戻した。

この選書のなかにはほかに、『言論の自由の源流』香内《こううち》三郎、『増補　無縁・公界・楽』網野善彦など私がずっとあとになってからお世話になる本が入っている。縁というべきか。

2　『社会科学入門』高島善哉《ぜんや》（岩波新書）

私とほぼ同年齢の井上陽水が『TEEN-AGER』という曲で「奇跡の Seventeen」と歌っている。これはその歳に私が読んだ本である。私は高校で理系受験コースにいたが、文系に転向しようかと悩んでいたとき、社会科の教師が読むようにすすめてくれた。ほかに同じ著者の共著『社会思想史概論』（岩波書店）や『現代日本の精神構造』見田宗介（弘文堂）などがあって、買ったり図書館で読んだ。この本を読んで、私は意を決したのだと思う。これも処分した本のなかに入っていて、先日再び新本を買い求めた。その奥付けには一九五四年に刊行されて以来、一九九八年で六二刷とあった。眼を病んでいた学者だが、その明晰な文章に頭脳の眼光を感じる。

もう一冊挙げるならば、

『第2版・公共性の構造転換』ユルゲン・ハーバーマス／細谷貞雄、山田正行訳（未来社）

コミュニケーションやメディアの問題を歴史的、社会学的、社会理論的に考えるうえで基本的な本だと私は考えている。社会科学書として美しく、そして戦闘的な作品だという言い方もしておきたい。それは詩の形式のごとき目次からもうかがうことができる。

3 Masao Maruyama, ***Studies in the Intellectual History of Tokugawa Japan***, translated by Mikiso Hane, 1974.

これは『日本政治思想史研究』丸山眞男の英訳であるが、文系の本の英語出版を称揚する意味で、またその体制を充実してほしいという希望とともに挙げておきたい。「自然」と「作為」をNature and Inventionとして英語で読むと、もうひとつ別の眼を得たような気持ちになる。

次はいずれも昨年秋に刊行されたもの。私の所属する研究所（昨年創立五〇周年を迎えて記念出版があった）および私自身が何をやっているのかを知ってもらうために、宣伝になるけれども、挙げさせていただきたい。

『社会情報学Ⅰ　システム』、『社会情報学Ⅱ　メディア』東京大学社会情報研究所編

『ニュースの誕生――かわら版と新聞錦絵の情報世界』△木下直之、吉見俊哉編

『メディアと公共圏のポリティクス』花田達朗

深沢克己《ふかさわかつみ》（大学院人文社会系研究科・文学部教授／西洋史）

読んで印象に残った本はたくさんあるが、学生時代に読んで、自分の研究方向をさだめるのに役立ったものを二点だけあげよう。

1 **『アンナ・カレーニナ』**◇ トルストイ／米川正夫訳（筑摩書房）

かつて哲学者の森有正は、文学も歴史も哲学もみな同じ精神の営みであると述べたが、この

小説はそれを奥深い次元で証明する作品のひとつである。読者の知的志向は、この本のどの側面に関心をいだくかによって測定されるだろう。わたくしはフランス農学史に関する最初の公表論文を、この小説から直接のヒントをえて執筆した。

『吉田秀和全集』◇**全十六巻**（白水社）

現在ではもっと高度な専門的水準の音楽批評・音楽研究の著書はほかにもあるだろう。しかし吉田秀和の文章は、愛好家の素朴な音楽体験から、楽曲分析と演奏批評が生まれる瞬間を追体験させてくれる点で、今なお貴重である。わたくしは第一巻に収録されている「覚え書ベートーヴェン」を読んだとき、音楽史上の既成観念やイデオロギーを排除して、楽譜そのものから音楽家の創造の秘密をときあかす手法に感動し、歴史研究もまたこうでなければならない、という強烈な確信をいだくようになった。この確信は今でも変わらない。

2 西洋史研究の入門書としては、昨年出たばかりの、

『西洋世界の歴史』近藤和彦編（山川出版社）

をあげておこう。この本にはわたくしも共著者として執筆しているが、現在の歴史記述の水準を示すかなり高度な入門書である。西洋史に関心をもてるかどうか、またどの時代にとくに興味をおぼえるかを判断する材料になるだろう。

『ヨーロッパと海』ミシェル・モラ・デュ・ジュルダン／深沢克己訳（平凡社）

これはわたくしの個人的関心、つまり専門分野に関連する。海洋史・海民史は近年になって注目されている分野のひとつであるが、そのための最良の入門書である。有名なフェルナン・ブローデルの『地中海』（浜名優美訳、藤原書店）

よりも、こちらのほうが読みやすく、しかも歴史研究の新段階をよく反映している。

わたくしの尊敬する同僚二人の著書をあげよう。

3

『神秘の中世王国——ヨーロッパ、ビザンツ、イスラム文化の十字路』 高山 博

著者は中世ノルマン・シチリア王国研究の分野で国際的評価をえた歴史家である。史料の解読作業からはじめて、王国の行政制度分析をへて、異文化の交流・融合の追跡にいたるまで、読者は緻密でしかも豊かな歴史研究を眼前に味わうことができる。

『明清交替と江南社会——17世紀中国の秩序問題』 岸本美緒

まず序文がすばらしい。中国史研究の厚く重い伝統のなかで、著者の内面的関心から独自の方法論を構成する過程が再現されている。本書は明末清初の社会変動に関する斬新な研究であると同時に、歴史家の実存と歴史認識のかかわりを教えてくれる書物でもある。

本郷恵子《ほんごうけいこ》（史料編纂所助教授／日本中世史）

1

大学入学のころの読書体験として、まず思い出すのが、

『ナボコフ自伝——記憶よ、語れ』 ウラジーミル・ナボコフ／大津栄一郎訳（晶文社）

電車の中で、たまたまとなりに立っていた初老の男性が読んでいたもの。アルファベットの一字一字がまとう色彩感、病気の少年の頭の中で膨れあがる数学的イメージを語る文章が印象的で、よほど題名を尋ねようかと思ったのだが、ためらっているうちに彼は降りていってしまった。入学してはじめて行った駒場の書籍部でそ

の本をみつけ、感激したおぼえがある。

ナボコフはロシア貴族の家柄に生まれ、革命を逃れてヨーロッパに亡命、さらにアメリカに移った。その過程でロシア語から英語へ執筆言語の変換を余儀なくされ、本書も英語による作品である。のびやかな感性で描かれる幼少年時代の記憶は、過ぎ去り、失われたものの持つ哀切な詩情にあふれている。ロシアによって育まれ、いつくしまれた日々が、英語で叙述されなければならなかったという逆説は、痛ましいとともに、文学の限りない可能性の証明でもある。

それ以来、自伝・回想録の類をよく読むのだが、なかでも次の二点をお勧めしておこう。いずれも、読み、書き、考えるという知的営為の基本について問いなおす機会を与えてくれるものである。

『救われた舌――ある青春の物語』 エリアス・カネッティ／岩田行一訳（法政大学出版局）

『父　パードレ・パドローネ――ある羊飼いの教育』△ ガヴィーノ・レッダ／竹山博英訳（朝日選書）

カネッティはブルガリアに生まれたスペイン系ユダヤ人で、母親との葛藤のなかで自らの言語としてドイツ語を選択、習得する。生得の祖国、自明の言語をもたない者の厳しい自己形成の過程が印象深い。後者はサルディーニャの羊飼いの物語。主人でもある父親への隷属を刷りこまれ、孤独な獣のように育てられた少年が、軍隊にはいってはじめて読み書きをおぼえ、自由な自分自身を見いだすまでが描かれる。

もう一冊、近代知識人をやっていることに疲れたときに読みたいのが、

『桑の実』 鈴木三重吉（岩波文庫）

静かな美しい物語である。

2 『中世的世界の形成△』石母田 正（岩波文庫）

もはや教養書の古典というべき書物。厳密な実証という点では古くなってしまったが、世界の消長を叙述して間然するところがなく、その志の高さを学ぶべきであろう。

『日本の中世国家』佐藤進一（岩波書店）

どの角度からであれ、日本中世を論じる者は、つねに国家とは何かという問題意識をもっていなければならない。中世国家について考える際の道標となる書物。

3 『中世東寺と東寺領荘園』網野善彦

東寺に伝わる厖大な史料群が、中世史理解にもたらす恩恵ははかりしれない。〝何はなくとも東寺文書〟なのだが、その大前提となるのが本書。活字化がほとんど進んでいない時代に、これだけの仕事をされた力量には頭が下がる。

『大日本史料◇』東京大学史料編纂所編

必ずしも読んでほしいとか、買ってほしいというのではないが、自らの因って来たるところを明らかにするための史料編纂という仕事が続けられていることを、できるだけ多くの人に知ってほしい。ぜひ一度手にとって、頁を繰ってみていただきたい。

松村《まつむら》秀一《しゅういち》（大学院工学系研究科・工学部助教授／建築学）

1 『忘れられた日本人』宮本常一（岩波文庫）

ついこの間まで日本人の生活はこうだったのかと吸い込まれてしまう一冊。宮本の文章も秀逸。

『スモール・イズ・ビューティフル――人間中

心の経済学』E・F・シューマッハー／小島慶三、酒井　懋《つとむ》訳（講談社学術文庫）

エネルギー危機の時代の中で新しい価値のあり方、社会のあり方を問うた一冊。その内容は今も古びない。

『アメリカ』フランツ・カフカ／中井正文訳（角川文庫）

一度も訪れたことのないアメリカを舞台にこまでの物語を展開できるとは驚き。未完の小説ゆえ、暗示的な第八章以降の展開については読者の想像力が試される。

『仕事！』△スタッズ・ターケル／中山　容他訳（晶文社）

一一五の職業、一三三人の実在する人々による身の上話の集大成。独創的な仕事だ。

『第二の産業分水嶺』マイケル・J・ピオリ、チャールズ・F・セーブル／山之内　靖、永易浩一、石田あつみ訳（筑摩書房）

ものつくり派の人にとっても経済学的な視点からの技術論、産業論は必須。量産の時代の次に何が来るか。

2 『都市の文化』ルイス・マンフォード／生田　勉訳（鹿島出版会）

一九三〇年代に書かれた西欧的な都市空間の編成のされ方に関する古典的名著。

『バックミンスター・フラー』マーティン・ポーリー／渡辺武信、相田武文訳（鹿島出版会）

建築家の評伝の類は数あるが、「宇宙の建築家」とも評された巨人フラーの評伝を読めば限りなく力が湧いてくると思う。

"Europeans" (Thames and Hudson) Henri Cartier-Bresson

建築にとって重要な場と人の関係。この写真集はその関係の本質を感じさせてくれるだろう。

『ある出稼石工の回想』マルタン・ナド／喜安《きやす》朗《あきら》訳（岩波文庫）

古来建築は職人たちの手でつくられてきた。建築の作品集を見るのも良いが、職人の世界に思いを馳せることも重要。日本だと**『職人』**竹田米吉（中公文庫）もよい。

3 **『メディアと公共圏のポリティクス』**花田達朗

社会人として生きていく上で公共性とは何か、どのように空間化できるのかを考えることは避けられない。ユルゲン・ハーバマスの先駆的な仕事の解題から今日の現象解明までを含む本書を読みながら考えてみてはどうだろうか。

『「住宅」という考え方――20世紀的住宅の系譜』松村秀一

我田引水ですが、私たちが今住んでいる環境の成り立ちを考える手掛かりにはなると思います。

山下晋司《やましたしんじ》（大学院総合文化研究科・教養学部教授／文化人類学）

1 一九七六年から七八年にかけて、文化人類学を志す大学院生だったとき、インドネシア・スラウェシ島の山奥、トラジャの人びとのあいだでフィールドワークを行なっていた。調査中の楽しみと言えば、昼寝のときに読む日本語の本だった。読書の快楽という点では、そのときに読んだ本ほど楽しかったものはない。いろいろ読んだが、とくに印象に残っているのは、**『ドン・キホーテ』**セルバンテス（岩波文庫）と**『水滸伝』**（岩波文庫）

日本から友人に送ってもらって読んだ。『ドン・キホーテ』は正編三冊・続編三冊があり、『水滸伝』は当時第十冊まで出ていた。それぞれ西洋と東洋の古典だが、古典という堅苦しさはなく、めっぽう面白かった。しかし、どこが面白かったのか、いまではすっかり忘れてしまっている。暇なときに、もう一度読み返してみたい。

2 わたしの専門の文化人類学の本ということでは、まず、

『悲しき熱帯』上・下 クロード・レヴィ＝ストロース／川田順造訳（中央公論新社）

抄訳がブロニスラフ・マリノフスキーの『西太平洋の遠洋航海者』と抱き合わせで中央公論社の「世界の名著」シリーズの一冊として出たのが一九六七年。そのときわたしは浪人中だったが、これを読んで文化人類学を勉強したいと思った。一九六八年に東大に入り、当時高揚していた学生運動を経験したあと、教養学科（現在は超域文化科学科）の文化人類学分科に進学した。その頃読んだ本のなかから一冊挙げるとすれば、

『日本神話の起源』△ 大林太良《たりよう》（角川選書）

当時教鞭をとっておられた先生の刺激のもとに『古事記』や『日本書紀』の世界を知った。現在、研究の手法としては、レヴィ＝ストロースとも大林先生ともわたしは別の道を歩いているが、ともに脳裏から離れない本だ。

3 まず最近出した自分の本を自己宣伝しておく。

『バリ　観光人類学のレッスン』

先述のトラジャでの調査のあと、調査地を同じインドネシアのバリ島に移して観光と文化の関係を研究した。その成果だ。文化人類学の最

前線（と自負しておこう！）を知るためにも一読をお薦めする。もう一冊挙げるとしたら、

『多文化主義のアメリカ――揺らぐナショナル・アイデンティティ』油井大三郎、遠藤泰生編

わたしも一九九八年九月から一年間アメリカ合衆国、カリフォルニア大学バークレー校で研究生活を送って、多文化主義の空気を吸った。「トランスナショナルな移動」をキーワードに、これからアジアとアメリカの接合領域としてのカリフォルニアを研究したいと思っている。

湯浅博雄《ゆあさひろお》（大学院総合文化研究科・教養学部教授／言語態分析）

1 自分の経験にも照らして、読んでおくべき本は多くあるが、ここでは数冊に絞ってみる。

『創世記』関根正雄訳（岩波文庫）

『新約聖書』△前田護郎訳（「世界の名著」、中公バックス）

前者においては、「大洪水」、「バベルの塔」、「アブラハムによるイサクの犠牲」などの挿話を、それが持つ寓喩、隠喩の力に導かれつつ、読みたい。後代の書、たとえばキルケゴール『怖れと戦き』などを読むことへと進むのもよい。後者では、一方で「カエサルのものはカエサルに、神のものは神に返せ」という言葉の意味を考えたい。現実の秩序においては支配、抑圧を受け、苦悩していても、精神の領界は独立し、自律的でありうる。他方で、初期キリスト教がユダヤ社会、その政治体制から迫害を受けたとき、どんな試練に直面したかを考えたい。愛と憎しみ、強さと弱さ、高貴と卑小、勇気と怯懦、誓いと誓いへの裏切りなどがこれほどリアルに、深く鋭く、目の当たりに解剖され、露

呈している書物は他に類をみない。また、ドストエフスキーの『罪と罰』、ニーチェの『善悪の彼岸』、『道徳の系譜』を読むのも興味深い。

『パイドン』プラトン／池田美恵訳（「世界の名著」、中公バックス）

『メノン』プラトン／藤沢令夫訳（岩波文庫）

死に向かい合うこと。この恐るべきものから眼をそらさず、対面し続けることが、思索の始まりである。魂と肉体、可感性と可知性、イデア論など、深く考えさせられる。進んで、モンテーニュ『エセー』、ヘーゲル『精神現象学』の序論、ハイデガー『存在と時間』47節―50節などを読んでみたい。

2 福音書には、「時は過ぎ行くだろう。しかし私の言葉は過ぎていかない」と記されている。ヨーロッパの思想、文学は、これらの書物をいくども読み返し、新しく解釈してきた。さまざまな古典や現代の書物を読み、考えることは、そうした連鎖のうちに参入しようとすることである。その一つの方向として、ここでは、

『フロイト著作集』全十一巻（人文書院）

を読むことをあげたい。「科学的心理学草稿」、「ヒステリー研究」から始めて、年代順に主な論文を読んでいくこと。精神分析の用語を頭に詰め込むのではなく、その思想的な運動、射程をよく吟味しながら、追体験してみたい。むろん、この提案は一つの例である。

3 **『根拠よりの挑戦――ギリシア哲学究攻』**井上 忠

古代ギリシア思想に親しむうえで、よい伴侶になってくれる。

2001

国立大学の設置形態は、大学の統廃合も含めて検討が続く。それに伴い、全国の国公私立大学から「トップ30」を選んで特別の研究予算を付ける「遠山プラン」が発表される。ハラスメント相談所がこの年の三月から開設される。八月、残っていた駒場寮の強制執行が行われる。退去した寮生はテント村を作り抗議活動を続行。前法学政治学研究科長の佐々木毅氏、総長に就任する。米で同時多発テロ。

荒川義博《あらかわよしひろ》（大学院工学系研究科・工学部教授／宇宙推進工学）

『エエカゲンが面白い』△ 森 毅（ちくま文庫）

この本は最近の本ではないが数学と教育と大学について語ったエッセイ集である。その内容は所謂「エエカゲン」でなく、教育論、大学論、人生論の断片ではあるがその本質を独創的かつ個性的な視点から描いており、読めば随所で納得される方も多いと思う。とくに新入生への私的オリエンテーションの箇所もあり、機会があったら一読されることを薦める。

『ロケットボーイズ』 ホーマー・ヒッカム・ジュニア／武者圭子訳（草思社）

本書は、少年時代に手作りロケットに夢をかけ、のちにNASAの技術者になった著者の自叙伝であり、「遠い空の向こうに」という題目ですでに映画化されている。内容は、ロケットづくりにかけた高校時代を描いているため、中高生向きの本かもしれない。しかしながら、夢を実現させるために自ら積極的に必要な基礎学力や専門知識を身につけようとする姿勢を是非学んでほしいものである。漠然と新しい知識を身につけ考え方を学ぼうと学術書を読もうとするのが一般的かもしれないが、はっきりした目的がないものは途中で放り投げることが往々にしてあるからである。

『複雑系』 M・ミッチェル・ワールドロップ／田中三彦、遠山峻征《たかゆき》訳（新潮文庫）

本書は、生命の誕生や生物の進化から経済や社会等の動きに至るまでを共通の理論的な枠組みでとらえようとする「複雑系」科学のメッカといえる「サンタフェ研究所」の研究者の物語である。多くの学問分野を視野に入れた学際性に富んだ科学に関心のある人には通読する価値はあると思う。

2 **『宇宙プロジェクト実践』** 栗木恭一（日本ロケット協会）

本書は大型の国際宇宙プロジェクトの主査を担当した著者が、その十年に及ぶ体験からまとめたものである。宇宙工学に関する書は最近ではよくみかけるようになったが、宇宙開発プロジェクトの実例を一冊の本としてまとめたものは皆無であり、本書からこれから宇宙開発に携わろうとする人にとって、どのようなことを学べばよいかということがわかってくるのではなかろうか？

『プラズマ物理入門』 F・F・チェン／内田岱《たい》二《じ》郎《ろう》訳（丸善）

プラズマ物理に関する入門書。物理現象の理解に重点をおいた記述になっており、初心者にも平易で読みやすく、本書を読まずしてプラズマを学んだ人はいないと思われるほどの名著。原著も併せて必読されることを望む。

3 **『アメリカズカップのテクノロジー』** 宮田秀明

本書も著者が国際ヨットレースのための開発プロジェクトでの体験から技術開発とマネジメントのあらましをまとめたもので、技術革新の経緯や先端技術を取りまとめてシステム構築する状況などが生々しく伝わってくる。

一ノ《いちの》瀬《せ》正樹《まさき》（大学院人文社会系研究科・文学部助教授／哲学）

1 読書は、時折思いがけない他なるものをもたらしてくれる。この数年の読書で、その邂逅の味わいを私に与えてくれたものを挙げてみよう。

『プラトンの呪縛』 佐々木 毅（講談社）

佐々木新総長の近年の名著。二十世紀の政治思想をプラトン哲学との関連の中で総括したもので、時空を超えた壮大でスリリングな議論展開は目もくらむばかりである。

『死刑の遺伝子』島田荘司、錦織淳（南雲堂）

日本人はなぜ死刑制度の存続を望むのかという問いをめぐって、広範な視点から自由に論じた対談録。ラフではあるが、人間を裏面から考える素材として、大いに刺激的。

『ハラスのいた日々』中野孝次（文春文庫）

『犬たちの隠された生活』エリザベス・M・トーマス／深町眞理子訳（草思社）

人間の最も古い友「犬」との共生は、人類の遺伝子が要請する最も自然な生活様式である。あまたある犬本のなか、前者はそこはかとなくセンチメンタリズムを漂わせながら家犬との暮らしを描いた古典的秀作であり、後者は逆にきわめてクールな視点から犬の習性と魅力を記したベストセラー。どちらもおもしろくて、一挙に読んでしまう。

2 哲学を学ぶのに分かりやすい入門書はない。哲学とは、問題の難しさを知る営みなのだから。高度で専門的なものに最初から挑んで格闘していくことが結局は近道である。

『純粋理性批判』◇イムマヌエル・カント／高峯一愚《いちぐ》訳（河出書房新社）

いわずと知れた哲学の古典。これを読まずに哲学について何かを語るのは危険である。まずは謙虚に立ち向かっていってほしい。

『時間に向きはあるか』△ポール・ホーウィッチ／丹治信春訳（丸善）

時間や因果などについて論じた、現代科学哲学の好著。逆向き因果や反事実的条件法などをめぐる科学哲学特有の議論設定の深みを体得してほしい。

『アナーキー・国家・ユートピア』△（上・下）ロバート・ノージック／嶋津 格《いたる》訳（木鐸社）

現代正義論の名著の一つで、いわゆる「自由至上主義」を展開した書。国家の権力はどこまで及ぶべきか、この問いをめぐる切れ味鋭い議論は爽快である。

3 日本の哲学は西洋の受け売り、と感じるのは事実誤認である。東大には独創的な哲学がある。とりわけ、私自身が強く影響された二人の先達の本を挙げておこう。

『物と心』大森荘蔵

「立ち現れ一元論」と呼ばれるユニークな哲学で有名な大森荘蔵の代表的著作。軽妙で小気味よい文体とともに、物と心といった常識的な二元論的見方が見事に突き崩されていく。日本固有の哲学がここには明らかに「立ち現れ」ている。東大生なら一読してほしい。

『知識と行為』黒田 亘

知識や行為に関して独自な因果説を展開した黒田亘の代表作。玄人受けする緻密な議論を積み重ね、志向性を「制度としての因果関係」として捉え返していく辺りは圧巻である。西洋哲学を吸収した上で、どのように独創性を築き上げていくかの最良のモデル。哲学を志望する学生にはぜひ読んでほしい。

太田《おおた》勝造《しょうぞう》（大学院法学政治学研究科・法学部教授／法社会学）

1 『開かれた社会とその敵』カール・ポパー／内田、小河原訳（未来社）

「ロビンソン・クルーソーには『理性的であること』が可能であろうか？」と問われたとき、皆さんはどのように答えるであろうか？　ポパーはこの問いへの考察から「理性は、言語と同じように、社会生活の産物である」(第二十四章)と結論する。なぜか考えてみよう。

『徳の起源』マット・リドレー／岸、古川訳(翔泳社)

「ヒトが単性生殖の生物だったら男女の『愛』は存在するだろうか、子育てをしない動物だったら親子の『愛』は存在するだろうか、社会生活をしない単独行動の動物だったら同朋との『友情』は存在するだろうか?」と問われたら、皆さんはどう答えるであろうか?

『利己的な遺伝子』リチャード・ドーキンス／日高、岸、羽田、垂水訳(紀伊國屋書店)

「どうして人間は『盲信』してしまうのであろうか?」と問われたとき、皆さんは何と答えるであろうか? 『神の愛』や『地獄の劫火』というミーム(文化遺伝子)が人間に強烈な心理的衝撃を与えるからである」(第十一章)とドーキンスは言う。ミームの進化のダイナミクスを想像してみよう。

2 『つきあい方の科学』ロバート・アクセルロッド／松田訳(ミネルヴァ書房)

「旅の恥はかきすて」は道徳的な行動ではないが、では、合理的行動たりうるであろうか? 観光地のお土産物屋は信用できないという人々は正しいであろうか? 人々が信用し合えるのはどういうときか、本書を読んで考えてみよう。

『損害賠償の経済分析』浜田宏一(東京大学出版会)

「人命は地球より重い」とか「どんな犠牲を払っても事故を未然に防ぐべきだ」という考え方を本書は「神話」であるという。どうして神話なのか考えてみよう。また、損害賠償関係は必ず加害者と被害者との間に存在しなければならないか否かも考えてみよう。

『「きめ方」の論理』佐伯 胖（東京大学出版会）

二〇〇〇年のアメリカ合衆国の大統領選挙では、得票数の差が小さすぎて当選者が確定するまで一カ月以上かかってしまった。理想的な民主主義的決定方法は存在するのであろうか？ 「民意」とは何なのであろうか？

3 『信頼の構造』山岸俊男

「集団主義的」な安定した社会関係が大きな役割を果たしているとされる日本社会と、「個人主義的」なアメリカ社会とを比較した場合、他者一般に対して人々が感じる信頼感の程度は差があるであろうか？ 差があるとしたら、日本人とアメリカ人とではどちらの方が信頼感が高いであろうか？

『進化と人間行動』長谷川寿一、長谷川眞理子

北欧にいるレミング（ハタネズミの一種）は、増え過ぎると集団自殺をする。これは、「種の存続をはかるために個体数を調節している」のであろうか、それとも、「個体数が増え過ぎて居心地よく暮らせなくなったので新天地を探して分散しているだけ」なのであろうか？

黒田《くろだ》明伸《あきのぶ》（東洋文化研究所東アジア研究部門助教授／中国経済史）

私は、本当はここに登場する資格がありません。実はさほど読書が好きではないからです。より正確には好きでなくなってきた、といった方がよいのですが。「書くべくして書かれた本」なのかという小うるさい吟味癖が身についてきたためです。でも本当のところは加齢とともに感受性が鈍ってきたからなのでしょう。

1 『自己組織化と進化の論理』スチュアート・カウフマン／米沢富美子監訳（日本

経済新聞社）

全体は部分の単なる集合ではなく、その組み合わせそのものにこそ本質があるのであり、より小さな部分に分解してみるだけでは本質は見えてこない。そういった考えを、生物学を基点にして展開した本。私なりに例えてみると、消費か貯蓄かだけを選択する個人と、貸付利率だけを上下させる政府というきわめて単純な社会モデルを想定したとしても、数千万もの個人がそこに活動するのであれば、政府の政策からも個々人の選択からも独立した構造が自ずと構築されて当然であり、社会科学はそこをこそ解明すべきなのだというようなこと。本書を読んだうえで社会科学系の教科書を読むと、きっとそういった感慨をもつであろう。

2 『朱子学と陽明学』島田虔次（岩波新書）

宋代から明代までの中国における思惟のありかたの歴史的流れを描きだした本。東洋史という業界に育ったものの経済学に半分はまった私には残念ながら、中国哲学史研究においてこの本がいかなる意味をもつかを解説する器量はないし、そのつもりもない。表題は『朱子学と陽明学』であっても、四書五経から近代の思想家にいたる縦軸と日本の儒学やフランス啓蒙思想といった横軸の双方の学識の広がりがあってはじめてなった本である。かつそうした知識の切り貼りではなく、厳密なテキスト解釈に裏打ちされた、なによりも他の思想によらない独自の解釈のかたまりといってよい。これこそ「書くべくして書かれた本」なのだが、若い頃の私はあまりに幼すぎ、そのことを理解できなかった。

3 『近代中国の国際的契機』浜下武志

本書の中で、副題にも掲げられた「朝貢システム」を論じた部分が国内外によく知られている。だが、専門外の方には容易ではないと承知しつつ、私が薦めたいのは、国際金融と十九世紀中国の連関を明らかにした真ん中の実証的部分。見えざるところを見せてくれた、といった感あり。

学術的な書物において読むべきは、結論としての主張よりも、何が著者を驚かせ、解決のための手だてをどのように思いついたのか、だと信じています。「誰かがこういったことを言っている」ということを並べるだけに帰結する読書ならさびしいかぎりです。

古城佳子《こじょうよしこ》（大学院総合文化研究科・教養学部教授／国際関係論）

1

学部学生のときに読んで印象に残っている本として、

『生きがいについて』神谷美恵子（みすず書房）

大学入学後、これからの人生をどのように生きたらいいのか、考える時間がたっぷりある中でその方向性を模索していたときに手にした本。ハンセン病の人たちとの交流の中から筆者が考えさせられた「生きがい」についての思索には多くを教わった気がする。

『吉田秀和全集』◇（白水社）

吉田秀和氏は大変文章が上手い人である。上手いというのは音楽という言葉では表わしにくいものについて、同じ体験をしたものになるほどと思わせる深い批評なり分析を難解な文章ではなく語ることができるという意味である。このような文章を書ける人がいるんだという驚きがあった。

2

以下の二点は、近年新たに翻訳されたり新訳が出版された。学生の皆さんが手軽に読めるようになったのは喜ばしい。

『危機の二十年』△ E・H・カー／井上 茂訳（岩波文庫）

第二次世界大戦に至る危機を同時代的に分析し、国際関係論をなぜ、どのように学ぶべきかという点について、説得的に論じた本。「ユートピアとリアリティ」についての考察には学ぶところが多い。

『国際社会論――アナーキカル・ソサイエティ』ヘドリー・ブル／臼杵英一訳（岩波書店）

国際関係において秩序とはどのようなものなのか、秩序とはどのように形成されるものなのか、といった国際関係論に本質的なことを論理的に論じている。

3 **『国際関係研究入門』**◇岩田一政、小寺 彰、山影 進、山本吉宣編

国際関係を見るにはどのような視点があるのか、それらの視点の相互の関連はどのようなものかを知ることができるやや高度な入門書である。

『国際的相互依存』山本吉宣

『大不況下の世界 一九二九―一九三九』△ C・P・キンドルバーガー／石崎昭彦《てるひこ》、木村一朗訳

以上の二点は、国際関係における政治と経済の関係を知るには良い本。

坂村《さかむら》 健《けん》（大学院情報学環教授／情報科学）

1 二十世紀が科学の世紀であり、科学技術が私たちの社会や生活にこれほどまで影響を与えたことは今までなかった。このような背景で

『21世紀 知の挑戦』立花 隆（文藝春秋）

を読むとまさに目からうろこが落ちる。幅広

い分野の最先端の科学をジャーナリスティックな視点で誰にでも分かりやすく説明する。これだけ学問の細分化が進むと少し分野が異なっただけでそこはもう未踏の世界だ。立花氏は科学だけでなく、政治から社会、文明文化論など幅広い分野の視点から論をすすめる。その中でも氏が力を入れているのがサイエンスの分野で、サル学からはじまり、宇宙、コンピュータそしてインターネットと一人の人間が書いているとはとても思えない。とくに、本書はテレビ番組のために徹底的なリサーチを行った結果だそうだが二十世紀のバイオテクノロジー、相対性理論、コンピュータ技術の進展からはじめ、これからの二十一世紀に向けてどのような挑戦が待ち受けているかを見事に描いている。

2　研究者にとって大事なこと。それは対象とする分野の大きな流れをまず知ることである。コンピュータならまずコンピュータがどのように生まれて、どう発達を遂げてきたかを知ること。しかしこの場合重要なことはどのような視点から見るかなのだ。例えば、

『思考のための道具』ハワード・ラインゴールド（パーソナルメディア）

を読んでみてほしい。本書はコンピュータを単なる計算の道具でなく、全編を通して人間の思考を増幅するツールという新しい視点からコンピュータを描いている。今や古典ともいえるが多くのコンピュータ研究者に感銘を与えた名著である。

3　東京大学名誉教授である山口明穂先生の**『日本語を考える』**

を勧めたい。大学を卒業して社会に出ると言葉が重要であることを身にしみて感じる。英語をはじめとする外国語ももちろん重要だが、わ

れわれの考え方の基礎になるのは日頃使い慣れている日本語である。本書は万葉集から現代語まで日本語の変化がどのように思考に影響を与えてきたかを論じている。

佐々《ささ》真一《しんいち》（大学院総合文化研究科・教養学部助教授／物理学）

1 私が大学新入生のときに読んだ本の中から、印象に残っている二冊をあげる。これらは、面白かった、感動した、勉強になった、という本ではない。あえて特徴をいえば、「あとにひきずった本」かもしれない。

『檸檬』◇ 梶井基次郎（新潮文庫）

文章が表現できる世界の深さをはじめて自分自身の感覚として味わった。この本を読んで以降、他の文章の読み方や感じ方が変わったような気がした。

『このようにツァラトゥストラは語った』◇ ニーチェ／吉沢伝三郎訳注（講談社文庫）

正直なところ、友人たちがよく話題にしていたので読もうとしたのだが、最後まで読めなかった。しかし、胸の奥にひっかかるものはあったので、たびたび手にとった。複数の訳本の中で、この本がいちばん先まで進んだが、今でもピンとはきていない。

2 **『物理学とは何だろうか』**（上・下）朝永振一郎（岩波新書）

朝永氏の著作は、この本に限らず、自分の言葉で学問を語ろうとする姿勢が心地よい。知識を得るということだけでなく、その姿勢に共感できたらより楽しいと思う。

『存在から発展へ』 イリヤ・プリゴジン／小出昭一郎、安孫子《あびこ》誠也《せいや》訳（みすず書房）

古典力学や量子力学などを「存在の物理学」

とよび、それに対比させて、自然現象の豊かな振舞いを理解しようとする営みを「発展の物理学」と位置付けた本書は、私に強い衝撃をあたえた。ただし、大袈裟な鍵言葉がちりばめられている本でもあるので、それらに流されてしまうのはよくない。

3 東大出版会の本は、専門以外の自然科学を勉強するときに重宝している。その中でも、次の二冊は印象深い。

『縞々学——リズムから地球史に迫る』川上紳一

『動物分類学の論理——多様性を認識する方法』馬渡峻輔

貞広幸雄《さだひろゆきお》**（大学院工学系研究科・工学部助教授／地理情報システム（GIS））**

1 最近、研究とは何かということを考える機会が多いものですから、そのような観点で読んだ本をいくつか挙げてみます（本当は2に入れた方がよいのかもしれませんが）。

『知の創造』Nature編集（徳間書店）

Natureのカバーする、実に多様な研究分野の話題をコンパクトにまとめた本。平易に書いてありますが、一線級の研究内容の紹介ですから、読み通すのは結構大変です。しかし、内容を完全には理解できなくても、発見の面白さ、研究者の研究に対する取り組み方、といったものは十分に伝わってきます。最近、第2巻も出ました。

『怠け数学者の記』小平邦彦（岩波書店）

フィールズ賞受賞者小平邦彦先生の書かれたさまざまな文章をまとめた本。前半の論説部分では、研究だけでなく日本の社会に対する筆者の主張が述べられています。そのいくつかは現代への警鐘でもあり、考えさせられることが多々あります。後半の随筆及び日記の部分では、人間としての筆者の姿がそのまま描かれており、一級の研究者でも普通の人間の部分がたくさんあることを知って安心します。

『研究者』有馬朗人《あきと》監修（東京図書）

十三名の研究者の文章を集めた本。それぞれの主張のうち、研究分野によらず共通する点と、分野によって異なる点とを考えながら読むとなかなか面白く感じられます。ちょっと分野の選択が偏っているという気もしますが……。

2 専門に近いところから選んでみますと、

『地図は嘘つきである』マーク・モンモニア／渡辺　潤訳（晶文社）

地図に隠された遊び・歪みを、軽妙な調子で語っている本。専門書というよりもむしろ、読み物の部類に入ります。豊富に挿入されている地図の図表を眺めるだけでも楽しめます。

『人のうごきと街のデザイン』△紙野桂人《けいじん》（彰国社）

環境心理学におけるさまざまな話題を平易にまとめた本。都市空間での人間の行動の面白さを感じ、普段の生活の中でいろいろと観察してみようという気になります。

『地理情報システムの世界　GISで何ができるか』矢野桂司（ニュートンプレス）

地理情報システム（GIS）の入門書。新書サイズで、電車の中でも気軽に読めるところが特徴です。GISはまだ発展途上の研究分野ですが、将来を期待させてくれる本です。

3 **『統計学入門』**東京大学教養学部統計学教室編

私は授業で統計を教えていますが、この本は非常に良くできた教科書として推薦しています。同シリーズの**『人文・社会科学の統計学』『自然科学の統計学』**も薦めます。

『傾いた図形の謎』△ 高野陽太郎
心理学上のいくつかの話題を、平易に、そして実に興味の持てる調子で述べた本。このシリーズ（認知科学選書）の本はどれも面白く読めます。

佐《さ》藤《とう》隆《たか》夫《お》（大学院人文社会系研究科・文学部教授／知覚心理学）

1 『行動学入門』D・O・ヘッブ／白井常他訳（紀伊國屋書店）
この本で心理学をめざしたわけではないが、進学した後に読んで、これだけ単純に人間の心、行動を理解していけるのかと唸ってしまった。現在でも、古さを感じさせない。

『人間機械論』ノーバート・ウィーナー／池原止《し》戈《かお》夫、鎮目恭夫訳（みすず書房）
ヘッブの考えを極端にまで進めると、人間の体や心を機械になぞらえる、いわゆるサイバネティクスの考え方になってくるのかなと思い、一時はまっていた。

2 『43人が語る「心理学と社会」』（一〜四巻）佐藤隆夫、市川伸一、安藤清志、下山晴彦編（ブレーン出版）
筆者が専攻する実験心理学などは、「なんでこれが心理学なの？」と言われっぱなしであるほどに、心理学という学問は幅が広い。こうした心理学の全容をカバーし、それぞれの分野の第一線で活躍している研究者が、なぜ自分がそんなものにはまってしまったのか、現在どんなことをやっているのか、その面白さについて自伝的に語っている。我田引水。大学に入ったばかりの諸君が、心理学とはどんなものかを理解するためには最適の書。

『脳は絵をどのように理解するか』R・L・ソ

ルソ／鈴木光太郎、小林哲生訳（新曜社）

絵画の鑑賞をたとえに使ってはいるが、視覚の仕組みを要領よく解説している。視知覚全般を理解するのに絶好の書。

『**機械の中の幽霊**』アーサー・ケストラー／日高敏隆、長野 敬訳（ちくま学芸文庫）

実験心理学が何をできるのかを鋭く批判している。ここで扱われている心理学は、最も硬派の行動主義であり、現在の心理学とはちょいと違うかもしれない。認知心理学の現状と比較しながら読むと、心理学の本質が見えてくるかもしれない。

『**脳のなかの幽霊**』ラマチャンドラン、ブレイクスリー／山下篤子訳（角川書店）

見てのとおり題名は前掲書のパロディー。身体像から外界までわれわれが知覚するものは全て、脳内で創りだされているということを明快に示した書である。本書を読めば、視知覚がなぜ心理学なのかがわかるだろう。

3 『**認知心理学**』（一〜五巻）乾、高野、大津、市川、波多野編

知覚に始まり、記憶、言語、学習、発達、思考まで、現在の心理学の基礎研究の第一線を知ることができる。

『**進化と人間行動**』長谷川寿一、長谷川眞理子

人間の心や行動を進化の観点から見直す好著。とくに性にかかわる行動に関する部分が興味深い。

島薗《しまぞの》 進《すすむ》（大学院人文社会系研究科・文学部教授／宗教学）

1 自分が生きてきたのが二十世紀の後半だった（世界人権宣言の日に生まれた五十二歳）からか、同世代意識を持つ人たちの苦

渋が人ごとではなかったからか、単に怯え心が強いのか、戦争や極限状況についての作品にしばしば心を動かされた。今見にくい本も入ってしまうが……。

『墓碑銘』小島信夫（潮文庫にあった）
ゴーゴリに学んだということの作者のかもし出す、かわいたユーモアは及びがたいものに思えた。これは軍隊生活を素材としているが、宗教を素材とした「殉教」「十字街頭」は『憂い顔の騎士たち』（旺文社文庫）に入っていた。

『私の作家評伝』小島信夫（新潮社）
の有島武郎論は長く頭を離れない。

『鍛えられた心――強制収容所における心理と行動』B・ベッテルハイム／丸山修吉訳（法政大学出版局）
原題は *The Informed Heart*「心情（愛）を知が助ける」ということ。学問への懐疑という病への薬にもなる。自殺した収容所帰還者の一人。

『極限に面して――強制収容所考』T・トドロフ／宇京頼三訳（法政大学出版局）
「英雄的な物ではなく」ということの意義を説いており、恐るべき破壊の後（実は「中」でもある？）に育ったということ、そして宗教に引かれたことの自己理解に役立った。

2 **『ガンディーの真理』**E・H・エリクソン／星野美賀子訳、全二冊（みすず書房）
心理歴史研究というジャンルを開拓した著者による、「宗教と暴力」という主題の先駆的論考。内面的な省察に裏打ちされた、現代宗教文化論。また独自の倫理思想の書。

『神道の成立』高取正男（平凡社）
民俗学者・歴史学者として確かな仕事をしながら、日本宗教に対する理解を深めていった著者。これは平安期の話。同じ著者の

『仏教土着』△（NHKブックス）

は幕末維新期が素材だが、どちらも現代につながる話で鮮烈だ。

『日本人の死生観』立川昭二（筑摩書房）

この本を読むと、「宗教は縁遠い世界だ」とは思わなくなるはずだ。「ともかくもあなた任せのとしの暮」（一茶）という句も取り上げられている。このアンケートは十二月二十四日締切。というわけで今「としの暮」に書いているが、この「あなた」が実は阿弥陀仏だという。納得。

3 『アッラーのヨーロッパ——移民とイスラム復興』内藤正典

トルコとドイツという舞台から、現代世界に生きることの困難や宗教的情熱の息吹が伝わってくる。旅の目、ニュースを見る眼を変えてくれるし、現代日本をあらためて振り返らせてくれるだろう。

『魂のライフサイクル——ユング・ウィルバー・シュタイナー』西平 直

「宗教以後」の思想について、自問を重ねながら読んでいく姿勢、そして「向こう側」の世界の消息を「こちら側」からじっくり確かめていく足取りに、いつしか感化されてしまう。

時弘哲治《ときひろてつじ》（大学院数理科学研究科教授／数学）

1 最初に、大学の教養課程時代に読んだ本で感銘を受けた本をいくつか挙げます。記憶に頼って紹介しますので、その本の文章を正確に引用していないかもしれませんが、ご容赦ください。

『生きがいについて』神谷美恵子（みすず書房）

教育学の講義で、参考書のひとつとして紹介されました。著者は精神科医であり、ハンセン氏病をわずらった人の心のケアに携わる中、人間の生きがいとは何か、生とは何かを考えそれを随筆として著したものです。重度のハンセン氏病でその上統合失調症を患った人の生きがいに思い悩んだ末の、「生とはそれだけで価値があると思わざるを得ない」という良心的な言葉は今も心に残っています。

『人間の詩と真実』霜山徳爾（中公新書）

これも心理学者（心理療法家）の随筆です。芸術と人の心のかかわりを古典などをあげながら述べたものです。ベルナールの「人間に関する学問では、哲学者と詩人と生理学者が同じ言葉を語るようになることが望ましい」という言葉とか、東山魁夷の「道」に対する考察が記憶に残っています。

『歎異抄』唯円（岩波文庫）

ご存知のように、浄土真宗の開祖である親鸞の言葉を弟子の唯円が記したものとされています。私は当時も今も何の宗教も信奉してはいないのですが、「善人なお往生す、いわんや悪人をや」という言葉はある意味で仏教をつきつめた真実の響きを感じました。

また、最近読んだ本で、感銘を受けたものとしては、

『ワイルド・スワン』（上・下）ユン・チアン／土屋京子訳（講談社）

第二次世界大戦前後の中国社会の様子を、著者の祖母と母の伝記を通じて描写したものです。二十一世紀は中国の時代とも呼ばれているようですが、中国と日本の関係を考えさせられる本です。

2 これだけは読んでおこう、という本には、個人的にはあまり思いいたりません。数学でも、物理学でも良い本が増えたので、各人が自分にあった一冊を見つけることが重要だと思います。ですから、読んで楽しいと思う本を挙げておきます。

『量子力学』（I・II）朝永振一郎（みすず書房）

学生時代、量子力学の講義がさっぱりわからない、理解できないと思ったときにこの本を読み、なるほどと納得した経験があります。現在では量子力学の教科書として、良い、わかりやすい本もたくさん出版されていますが、量子力学が生まれた当時の雰囲気をよく伝えてくれる本としてお薦めしたいと思います。

『ソリトン、カオス、フラクタル』戸田盛和（岩波書店）

著者は戸田格子と呼ばれる重要な非線形可積分系を発見した人です。数理物理学の対象とする非線形な現象をわかりやすく読み物風に解説してあります。

3 **『線型代数入門』**斎藤正彦

『解析入門』（I・II）杉浦光夫

どちらも、多くの教官が必ず教科書あるいは参考書として挙げる名著です。新入生の皆さんのほとんどにとって、きちんと読み通すのにかなりの集中力を要すると思いますが、時間をかけても読み通す価値のある本だと思います。

新田《にった》一郎《いちろう》（大学院法学政治学研究科・法学部助教授／日本法制史）

まずは学部生時代に読んだ本から二冊。

1 **『サイバネティックス』**ノーバート・ウィーナー／池原止戈夫他訳（岩波書店）

怠け者のゆえか貧乏性なのか、少ない材料でなるべく多くのことを理解したいという願望がある。この本には、細部の理解は追いつかないながらも、世界を認識するひとつの方法が構築されるさまを垣間見た気がした。最近になって読み返し、これをきちんと消化できるくらいの理数系の素養を身につけておくべきだった、と不勉強を嘆く。

『文明としてのイエ社会』◇ 村上泰亮、佐藤誠三郎、公文俊平（中央公論社）

世界のシンプルな説明を見出したいという、それは所詮は願望にすぎず、そうした願望に棹さして歴史の大海に乗り出せば、結局は無理を露呈することになるものなのかもしれないけれど、そういう無理は魅力的でもある。歴史学界では厳しい批判を浴びている本だが、学生の目にはそういう種類の魅力を持っていた。批判を踏まえて無理の所在を問い詰める意地の悪い読み方を徹底すれば、いろいろなものが見えてくるはずだ。

2 **『古事類苑』**（吉川弘文館から復刻版）

もちろん、人々は必ずしもそういう整然性を求めて世界に相対してきたわけではなく、知識を整理する方法も、さまざまでありうる。明治以前の日本の事物を類別して関連史料を例示したこの日本版百科全書は、西欧近代とは別種の思考の一端を示すものであり、これを単に「便利な史料集」として使うだけではもったいない。

『日本中世の経済構造』 桜井英治（岩波書店）

「法」と「法でないもの」との峻別が、歴史的には決して当然のことではないゆえ、法制史の問題が「法制史」以外の分野で発見されることは少なくない。著者が主題として掲げる「日本中世の経済がどのように組織され、秩序だてられていたのか」という「経済思想」の問題は、「非近代」の社会を成り立たせる別種の思考の存立への問いとして、ほとんどそのまま法制史学の課題でありうる。

『日記の思考』 龍福義友（平凡社）

そこでもう一冊は、平安貴族の思考方法を問い、「思考史」研究を提唱したこの本。読者は自らの思考方法を顧みることを迫られよう。

3 **『丸山眞男講義録』全七冊**

岩波書店から著作集も刊行されているが、歴史に対する著者の考えのスジを摑むにはこちらがよい。尤も、大学の講義とはこういうものだと思われては、普段その場しのぎの講義をしている私などはたまったものではないが。

平島健司《ひらしまけんじ》（社会科学研究所教授／比較政治学）

1 大学に入学した頃の自分を思い起こすことは難しいけれど、ヨーロッパに対する関心は入学以前から強かったように思う。ドイツ政治史をテーマとして修士論文や助手論文を書き、就職してからは実際にドイツでの暮らしを経験することもできた。近頃は、研究や仕事に追われて昔のように読書を楽しむことはできないが、書物を通じてヨーロッパを知ることの大切さはそれだけいっそう身にしみて感じる。

『ベートーヴェンを求めて』△ 吉田秀和（白水社）

著者には全集があり、全集刊行以降も音楽評論に健筆を振るい続けている。譜面や演奏を通じて音楽の本質に迫り、それをできるだけ客観的に表現しようとする気迫に圧倒される。

『美しきもの見し人は』◇ 堀田善衛（新潮社）

欧米滞在の楽しみの一つに美術館めぐりがある。オーソドックスな美術史の知識に裏打ちされた絵画論に啓蒙されるところも無論大きいが、著者の強烈な好奇心と精神の自在な動きは読者を惹きつけてやまない。

最後に小説のジャンルから。R・マルタン・デュ・ガールやT・マンなどヨーロッパ近代小説は、西欧社会のありようについても多くを教えてくれる作品の宝庫である。しかし、今回はそれらの中からではなく、最近の海外生活の中でめぐりあった内外の現代人気作家の作品をあげたい。いずれも、疲れた心を癒し、奮い立たせてくれた味わい深い作品。

『蟬しぐれ』藤沢周平（文春文庫）

To the Hilt, Dick Francis, Pan Books.

2

私の専門は政治学だが、細かく言えばヨーロッパを対象とする比較政治学ということになる。また、比較政治学の中でも歴史的アプローチを重視するから、近現代史学にも近い。比較政治学へ入門する上での最良の道は、モノグラフを徹底的に読み込むことであろうが、残念ながら優れた完訳書の数は限られている。原書を手にとることができるよう、学生諸君にはまず語学力を磨くことを勧める。しかし、あえて社会科学と歴史学への邦訳入門書をあげるとすれば以下の二点であろうか。ウェーバーには方法論に関するより短い翻訳書が多数あるが、部分訳とはいえ具体的な歴史素材の分析にも迫力がある。

『経済と社会　支配の社会学』（I・II）マックス・ウェーバー／世良晃志郎訳（創文社）

『歴史とは何か』E・H・カー／清水幾太郎訳（岩波新書）

『ヨーロッパの政治』篠原 一

3 『日本経済――その成長と構造』（第三版）中村隆英《たかふさ》

前者は、政治学諸理論間の関連や政治と経済の関連について論理展開の余地があるかもしれないが、カバーする時代と領域の広がりでは類書の追随を許さない名著。後者は、私の専門ではないが、現代にいたる日本の近代化過程を経済史の側面から描いたもの。とくに、戦後の高度成長が現代日本に残した遺産に正面から向き合わずしては、二十一世紀を展望することはできないであろう。

水島《みずしま》 司《つかさ》（大学院人文社会系研究科・文学部教授／南アジア史）

1 黒岩重吾や西村寿行の初期の作品を別として、幾つか印象深い著作を。

『カルティニの風景』土屋健治（めこん）

これほど美しいインドネシアの歴史風景を描ける社会科学者は知りません。アジアの社会に興味を持つ学生の必読本と思います。

『ユーラシア大陸思索行』△色川大吉（中央公論社）

まだ、団体旅行でさえ珍しかった七〇年代初頭に、キャンピングカーでアジアを貫いた色川氏の姿に、研究者としての多くの夢をみたのは、私だけではないでしょう。まだ、夢のままで終わっているのがとても残念。

『栽培植物と農耕の起源』△中尾佐助（岩波新書）

歴史学を志して院に進学した年に読んだこの書で、こういう研究が進んでいるのだと、そのスケールの大きさに感激。

2 『共同体と近代』△小谷汪之《ひろゆき》（青木書店）

バイブル『共同体の基礎理論』大塚久雄（岩波書店）を徹底的に解体し、当時吹き荒れていたアジア的生産様式論争（の復活）の塵を水平線の向こうに吹き飛ばしたクラシック。もっともっと取り上げられて良い本ではなかったでしょうか。

『インドで暮らす』石田保昭（岩波新書）

戦後の、そして二つの安保闘争の間の時期にある日本人によるアジア研究、とりわけインド研究のナイーブさを裏表なく表現した書。ある意味で好対照のものとして、**『私たちのインド△』**辛島貴子（北洋社）も併せて読んでください。

『ガンディー　反近代の実験△』長崎暢子（岩波書店）

間違いなく二十世紀の世界を変えた巨人の一人であるガンディーの評価は分かれる。しかし、近代という問題の提示を、これほどのスケールと頑固さで実験してみせた人物は、ガンディー以外にはいないでしょう。

3 **『インド入門』『インド入門Ⅱ◇』**辛島　昇編

東大出版会は、私が研究者としてインド研究を志すきっかけとなった『インド史における土地制度と権力構造△』（松井透、山崎利男編）をはじめとして、多くのインド本をこれまで出版されてきた。その中で、入門書としてだけでなく、一連のインド本ブームを導いた書としての『インド入門』の意義は大きく、入門書としてもおすすめです。

宮崎《みやざき》　毅《つよし》（大学院農学生命科学研究科・農学部教授／環境地水学）

1 読んで興奮を覚えた本を紹介します。ノンフィクションや取材に基づくフィクションが好きです。

『光る壁画』吉村　昭（新潮文庫）

胃カメラ、これを飲んだことのある新入生は少ないでしょうが、身近には経験者がおられるでしょう。この胃カメラを、東大病院の医師らと共同で発明開発したのがオリンパス光学㈱の日本人技術者であったとは、私は知りませんでした。胃カメラ第一号の患者さん、さぞかし苦しかったことでしょう。本の題名も〝うまい〟と思います。同じ著者の、『白い航跡』（講談社）を読んで、有名な森鷗外より高木兼寛の方が好きになりました。

『シビル・アクション――ある水道汚染訴訟』△
J・ハー／雨沢 泰訳（新潮文庫）

環境問題ならこれをすすめます。マサチューセッツで起きた実名実話ですが、住民側の弁護士が主人公。私も知っている地下水学の権威が自信満々で証人出廷し、裁判の場において厳しい試練にあったことなど、科学と社会の接点における本当の緊張感を感じます。

『混沌からの秩序』プリゴジン&スタンジェール／伏見康治他訳（みすず書房）

欧米でベストセラーになり、十三カ国語で出版された本。〝複雑系〟はやっぱり面白いとよく分からせてくれます。文系理系を問わず読んで下さい。

『風姿花伝（花伝書）』世阿弥／野上豊一郎、西尾 実校訂（岩波文庫）

芸の道を究める人生を伝えた極意書。分かりやすく口語体に書き直されています。二十代、三十代、四十代、五十代（またはそれ以上）の生き方が示唆され、人生の参考になります。

2 環境関連の専門分野に進みたいと思っている新入生は年々増加していると思います。私の専門分野（土壌に関する科学）に近づくヒントになる本を紹介します。

『土壌圏の科学』中野政詩他（朝倉書店）
駒場の二年生になると農学部教官による主題科目が開講されますが、その中の同名の講義で使用される教科書です。各章が講義一回分にあたり、独学で読むことができ、予習にもなるので興味を持って講義に臨むことが出来ます。

『地域環境工学概論』田渕俊雄他（文永堂出版）
地域という対象がいかにして学問の対象たりうるかを考える契機になります。

『土は生命の源』岩田進午（創森社）
この本を読むと、将来、土の研究をしたいと思うようになります。騙されたと思って読んでごらんなさい。

3 三部作、**『土壌の物理』**八幡敏雄、**『土の物質移動学』**中野政詩、**『環境地水学』**宮﨑毅をすすめます。
この三部作は、土壌物理学と呼ばれる分野において、それぞれの時代に理論、実験、フィールドで扱ってきた学術的知見から普遍性を切り出し、学生諸君の教科書となるように体系的に記述したもので、大変ユニークな書です。将来、環境関連の学問や職業に進むとき、本書の内容を勉強しておくと広く応用が利きます。環境科学にも数学や物理学が必要であることも伝わるはずです。

山本《やまもと》巍《たかし》（大学院総合文化研究科・教養学部教授／哲学）

1 **『侏儒の言葉』**芥川龍之介（岩波文庫）
「うぬ惚れ」もせず「卑屈にも」ならず（『闇中問答』）考え生きようとしたものの言葉。

『歎異抄』親鸞（岩波文庫）
人間の生死ぎりぎりの地点を日本語にしたもの。

『我と汝』 ブーバー／植田重雄訳（岩波文庫）
人間の原構造を分析して爽やか。

2 **『ソクラテスの弁明』◇** プラトン／森 進一訳（新潮文庫）
自分でソクラテスが有罪か無罪か投票してみたら。

『方法序説』◇ デカルト／落合太郎訳（岩波文庫）
人生の確かな基礎をひたすら求めた哲学の光と影を察知できれば。

『精神の生活』 アーレント／佐藤和夫訳（岩波書店）
思考と意志という人間の精神の力を著者と共に辿ってみれば。

3 **『はるかなる山河に――東大戦没学生の手記』△**
彼らが熱願した平和は、今われわれが食い散らかしている平和だったろうか。

『根拠よりの挑戦』、『モイラ言語』 井上 忠
ギリシア哲学をモデルに哲学を造形したもので、二冊の間にも哲学の道の歩みが見られる。

山本博文《やまもとひろふみ》（史料編纂所教授／日本近世史）

1 **『日本文化の歴史』** 尾藤正英（岩波新書）
は、日本の文化を思想史的深みから概説したものだが、単なる概説書ではなく、緻密な考察と大胆な提言がなされている。たとえば、平安末期から鎌倉にかけての時代は大多数の武士と庶民が社会的地位を向上させていた時代で、簡易な仏教の教えが求められており、それに対応したのが浄土信仰であるとし、末法思想は浄土信仰の理由づけとして広まったに過ぎないというような解釈に、著者独特の理解が見られる。十六世紀の近世国家の成立を日本史上の近代の

始まりとする見方も同様である。

『リオリエント』アンドレ・グンダー・フランク／山下範久訳（藤原書店）は、ヨーロッパ中心史観で構成された世界史を、アジア中心に見直すことを提起したもの。十八世紀においてさえ、ヨーロッパの製品はアジアにおいて競争力を持たなかったと喝破し、ヨーロッパの「一時的な」勝利はアジアの衰退によったものに過ぎないとする。

2 **『戦争と人間』**五味川純平（三一書房）は、つい六十年ほど前の暗い戦争の時代を壮大なスケールで描いた大著。山本薩夫監督による映画を見た人もいるかもしれない。伍代財閥の次男俊介と日本共産党に入党した孤児標《しめぎ》耕平の青春を軸に、軍部の暴走によって日本が戦争に足を踏み入れ、悲劇的な結末に至る過程を描く。俊介の父由介は伍代財閥の総師で欧米流の自由主義者、その弟で満州伍代を率いる喬介は軍部と結んで新興財閥を巨大財閥に成長させようとする策士。これらいわば悪役にも、人間的な魅力を感じさせるところにこの小説の奥深さを感じさせる。

『ベストセラーの構造』中島 梓（ちくま文庫）は、ベストセラーが生まれる理由を、日本人の思想的な面から考察する興味深いエッセー。日本人の嫉妬、プライドなど、現代社会を読み解く上でも興味深い。

3 **『近世日本と東アジア』**荒野泰典は、日本の近世社会が、決して世界から孤立したものではなく、東アジアという場の中で確固たる地位を占めていたことを実証したもの。東アジアの貿易構造を概念化し、「鎖国」概念の不備を指摘するとともに、漂流民の送還体制や日朝関係の特質の解明など幅広い視点から書かれている。

『試験の社会史』 天野郁夫

は、近世から近代にかけて行われた試験や教育を概観することによって、日本近代社会の特質を描いたもの。江戸時代の身分制社会は、試験制度によって学歴社会という別の「身分制社会」に変容していくのであるが、同時に社会的な流動性が確保されることになる。その試験と社会の蜜月時代を描いている。

山本隆司《やまもとりゅうじ》（大学院法学政治学研究科・法学部助教授／行政法）

1

私は読書家でない上、読んだ本をすぐに忘れてしまうので、ここでは比較的最近読んだ肩の凝らない本を挙げるにとどめる。

『ベンヤミン』 三島憲一（講談社）

ベンヤミンあたりを読みこなせないと、ドイツの文化を理解できないと思うが、残念ながら私にはそれだけの力量が全くない。ベンヤミンの一つの読み方を示した右の書などを読んで、無邪気に楽しむだけの状態である。

『知識創造企業』 野中郁次郎、竹内弘高／梅本勝博訳（東洋経済新報社）

現在の日本で、諸組織・諸制度の「改革」や、「IT」が語られる場合に、知識を創造するための長く複雑なプロセスに十分注意が払われていないようであり、また、知識の創造それ自体を任務とする大学も、そのプロセスを明確に説明していないように見えるのは、事情に疎い私の見当違いな感想なのであろうか。右の書については、細かい内容はともかく着想が、そのような私の現在の心境に適合した。

2

『人倫の形而上学（法論）』△ カント／加藤新平、三島淑臣訳（中央公論社、世界の

名著）

『法の哲学』◇ ヘーゲル／藤野 渉、赤澤正敏訳
（中央公論社、世界の名著）

陳腐な指摘になるが、岩波文庫や中公「世界の名著」などに収められた、社会科学・社会思想に関する古典を、できるだけ読んでおくとよい。自分で論文を書くほどの問題意識を持ってからでないと精読はできないのだと割り切って、新入生のうちは、興味にまかせて乱読すればよいと思う。右の書は、公法・私法を含めて近代法の全体構造を明解に叙述している。正直なところ、果たして法学理論の本質的な部分は、二百年ほど前に書かれたこれらの著作からどれだけ発展しているのだろうかという疑問に、時折襲われる。

『憲法理論』 カール・シュミット／尾吹善人訳
（創文社）

アトム化された個人と自己完結した政治権力とから成る国家の像を、クリアーかつ冷徹に描き、この国家像が尋常なものでないことを浮き彫りにしている書。古典的な憲法理論の教科書として優等生的に読むのもよし。この書が構築した憲法像・国家像の限界までクリアーに見せてしまっている箇所を探しながら、意地悪く読むのもよし。

『公法学の法と政策――金子宏先生古稀祝賀』△
（有斐閣）

記念論文集は専門家向けに書かれるので、新入生が内容を理解するのは難しいと思う。ただ、昨年出版された右の記念論文集のうち、私の専門に直接関わる「下巻」の「行政法総論・行政争訟法」の部分について言うと、アクチュアル

なテーマに関する、執筆者各自の個性の滲み出た論考が並んでいる。行政法学の「今」を知り、好みの学者（?）を探すのに、好適であろう。

3 **『損害賠償法の理論』** 平井宜雄

法解釈学の論文スタイルの、一つの極致をなす。同著者の『法政策学』（第二版）（有斐閣）も併せて読むとよい。

『ドイツ市民法史』村上淳一

同著者の『近代法の形成△』（岩波書店）とともに、近代法の基礎概念を歴史的・思想的背景に遡って理解するために必読の書である。

なお、私の専門に偏った話になるが、兼子仁『行政行為の公定力の理論△』、遠藤博也『行政行為の無効と取消△』、小早川光郎『行政訴訟の構造分析△』は、戦後の行政法学をリードする役割を担った、重要なモノグラフィーないし論文集である。

渡部泰明《わたなべやすあき》（大学院人文社会系研究科・文学部助教授／国文学）

1 **『精神としての身体』** 市川浩（講談社学術文庫）

大学一年生のときに、演劇論議に理論武装しようという下心から読み始めて、結局三読。その後演劇とはできるだけ遠い世界に行こうとしたけれども、結局今もって発想の原点に居座っている書。芸術論的身体論ともいうべき、しなやかな内容もさることながら、若い頃の、背伸びをしながら一行一行に食いついていった読書の体験がどれほど大きいか、いまさらながら痛感している。

『言語にとって美とはなにか』 吉本隆明（角川文庫）

右と同様、「ヨシモトリューメイがさあ……」と格好をつけたくて読んだ。だから半分も理解できなかったと思う。それでも、詩歌の本質を、言語の原理にまでさかのぼって語ろうという異様な迫力を感じて、いつか自分もそういうことに挑んでみたい、という気を起こさせてくれた。

2 **『火山列島の思想』**△ 益田勝実（ちくま学芸文庫）

古代神話から平安朝の物語、そして中世説話と、鮮やかな切り口から縦横に説き明かす。その疾走するがごとき文体と思考には、今も憧憬を抑えがたい。研究論文も「作品」なのだと、教えられたような気がする。

『【うた】をよむ――三十一字の詩学』 小林幸夫ほか（三省堂）

私を含む研究仲間六人が集まって作った、和歌の入門書。原稿料一切なし、まったくの手弁当で、そのかわり皆で楽しみながら、語りたいように語ったあげくに出来た本。本書を読んで、和歌の面白さを感じてもらえれば幸いである。

3 **『新古今歌人の研究』**△ 久保田 淳

わが指導教官の書。四年生のとき退屈さにあきれながら読み、修士論文作成中に再読してその周到さに圧倒され、博士課程に進んでからひもといてその奥行きの深さに慄然とした。東大の常として、先生にこと細かに指導された経験はついぞないが、この書とは対話し続けて来た。教官と学生の、そういう関係をも醸成し許容する東大の雰囲気を、私は誇りに思う。

2002

国立大学の法人化は既定事項となり、検討の段階から、準備へと移る。産学連携を支援する「産学連携推進室」が発足する。「遠山プラン」は「21世紀COE」という研究拠点形成プログラムとして具体化され、東大は十一件の採択を獲得。ニュートリノ天文学の小柴昌俊名誉教授、ノーベル物理学賞受賞。韓国朝鮮文化研究専攻が新設。駒場寮をめぐる裁判の終結に伴い、駒場のテント村撤去。

市野川容孝《いちのかわやすたか》（大学院総合文化研究科・教養学部助教授／国際社会科学）

1 **『吉里吉里人』** 井上ひさし（新潮文庫）

私たち日本人は、はたして自分たちの力で自分たちの社会のあり方を根本的に変えたことがあるだろうか。つまり「革命」を経験したことがあるのだろうか。この問いに対する答えは、人によってさまざまだと思うが、井上ひさしはこの小説で、そうした経験をフィクションとして描いた。吉里吉里人の独立を認めようとしない東大法学部教授と堂々とわたりあう吉里吉里国の長老「ゴンタザエモン沼袋」の言葉には、読む度に考えさせられる。「貴方達《あんだら》学者の諸先生方は現実ば後方《うすろ》がら追って来たんせ。決すて現実の前さ立だ無《ね》えでおごやい、生身の人間《ぬんげん》の邪魔にならねえ様《よー》に後方《あど》がら静《すんづ》がに歩《あゆん》いで来て呉《け》さい。人間の未来《みれーば》を、学問言《つ》う狭《せめー》い箱の中さ無理矢理押し込め様《よー》と為《す》てはなんねえだぞ」。

2 **『プロテスタンティズムの倫理と資本主義の精神』** M・ヴェーバー（岩波文庫）

この本は、私の専門の社会学のみならず、政治学や経済学を含む社会科学一般の議論を消化する上で、やはり読んでおかなければならないと思う。私は、入学したての頃——もう二十年近く前です（とほほ）——ヴェーバー研究の大家、折原浩先生のゼミでこの本を読んだが、それはとても貴重な経験だった。ヴェーバーがこの本で提示したことは、現在いろんな意味で批判的に検証されているけれども、どっちにしても読んでないと議論についていけませんね。

3 **『越境する知』全六巻** 栗原 彬、小森陽一、佐藤 学、吉見俊哉（編）

私も第四巻の『装置：壊し築く』に「医療と

いう装置」という論文を書いているので、手前味噌になってしまいますが、いろんな人がいろんなテーマについて「アクチュアル」に書いている。どんなに昔のことを扱っていても「アクチュアル」――これが重要。さながら「知」の一大ジャム・セッションといった感じ。本屋さんか図書館で、目次をぱらぱら見るだけでもお勧め。

井上《いのうえ》真《まこと》（大学院農学生命科学研究科・農学部助教授／森林政策学・森林社会学）

1

環境問題をグローバルな視点から「鳥の目」で眺望するのが重要な作業であることは間違いない。実際に多くの議論はそのような視点に基づいてなされてきた。しかし、それはあたかもアメリカ軍の空爆の映像を、テレビを通して空から眺めるようなものである。そこには、環境問題の現場で苦しみながらも生きようとする人々の顔は見えてこない。個々の人間は、まるでグローバルな環境保全のための歯車としてしか位置づけられていないのではないかと思えてしまう。環境研究を机上の空論としないためには、もっと「虫の目」に基づく議論を発展させることが必要であると私は考えている。そこで、私はかつて読んだ本の中から、あえて虫の目の立場で印象に残っている本を二冊だけ紹介したい。

『殺される側の論理』本多勝一（朝日文庫）

支配される側、フィールドワークで調査される側、少数派などの立場から現実がどのように見えるのか、そしてそれに対して人々はどのように感じるのかを鋭く指摘している。幸い人間には想像する頭と感じる心がある。たとえ支配する側、調査する側、多数派の中で育ってきた者であっても、現実に目を開いて相手の立場や論理を想像する頭と、思いやる心を持てば対話が可能となる。それが問題解決への第一歩なのである。

『カムイ伝』白土三平（小学館）

かつて日本全国を覆い尽くし、現代でも完全には解消されていない身分制度の理不尽さを支配される人たちの視点から漫画の形式で描いている。読んでいると悔しくて仕方なくなってきた記憶がある。こうして心が動けば自ずと勉強意欲が湧くのである。

2　私は現場で起こっている出来事を把握し整理することを基礎として森林政策の改善に資する研究を試みている。そこで、ここではローカルな実態把握からグローバルな問題へという順序でお薦めの四冊を紹介しよう。

『フィールドワーク』佐藤郁哉（新曜社）

質問票を使用して広く浅く調査する短期滞在型のサーベイとの対比で、参与観察によって狭く深く調査する長期滞在型のフィールドワークの論理をわかりやすく解説している。

『コモンズの社会学』井上　真、宮内泰介編（新曜社）

日本と熱帯のフィールドから、コモンズと呼ばれる森・川・海の共同資源管理や利用の実態と課題、そして解決の方向性を提起している。地域住民を主役にした資源の管理・利用を考えるための入門書である。

『アジア環境白書2000/01』日本環境会議編（東洋経済新報社）

地球環境保全はアジアからという基本認識にたち、アジア地域のNGOによる実態把握と提案を世界に発信しようという試みである。すでに英語版がSpringer社から出版され、韓国語版と中国語・台湾語版もまもなく出版される予定である。

『地球環境問題の政治経済学』 寺西俊一（東洋経済新報社）

地球環境問題を、越境型の広域環境汚染、公害輸出による環境破壊、国際分業を通じた資源と環境の収奪、貧困と環境破壊の悪循環的進行、地球共有資産の汚染と破壊、の五つにわけ、それぞれの問題の所在と解決方向を示している。

3 東大出版会には良書が多い。そのなかで環境問題に取り組むにあたって重要な視点を示唆してくれる本を二冊紹介しよう。

『転換する経済学』△（UP選書）玉野井芳郎

経済学が社会科学の王様と呼ばれるのは、自然科学に類似した思考様式をもち標準テキストが存在するという狭義の経済学が前提とされているからである。本書はそのような経済学の前提を疑い、生態学や経済人類学等との統合を模索する広義の経済学への脱皮を提唱している。

『環境学の技法』 石 弘之編

環境学のアプローチについて初めて統一的に論じた意欲的な書籍である。環境問題に興味はあるがどのように取り組んだらよいのかわからない人は、本書との邂逅が人生の転機となるかも知れない。

小田部《おたべ》胤久《たねひさ》（大学院人文社会系研究科・文学部助教授／美学芸術学）

1 最近感銘を受けたものに

『わが音楽　わが人生』△ 柴田南雄（岩波書店）

がある。東大理学部植物学科卒業後、文学部美学科に移り、その後は戦後を代表する知性派の作曲家（兼音楽学者）として活躍した柴田の自伝だが、柴田の音楽人生には日本のこの八五年間の西洋音楽受容が生き生きと映し出されている。六五年前の大学生の姿を窺い知る上でも、一読を勧めたい。
　私自身の二五年前の駒場生活を振り返ると、いろいろな書物を濫読はしたが内容を追えなかった、という苦い経験が思い出される。だが、講義を通して出会った三人の先生方の書物を読み、改めて勉学への意欲をかき立てられたことは忘れられない。

『世界の共同主観的存在構造』 廣松 渉（勁草書房、現在は講談社学術文庫）

『物と心』 大森荘蔵（東京大学出版会）

　はいずれも、常識的なものの考え方を根底から批判し、自ら課題を立ててそれを解決する、という学問のあり方を私に教えてくれた。また、

『理性の不安――カント哲学の生成と構造』 坂部 恵（勁草書房）

　は、一八世紀という不可思議な時代へと私を誘った書物である。

2 「美学」の書物としては

『判断力批判』 カント／坂田徳男訳（河出書房新社）

『美学講義』 ヘーゲル／長谷川 宏訳（作品社）

　という二つの巨峰を推薦したいが、やはり消化不良は免れないだろう。消化不良を起こさないものとして、音楽論、美術論から次の二点を挙げる。

『西洋音楽演奏史論序説――ベートーヴェンピアノ・ソナタの演奏史研究』 渡辺 裕（春秋社）

『絵画の東方――オリエンタリズムからジャポニスムへ』 稲賀繁美（名古屋大学出版会）

　いずれも、「近代」における芸術のあり方を根底から問い直す力作。

狭義の「美学」には限定されないが、美学の方法論にかかわるものとして、二〇世紀の解釈学を代表する次の書物

『真理と方法』ガーダマー／轡田《くつわだ》、麻生、三島ほか訳（法政大学出版局）

は必読。その読解を助けるものとして

『ドイツ言語哲学の諸相』麻生 建（東京大学出版会）

『包括的社会哲学』山脇直司（東京大学出版会）

の参照を勧めたい。

3 すでに挙げたものを除くならば、まず第一に

『美学辞典』佐々木健一

を推奨する。「読む」辞典であるが、気の向くままに頁をめくるだけでも、あるいは巻末の参考文献表を眺めるだけでも、美学の世界を覗き見ることができよう。

金森《かなもり》 修《おさむ》（大学院教育学研究科・教育学部助教授／科学論）

1 『ツァラトゥストラ』フリードリッヒ・ニーチェ／手塚富雄訳（中公文庫）

永劫回帰といった中心的テーゼそのものよりも、その細部の含蓄がいまでも圧倒的な記憶となって思い出される。手塚さんの注釈も的確。叙情性と思想性の複層的な合体を示す、思想書の圧倒的な迫力に早くから触れて欲しい。

『ジョゼフ・フーシェ』シュテファン・ツワイク／高橋禎二、秋山英夫訳（岩波文庫）

あえてこれを。フランス大革命とその後の政治的激動を生き抜いた政治家の、寂しい、しかし強烈な肖像。人間性の闇に触れておくのは若者の修行のはじめ。

2 『実体概念と関数概念』△ エルンスト・カッシーラー／山本義隆訳（みすず書房）

正直、新入生でこれを読破できれば、君は大秀才！　このくらいのものを読んで、一度頭からたたきのめされて欲しい。十九世紀自然科学の重厚な概念形成史の古典。

『推測と反駁』カール・ポパー／藤本隆志他訳（法政大学出版局）

これは、難しいけど、取っつきやすい。明快な議論の組み立ては、受験勉強ののりでそのまま突き進んでいけるはず。ポパーの開放的感覚には共感を覚えるに違いない。

『科学的精神の形成』ガストン・バシュラール／及川馥《かおる》、小井戸光彦訳（国文社）

実はとても複雑な本。十八世紀の素っ頓狂な自然科学。そうあり得たかも知れない世界の自然科学的誤謬説明の総覧。何よりも人間の想像力に驚かされるに違いない。

3 **『サイエンス・ウォーズ』**金森 修

みっともないが自分の本を。いま、科学論という領域が成立しつつある。これほど科学技術の影響が強い現代社会で生き続ける君たちにとって、その批判的対象化の作業は他人事ではないはず。まあ、時間があったら読んでみてください。

柴田《しばた》元幸《もとゆき》（大学院人文社会系研究科・文学部助教授／英米文学）

1 **『私という現象』**三浦雅士（講談社学術文庫）

『ものぐさ精神分析』岸田 秀（中公文庫）

『赤糸で縫いとじられた物語』寺山修司（ハルキ文庫ほか）

それぞれ文芸批評、精神分析、童話とジャンルは違うが、どれも「『私』とは幻想だ」という視点から書かれた本である。この三冊に出会ったのは大学院生時代、もう二十年以上前だが、「自分探し」とか「自分らしさ」とかいった言葉が妙に重みを持ってしまっている今日にも読まれる価値は大ありだと思う。『私という現象』は個人的に最大の影響源だが（「不肖の弟子」ですけど）、いま読むには、同じ著者の近刊**『批評という鬱』**（岩波書店）、**『青春の終焉』**（講談社）からはじめる方がさらにインパクトが強いかもしれない。

2 **『トリストラム・シャンディ』**△ スターン／朱牟田夏雄訳（岩波文庫、絶版）

『ドン・キホーテ』◇ セルバンテス／会田 由訳（筑摩書房ほか）

『カラマーゾフの兄弟』 ドストエフスキー／米川正夫訳（岩波文庫ほか）

『アンナ・カレーニナ』 トルストイ／中村 融訳（岩波文庫）

『白鯨』 メルヴィル／千石英世訳（講談社文芸文庫ほか）

とにかく古典を、細かいところはわからなくてもいいから、その世界にどっぷり浸って読む、これがいい。

原書でも読み易い本としては、やはり現代小説の方が勧めやすいか。

John Irving, ***The World According to Garp*** (Ballantine Books ほか)

Kazuo Ishiguro, ***The Remains of the Day*** (Faber & Faber ほか)

Paul Auster, ***Moon Palace*** (Penguin ほか)

——あたりが英語も易しく、ストーリーも明快で、入手も容易。

3 **『意味に餓える社会』** ノルベルト・ボルツ／村上淳一訳

「人生に／世界に意味なんてない」という思いがある一方で、「意味があってほしい」という願望ものすごく強い現代。そういう事態にどういう意味があるのかを考えた本である。著者の主張はほんの少し現状追認的姿勢が強すぎる気もするが、取り組んでいる問題は間違いなく重要であり、今日の生活のあらゆる側面（とくに文化的側面）を考える上でいろいろ刺激を与えてくれる。

代田《しろた》智明《ともはる》（大学院総合文化研究科・教養学部教授／近現代中国文学）

『トムは真夜中の庭で』フィリパ・ピアス／高杉一郎訳（岩波少年文庫）

東大生に最初に薦めるのが童話というのもどうかと思ったけれど、大人の読書に耐えられるのが、本当の童話であろう。もう五十年近く前に書かれた作品だが、読み応え抜群。時間を隔てた少年と少女の心の触れ合い。それさえあれば、年齢や世代の壁などは越えられるという心温まるお話。綿密な物語の仕掛けも見所である。

『意味の弾性――レトリックの意味論へ』佐藤信夫（岩波書店）

ことばという存在そのものがちょっと気になったとき、是非ひもといて欲しい。皆さんが経験しているように、ことばは実際の体験や感覚を表すのに物足らない。そこでレトリックが模索される。実はことばが「現実」を作ってはいまいか。比較的読みやすい文章なので、ソシュールや記号論がとっつきにくいという向きに、特にお薦め。

『虚構の時代の果て』大澤真幸（ちくま新書）

オウム真理教事件は、皆さんが小中学生の頃であろう。この事件が日本の社会に対してもたらした影響は、とても大きい。その思想史的意味を分かりやすく説明して、日本を含めた現在進行形の世界を理解するうえでも参考になる。

2 『支那革命外史』北一輝（『北一輝著作集』第二巻所収、みすず書房）

中国関係の入門書はいくらもあるが、中国人と近代中国革命とをリアルに認識でき、なおかつ読んで面白い書物はそう多くはない。これは数少ないその一冊。ついでに中国革命に希望を託した、かつての一日本人の世界認識を知るのも一興だ。

『日本とアジア』竹内好《よしみ》（ちくま学芸文庫）
『上海にて』堀田善衛（筑摩書房）
『黄河海に入りて流る——中国・中国人・中国文学——』武田泰淳（勁草書房）

いずれも敗戦直後の評論で一昔前のものだが、日本が歩んだ道を確認するためにも読んでおきたい。思わぬところで現代につながる問題意識が発見できるかもしれない。アジアを考える心構えとしても啓発はあるだろう。

3 『方法としての中国』溝口雄三

2で紹介した世代の中国論を批判的に相対化しようとした労作。同じ著者の『中国前近代思想の屈折と展開』は専門的だが、第一章「明末を生きた李卓吾」が瑞々しい。

杉本史子《すぎもとふみこ》（史料編纂所助教授／近世日本史）

1 『公私』溝口雄三（三省堂）

日本においては、「わたくし＝私」を一人称としても用いる……「日本」という文化共同体のなかではあたりまえのこととして見過ごしがちな公私のありかたの特質と問題点を、本書は、中国との対比において鮮やかに描き出してみせる。西欧のみを尺度にした議論に比べ、その視点は広く深い。

『詩への架橋』 大岡 信《まこと》（岩波新書）

自分で選び入手したものではなく、父の書架のなかからいつか知らず親しんでいた本だが、折々に開きたくなる一冊。草野心平による中原中也追悼の詩には、たった四行のことばがこんなにも広大な時空を含むことができるのかと衝撃を受けるに違いない。

2 **『江戸幕府の制度と伝達文書』** 高木昭作（角川書店）

史料中の微細なことばのひとつひとつをゆるがせにせず、そこから独自の近世日本史を描き出してきた、史料解釈の巧者が、具体的な史料を取り上げ、その手法を惜しみなく披瀝していくありさまは、スリリングですらある。

『日本の誕生』 吉田 孝（岩波新書）

「日本」史を学び研究するとはどういうことか、「日本」史の枠組みを問い直しつつ歩んでいくことを必要不可欠な階梯と考えるとき、この本は多くのてがかりを与えてくれる。

3 **『歌舞伎』** 河竹登志夫

歌舞伎の色彩美を堪能しつつも、その筋立や人物造形に対して違和感を抱く現代人は少なくないだろう。歌舞伎とは、西洋のシェークスピアと並び立つ「バロック劇」・市民劇であったとする本書は、その違和感が、「物語」に対してわたしたちが持っている無意識の了解にもよるものだと気づかせてくれる。このような了解のもつ意味もまた、歴史学の分析対象に違いない。

『地図と絵図の政治文化史』 黒田日出男、メアリ・E・ベリ、杉本史子編

ここで、地図を分析対象として、「日本」の

〈かたち〉・国土や境界、国家建設、裁判・外交のありかた、地図の分類学・書誌学などを意欲的に論じているのは、地理学者でも地図史研究者でもなく、独・米・日の九人の日本史研究者である。文字で記述された世界と、地図や絵画などのように非文字のかたちで描かれた世界は、従来はそれぞれの研究分野でともすればバラバラに分析されてきた。しかし、それらを全体としてとらえて歴史分析を行う地点に、わたしたちは立っている。

月尾《つきお》嘉男《よしお》（大学院新領域創成科学研究科教授／メディア政策）

1 **『万国奇人博覧館』**G・ブクテル、J－C・カリエール／守能信次訳（筑摩書房）

二一世紀の開幕とともに変人小泉純一郎氏が首相になった。変人は継続の時代にあっては蔑称であるが、変革の時代には尊称である。既存の社会秩序を破壊するためには、従来の常識を無視する奇人や変人が必要である。この四〇〇頁以上の大冊には、イエス・キリストからマイケル・ジャクソンまで、社会を変革した古今東西六〇〇人以上の奇人が解説され、退屈することがない。残念ながら日本からは大屋政子と徳田サネヒサの二人しか掲載されていないが、この奇人・変人の欠如が現在の日本の改革の遅延の原因である。

2 **『アメリカ帝国への報復』**チャルマーズ・ジョンソン／鈴木主税《ちから》訳（集英社）

昨年九月のニューヨークでのテロ事件は、多数の人々が事前に察知していたという噂話に事欠かないが、アメリカの覇権主義の外交政策への報復が確実に発生すると前年から予言していたのが、この名著である。八〇年代に日本の成功の原因を『通産省と日本の奇跡』で明晰に分析した碩学ジョンソン博士は、世界各地で威嚇や武力により自国の権益を確保する強引な政策はアメリカを破滅させると警告する。九章の「メルトダウン」、終章の「帝国の末路」という見出しを道標にして、日本も属国の地位からの脱却を構想する時期である。

3 『原典メディア環境 1851–2000』 月尾嘉男、浜野保樹、武邑光裕編

膨大な情報がネットワーク内部を往来する時代になるとともに、我々は次第に原典から遊離し、伝聞などで研究する傾向にある。それは便利で効率はよいが、百科事典の解説で本物の自然が理解できないのと同様、学問の基本は原典を参照することである。情報通信メディアについて、一九世紀中期から現在まで、内外の主要な文献の主要な部分を編集したのが本書である。これはメディア研究の入口であり、ここから無限といってもいい世界を探検するための案内になることを目指して一四一点の資料が網羅されている。

寺崎弘昭《てらさきひろあき》（大学院教育学研究科・教育学部教授／西洋教育史）

1 これだけ活字（ワープロ文書も含め）が氾濫して辟易させられている時代。なるべく付き合わないに越したことはない。それでも、不思議に思うことは、有限個の文字で無限の世界を孕み、読んでいて心地よい活字の束も存在すること。また、「静かな生」の道具立てとして、活字を追っている時間がそのまま心地よい、そういう時間が必要であること。私にとっては、

『スティル・ライフ』 池澤夏樹（中公文庫）

透明なコスモロジーに満ちた穏やかな（非）日常の断片が、妙に心地よい。世界の間《はざま》で漂う技法を感じさせてくれる。**『エピクロス　教説と手紙』**出隆、岩崎允胤《ちかつぐ》訳（岩波文庫）や、**『西行花伝』**辻邦生（新潮文庫）も。

2　歴史記述としては、ミクロな事象の中に宿っているコスモス（「神は細部に宿りたまふ」）にストーリーを紡ぎ出させようとするものが好み。

『チーズとうじ虫』カルロ・ギンズブルグ／杉山光信訳（みすず書房）

一六世紀末葉、一粉挽き屋メノッキオの異端審問に関する一件史料の分析を通して、ともすれば語られることなく埋もれたままになっただろう匿名の人々の声を〈声〉たらしめその宇宙観を掬い出す試み。ヨーロッパの深層史を構造的に把握する端緒を切り開く。

『狂気の歴史』ミシェル・フーコー／田村俶訳（新潮社）

フーコーのものとしては『性の歴史Ⅱ――快楽の活用』『性の歴史Ⅲ――自己への配慮』（田村俶訳、新潮社）もいいけれど、彼の全ての論点は、素朴なかたちでしかも豊かな形象を伴って、このダイナミックな作品の中に含まれていた。近代社会は、それが生理として産み出す周縁的領域を「非理性」として無差別に囲い込み、その坩堝《るつぼ》を鏡に己れの自画像を形成する。その坩堝（＝ポリス）の中に、「病院」はもとより、「教育」も「家族」も「学校」も姿を現す。

3　**『教育への問い――現代教育学入門』**天野郁夫編

いまの教育諸科学の関心がどのようなものか、一覧するために格好の書。

『イギリス学校体罰史――「イーストボーンの

悲劇」とロック的構図』寺﨑弘昭

せっかくの機会を使い、宣伝。一八六〇年に起きた小さな事件を、当時の新聞報道・教育雑誌記事および加害教師自身の獄中からの弁明パンフレットなどにより初めて復元することによって、イギリス学校体罰史を鳥瞰しその基本構図を明らかにしたもの。

中村《なかむら》 周《しゅう》（大学院数理科学研究科教授／偏微分方程式・数理物理）

17 『自由からの逃走』エーリッヒ・フロム／日高六郎訳（東京創元社）

私が十代に読んで、最も影響を受けた本。ナチズムを題材にして、人間がいかに不合理な行動をとりうるかを分析した古典。こんな本をみんなが読んで、もう少し内省的に考えるようになれば、世の中はもっと良くなるんじゃないかな、と思うことがある。

『装置としての性支配』江原由美子（勁草書房）

性差別、フェミニズムは、二〇世紀における大きな社会問題、社会運動であったが、これから数十年の間もそうであり続けるだろうと思う。そうした中で、「普通に」生きていくために、フェミニズム関係の本を何冊か読んでみることを勧めたい。ここに挙げた本は、読みやすくて、とても啓発的な本。

『敗北を抱きしめて』◇（上・下）ジョン・ダワー／三浦陽一、高杉忠明、田代泰子訳（岩波書店）

これは、最近読んで感銘を受けた本。米軍占領期の日本を多面的に描いている。こういう本は、いろいろな読み方ができると思うけれど、私は、「どのようにして天皇制が温存されたか」、「どのようにして日本人は戦争の加害責任を忘れたか」という点において学ぶことが多かった。

佐々木力氏がbk1（オンライン書店）の書評に書いているように、「どうしてこのような書物を日本人学者が書くことができなかったのであろうか」と問いたくなる、すばらしい本。

2

『解析概論』高木貞治（岩波書店）
『解析入門』『続・解析入門』S・ラング／松坂和夫、片山孝次訳（岩波書店）

理系の学生が入学して最初に学ぶ科目のひとつに解析（微積分）がある。ハミングの言葉を借りれば、解析（calculus）は「不条理なまでに役に立つ」（unreasonably effective）道具であり、世界を科学的に理解するための鍵である（ちなみにハミングは、情報理論の父の一人）。高木貞治の本は古典的教科書であり、いま出回っている教科書に比べると、取っつきにくく見えると思う。しかし、大学生は、このような本を自分の力で読み進んでいく能力を身につけるべきだと思う。内容的にも、ここに書かれている事柄をきちんと理解すれば、教養の解析はほぼ卒業といってよい。逆に、専門課程の教官は、このくらいの内容は教養学部で身につけている、と想定していると思う。ラングの本は、アメリカのcalculusの課程に沿った教科書なので、高校の数学レベルから始まっており、日本の大学の教科書としては使いにくい構成だが、読みやすく教育的な本。自習に向いた本だと思う。

『曲線と曲面の微分幾何』小林昭七（裳華房）

数学の面白さを知るためには、微分幾何は格好の題材だと思う。この本は、微分幾何の大家による入門書で、曲面の曲率とオイラー数の関係を与える、美しい「ガウス・ボンネの定理」の証明を目標にしている。上に挙げた解析の本を読んだあとで読むのにちょうどいいレベルで、初等的に書かれている（とはいっても、すらすら読める本ではないと思う）。

『量子力学』 山内恭彦《たかひこ》（培風館）

言うまでもなく、二〇世紀における物理学の革命は、相対性理論ではなく量子力学の発見である。量子力学を学ぶことは、物質についての新しい認識を学ぶことであり、自然界は数学的なモデルを通じてしか理解不可能であることを教えてくれる。量子力学については、もちろん多くの教科書が書かれているが、この本は比較的少ないページ数に量子力学の本質的な事柄を簡潔にまとめてあり、とても優れた教科書だと思う。

3 **『解析入門』**（Ⅰ・Ⅱ）杉浦光夫
『線型代数入門』 斎藤正彦

これらは、東京大学の教養学部の講義内容をもとに書かれた教科書。内容はかなり豊富で、教養の1年間の講義で教えられる範囲を越えているが、現在でも標準と見なされている、優れた教科書。

『物理数学入門』 谷島賢二

解析の教科書を読んだあとで、解析学をもっと学びたい、という人に勧められる。東京大学基礎科学科の3年生の講義をもとに書かれた本で、微分方程式、フーリエ解析、超関数などの基礎を網羅している。証明も厳密に書かれており、物理などの応用に興味がある人だけではなく、数学、とくに解析学の研究を志す人にも向いている。

野崎《のざき》歓《かん》（大学院総合文化研究科・教養学部助教授／フランス文学）

1 堀口大學訳詩集 **『月下の一群』**◇（新潮文庫）

ゴルだのジャムだのスーポーだの、奇妙な名前の詩人がフランスにはいっぱいいるんだなあという驚きから読み始めて、詩の愉しさにすっかり魅せられた一冊。「何のあてもなく」ただ「國語に移しかへる快樂の故にのみなされた」仕事であると述べる訳者あとがきの言葉にもしびれ、翻訳という営みにいたく興味をそそられた。その後高校から大学にかけて強烈にやられたのが、

『アンドレ・ブルトン集成』△（人文書院）

現在『シュルレアリスム宣言』（巖谷國士《くにお》訳）は岩波文庫で読める。シュルレアリスムこそは青春の特権、こういう突拍子もなく威勢のいい言葉の躍動に一度は体を委ねてみてはいかが。

2 大学に入ってから、友達にジェラール・ド・ネルヴァルという人の本を借りて初めて読んでみた。『火の娘たち』一巻の摩訶不思議な奥行きと広がりに惹かれ、以後研究対象としてきた。

『ネルヴァル全集』（全六巻）田村　毅他訳（筑摩書房）

をひもとけば、ブルトンにもプルーストにも大きな示唆を与えたこの一九世紀作家の、未完であるがゆえにいつまでも新鮮な息吹きを保つ作品世界のありようがわかるはず。

3 **『シリーズ・言語態』**（全六巻）

自分も執筆者の一人なのだが、とはいえ言語態研究とは何なのかぼく自身いまだよくわからずにいる。融通無碍、伸縮自在なフィールドであることは確からしい。さて、どんなことになるのか。スリルを求めて挑戦してみたい。

吉野《よしの》耕作《こうさく》（大学院人文社会系研究科・文学部助教授／社会学）

1 **『ホモ・ルーデンス』**ホイジンガ／高橋英夫訳（中公文庫）

学部生時代に読んだ学術書の中でとても印象深かった。人間存在の本質を「遊び」に見いだし、ホモ・サピエンスではなくホモ・ルーデンス（遊ぶ人）としての人間の文化と歴史を論じた雄大な構想の著。「遊び」のないところに文化は生まれない。

2 **『南方熊楠――地球志向の比較学』**鶴見和子（講談社学術文庫）

地球上のあちらこちらのおもしろい現象を自然界や人間界の中に見つけては比較しまくった民俗学者南方熊楠を紹介した本。南方の観察力もすごいが、南方を発掘した鶴見和子の発想も豊かでおもしろい。学生よ、フィールドワーカーであれ。

『想像の共同体――ナショナリズムの起源と流行』（増補版）ベネディクト・アンダーソン／白石さや、白石 隆訳（NTT出版）

ナショナリズム研究の名著。無名戦士の墓の考察から始まるナショナリズム論は説得力を持つ。アンダーソンの英語のナショナリズムのスタイルは読んでいて心地よい。ぜひ、原著（*Imagined Communities*）でも読むことをすすめる。

『国際社会学――国家を超える現象をどうとらえるか』梶田孝道編（名古屋大学出版会）

国を超える現象をどのように社会学的に学ぶかを示した一四名の執筆者による概説書。専攻を選ぶ時の参考書となるだろう。

3 東大出版会の著書で、私の専門分野（ナショナリズムとグローバル化の社会学）の形成にとって重要な意味をもった著書を二冊あげたい。

『アイデンティティの国際政治学』△ 馬場《ばんば》伸也《のぶや》

『地球文化のゆくえ』馬場伸也

若くして亡くなられた馬場伸也氏は、トランスナショナルな現象の社会学的研究の必要性を早くから説き、海外でも評価されていた。日本の大学で、国際社会学という分野を成立させる上で引き金となったのが故馬場氏の仕事である。今でこそ、グローバル・カルチャーを語る人は多くなってきたが、著書が出た一九八〇年代初頭には斬新過ぎると言われていたのを思い起こす。

2003

国立大学法人法が成立。かつては、「独立行政法人」と呼び慣わされていたが「独立」の言葉は聞かれなくなる。十五件のCOEが獲得される。教養学部が「特色ある大学教育」と評価される。〇六年度より全ての学部に、前期課程全科類からの進学が可能となる枠が設けられるよう制度改革が始まる。この十年で、東大の連鎖的な改革は同時多発化、永久革命の段階に至ったと見える。

板倉聖哲《いたくらまさあき》（東洋文化研究所助教授／東アジア美術史）

1 私が駒場生の時分、刺激を受けた本の多くが幸い文庫本となっている。もっとも、文庫本に姿を変えると、不思議と内容もちょっと違うものに見えるのだが……。文庫本になったものの中から、数冊を挙げよう。

『ベンヤミン・コレクション』（1〜3）ヴァルター・ベンヤミン／浅井健二郎編訳（ちくま学芸文庫、一九九五〜九七）

今や古典的な名著となっているベンヤミンの『複製技術時代の芸術』。私自身は晶文社版の『著作集』（一九七〇）で初めて触れたが、本書は複製の氾濫する時代において失われていく作品自体の持つ「アウラ」の意味を問うたもので、その議論の汎用性から、現在に至るまで古典的なテクストとしてさまざまなコンテクストの中で解釈され生き続けている。当時の危機的な政治状況下の都市、知識人の思索としても、また、受容美学・メディオロジーの先駆けとしても読むことができる。

『劇場都市――古代中国の世界像』△大室幹雄（ちくま学芸文庫、一九九四）

中国に対する語り口に何か漠然とした不満を感じていたとき、三省堂版の本書（一九八一）に出会った。文庫本に収載されていないが、著者は現在に至るまで『桃源の夢想――古代中国の反劇場都市』（一九八四）、『園林都市――中世中国の世界像』（一九八五）、『干潟幻想――中世中国の反園林都市』（一九九二）、『檻獄都市――中世中国の世界芝居と革命』（一九九四）、『遊蕩都市――中世中国の神話・笑劇・風景』（一九九六）（いずれも三省堂）といった「歴史の中の都市の肖像」を描き続けている。壮大な構想の下に編まれた豊饒なテクスチャーは、読者の身体・五感をも刺激し続ける。古代中国の知識人の営為を対象とした同著者の**『滑稽――古代中国の異人（ストレンジャー）たち』**（岩波現代文庫所収）もおすすめする。

2 私の専門は中国絵画史であり、むしろ、ここでは作品との出会いをすすめるべきだろう。あまり接したことがないかも知れないが、上野にある東京国立博物館東洋館ではいつでも（静かに）中国絵画を見ることができる。南宋時代の李氏「瀟湘臥遊図巻」（国宝　一一七〇年頃）、李迪「紅白芙蓉図」（国宝　一一九七年）、梁楷「出山釈迦図」（重要文化財）、元時代の羅稚川「雪江図」（重要文化財）、明時代の文伯仁「四万山水図」（重要文化財）などが月替わりで陳列されている。是非一度足を運んで実見して欲しい。

『美術史の歴史』ヴァーノン・ハイド・マイナー（ブリュッケ、二〇〇三）

近年、美術史学という学問を振り返ることが盛んである。研究者が作品と相対するときには、これまで試みられたさまざまな方法を駆使して作品に近付こうと試みる。われわれにとって美術史学史を知ることは、単に方法論を歴史的に論じるだけでなく、自らのアプローチを相対化することである。

日本の著者によるものでは高階秀爾**『美の思索家たち（高階秀爾コレクション）』**△（青土社、一九九三）を初めに読むとよい。

個別作品に対するアプローチの実践としては、西洋美術では**『アート・イン・コンテクスト』シリーズ**◇（み

すず書房、一九七八〜八一）

『作品とコンテクスト』シリーズ（三元社、一九九二〜）

日本美術では

『絵は語る』シリーズ◇（平凡社、一九九三〜九六）

などが容易に手に入る。

3 『講座　美学』◇（全5巻）（一九八四〜八五）

『表象のディスクール』（全6巻）（二〇〇〇）

東京大学出版会の講座・シリーズは単に研究対象を万遍なく概説的に述べたものではなく、それぞれの学問の方法論、そのときの重要課題などを知ることができるという特徴がある。これはさまざまな学問領域が交差する現在の研究状況において実に有用である。宣伝になるが、現在、企画進行中の『講座　日本美術史』も、そうなるであろうことを確信している。

今井《いまい》康雄《やすお》（大学院教育学研究科・教育学部助教授／教育学）

1 『イコノロジー研究――ルネサンス美術における人文主義の諸テーマ』◇エルヴィン・パノフスキー／浅野　徹他訳（美術出版社、一九八七）

「自分にとって面白いかどうか」「気に入るかどうか」で絵を見るのとは対極にある絵画へのアプローチ。現在のわれわれから見るとどういう意味があるのか判然としない絵画も、描かれた当時には、その時代の約束事に従って読解可能なメッセージを伝えていたはずである。たとえば、なぜ絵の片隅に鳩が描かれ、あるいは黒い犬がうずくまっているのか？　その意味を一つ一つ再構成し、さらにその背後にその絵を生み出した文化や「精神」を探ろうとする。これが「イコノロジー」。たとえば「時の翁」。ルネサンス絵画では、「時」は砂時計を背負い杖をついた老人として描かれるが、古代の絵画では肩とくるぶしに翼を持った若者として表象されていた。この変化の背後に時間についての観念の変化をたどる。あるいは「盲目のクピド」。「恋は盲目」を象徴するように目隠しをして描かれるキューピッドだが、古代のキューピッドは目隠しをしていない。……その先はわかりますね。

こういう解釈のために持ち出される知識の量が尋常ではない。テーマに関わるあらゆる図像表現、あらゆる片言隻句が著者の頭の中には蓄えられていて、自在にそれを取り出しているのではないかとさえ思われてくる。どうにでも解釈できる絵画を相手にしているからこういう博識が必要になるのだ、と言いたいところだが、文字に書かれたテキストを相手にしている私も、その相手がさまざまな解釈に開かれているという点では置かれた状況に大差はないのではないか? 私にとって、「読む」ということの可能性と、同時に怖さを思い知らされた本です。

2 『民主主義と教育』(上・下) ジョン・デューイ/松野安男訳 (岩波文庫、一九九八)

教育学をやっているにもかかわらず(やっているから、か?)、教育について語るということの難しさを痛感する。念のために言えば、これは〈教育について語るデータ〉について語る、ということとは違う。そういうことなら、しかるべき経験なり訓練があれば誰でもできる。ところが、〈教育について語るデータ〉についてなら冷静に語れる人も、教育について語ろうとすると、紋切り型の教育賛美(「教育にこそ期待する!」)になるか、まるでその反転図形のような、教育賛美に負けず劣らず紋切り型の教育断罪（「そもそも教育なんぞという権力関係は……」）になってしまいがちだ。このどちらにも滑り落ちずに教育について意味のあることを言うのはけっこう難しい。

もちろんこの難題をクリアしたテキストは数多くあり、その第一にこの『民主主義と教育』を挙げたい。語られている事柄そのものは、社会の機能としての教育であり、教育の目的であり、教育における興味の意味であり、一見ごくオーソドックス。語り口にも人を驚かせるものは何もない。ところが、読み進めるうちに、読む以前とは違った仕方で教育について考えている自分に気づく。私がここにいて、何か新しい教育観が目の前に展開されるというのではない。見ている私自身の位置がいつのまにか移動して、今までとは違う教育の「風景」が広がっている（それはこの風景が気に入るかどうかとは無関係に起る）、という感覚。この感覚を一度味わってみてほしい。

3 『シリーズ　学びと文化』（全6巻） 佐伯胖、藤田英典、佐藤 学編（一九九五）

学校が若者のためのデイ・ケア・センター以上の意味を持つとすれば、そこで何らかの伝達が行われていなければならないだろう。この伝達を〈社会的・文化的実践への参加〉と捉え直し、そこから現代における学校教育を再構築しようとした壮大な試み。先端的な実践家が自分の実践について報告し、それについてその実践家を交えて研究者や芸術家が討論するという構成になっており、読みやすくもある。現在の「学力低下」をめぐる議論もこのシリーズを参照すれば様子がずいぶん違ってくるのではないかとさえ思える。

東京大学出版会の本ということでもう一つ、

私自身が企画に加わったものなので気が引けるが、**『子どもたちの想像力を育む――アート教育の思想と実践』**佐藤 学、今井康雄編（四月刊）を薦めたい。子どもたちが絵を描いたり音楽に合わせて体を動かしたりすることに喜びを感じるとき、そこに何が起っているのか？ 実際に子どもを巻き込んで展覧会をしたり作曲をしたりしている新しいアートの試みを報告しつつ、「美」と「人間形成」の関係について考える。これもまた教育の新しい「風景」を提供しようという試みです。

内山《うちやま》 融《ゆう》（大学院総合文化研究科・教養学部助教授／政治学）

1 **『官僚たちの夏』**城山三郎（新潮文庫、二〇〇二）

一九六〇年代の通商産業省（現経済産業省）で、ある政策の実現に向けて奮闘した官僚たちの物語。佐橋滋という実在の通産官僚がモデルである。描かれているのは、怜悧なテクノクラートといったイメージとはほど遠い、理想を目指し熱っぽく議論する官僚像。「官僚不信」が強い今こそ読み直されるべきではないかと思う。

『国家』（上・下）プラトン／藤沢令夫訳（岩波文庫、一九七九）

『リヴァイアサン』◇ ホッブズ／永井道雄他訳（中央公論新社「世界の名著」23、一九八三）

これらの古典の著者は、世界史などで名前は聞いたことがあっても、著作の実物を読んだ人は少ないだろう。『国家』は、正義とは何か、理想の国家のあり方は何か、といった論点を扱う。平易な対話形式の文章を読むうちに説得されてしまう。『リヴァイアサン』は、精巧な論理で、「人間」についての前提から政治のあり方を説き起こす。ホッブズのことを単なる絶対君主制の擁護者だと思っている人が多いかもしれないが、そうではないことがわかるだろう。その他、マキャベリ、ロック、ルソー、マルクスなど、「有名人」の古典は読んでおいて損はない。

2 現代日本政治を分析した書物にも優れたものが多いが、それらの紹介は教養学部での授業（日本の政治）に回したい。ここでは、「政治」や「政治学」についての根源的な考察を深めてくれるものを挙げる。

『職業としての政治』マックス・ヴェーバー／脇 圭平訳（岩波文庫、一九八〇）

学生に対するヴェーバーの講演録。本書を結ぶ次の言葉は、八十余年を経た今でも迫力をもってわれわれに語りかけてくる。「政治とは、情熱と判断力の二つを駆使しながら、堅い板に力をこめてじわっじわっと穴をくり貫《ぬ》いていく作業である。……自分が世間に対して捧げようとするものに比べて、現実の世の中が――自分の立場からみて――どんなに愚かであり卑俗であっても、断じて挫けない……自信のある人間。そういう人間だけが政治への『天職《ベルーフ》』を持つ」。同著者の**『職業としての学問』**（尾高邦雄訳、岩波文庫、一九八〇）も是非読んで欲しい。

『現代政治の思想と行動』丸山眞男（未来社、一九八五）

もはや日本政治学の古典といってもよい。実は今の政治学は、高度なテクニックを用いた「科学的」な分析が主流となっており、丸山のような分析手法ははやらないのであるが、彼の洞察力は生半可な「科学的」分析が及ぶものではない。

『政治学批判』△ シェルドン・ウォリン／千葉眞他編訳（みすず書房、一九八八）

　政治思想史学の泰斗ウォリンが、現代政治学は「政治」の本質を理解しそこなっていると痛烈に批判する。政治学とは、ものを見る力を養うという意味で「教養」に他ならないのだということを改めて教えてくれる一冊。

3 **『政治学講義』**佐々木 毅（一九九九）

　著者の東大法学部での講義を基とした教科書。現代の主要な政治理論が網羅的に取り上げられているが、本書の最大の価値は、「政治」とは何かについての著者の徹底した思惟が読者にも追体験できるところにあると思われる。政治思想史研究をバックグラウンドとする著者ならではの教科書である。

『デモクラシーの政治学』福田有広、谷口将紀編（二〇〇二）

　右に挙げた佐々木毅教授の教えを受けた若手研究者が、自由主義、政治、政党といった政治学上の基本概念について論考している（私も「市場」の章を担当している）。学問が個別の専門領域に「タコツボ」化している現在、政治思想史研究者と現代政治研究者が協働した成果である本書は貴重な試みであると自負している。

『日本政治史』（全4巻）升味準之輔（一九八八）

　幕末維新から一九八〇年代頃までの日本政治史。升味政治史が人を惹き付けるのは、政治家や官僚の行動のヴィヴィッドな叙述もさることながら、ユーモアと人間愛が根底に流れているからであろう。

遠藤《えんどう》 貢《みつぎ》（大学院総合文化研究科・教養学部助教授／アフリカ現代政治）

1 **『皇帝ハイレ・セラシエ――エチオピア帝国最後の日々』** リシャルト・カプシチンスキー／山田一廣訳（ちくま文庫、一九八九）

『サッカー戦争』 リシャルト・カプシチンスキー／北代《きただい》美和子訳（中央公論社、一九九三）

ポーランド出身のジャーナリストであるリシャルト・カプシチンスキーの著作の翻訳を二冊。カプシチンスキーは一九六〇年代以降の激動する「第三世界」を、東欧出身の独自の視点から世界に向けて伝える仕事を行ってきた。カプシチンスキーの仕事は、ルポルタージュという「記録」の範疇に入るものではあるが、そこには多くの証言の積み重ねとその構成の中にのみ描き出されうる二〇世紀後半の時代特性が鮮やかに表現されている。「第三世界」に関心をお持ちの学生諸君にぜひ読んでもらいたい。

2 **『戦史』**（上・中・下）トゥキュディデス／久保正彰訳（岩波文庫、一九九七）

古代ギリシアにおけるペロポネソス戦争史。国際政治学の祖ともいわれるトゥキュディデスの著作は、国際政治におけるリアリズムの理論に通じるものとして取り上げられてきた。近年国際政治学者によるその再評価も行われている。古代における都市国家と人々の織り成す壮大なドラマを現代的な視点から読み込んでみてはいかがか。

『民族紛争を生きる人びと――現代アフリカの国家とマイノリティ』 栗本英世（世界思想社、一九九六）

一九九〇年代以降多発している「民族紛争」を、筆者本人の経験を踏まえてミクロな視点から描いたずっしりと読み応えのある好著。普段

「外から」しか見ていない紛争の内的なダイナミズムを身近に手繰り寄せることによって学ぶことは多い。

3 **『信頼の構造——こころと社会の進化ゲーム』**山岸俊男（一九九八）

近年話題になっている「関係資本」（Social Capital）として議論される「信頼」に関する理解を社会心理学の立場から提供している著作。「安心」と「信頼」を対比しながら、進化ゲーム論のもとに展開される議論は、ひとつの日本社会論としても興味深い。

『国際社会』（**全7巻**）宮島 喬、小倉充夫、加納弘勝、梶田孝道編（二〇〇二）

小生も第5巻の中で一章を書いているが、国際社会学の領域において今日浮上している多様な問題を扱う形で編集された論文集。各巻の目次をめくってみて、その問題の広がりを確認した上で関心のある論文を読んでみれば、その先に広がる現実的課題のひとつの入り口に入っていくことが可能となる。

『公共哲学』（**全10巻**）佐々木 毅、金《キム》 泰昌《テチャン》編（二〇〇一〜二〇〇二）

二一世紀における新たな哲学の焦点として浮上してきた「公共性」の問題に関する考察を、「発題」「発展協議」といった審議的なスタイルで提供している、非常に新しいタイプの哲学書である。一〇巻の中からお好みの観点で書かれている巻を読んでみると、そこで展開される知的な営みが非常に刺激的に伝わってくる。

太田《おおた》浩一《こういち》（大学院総合文化研究科・教養学部教授／物理学）

1 限られた時間と空間の中でしか生きることができない人間がそれを超えた世界

を知るには本を読むしかない。すすめられた本もよいが手当たり次第に濫読するのがいいのではないだろうか。オーストラリアの友人はいつも「人間はユニークでなければならない」と主張している。そのユニークな友人からもらった本が Primo Levi, ***The Periodic Table*** (Penguin Books) である。プリーモ・レーヴィはアウシュヴィッツの生き残りである。この奇妙な題名の本はアウシュヴィッツ前後の自伝的随筆で、ナチスを告発するというよりも人間に対する悲しみに充ちた本である。「私は人間であることを恥じる。なぜなら人間がアウシュヴィッツをつくったからである」という言葉がずしりと重い。繰り返して読む本は**『南総里見八犬伝』**曲亭馬琴（岩波文庫、一九九六）である。学者や評論家の、勧善懲悪であるとか、人間が類型的であるとかいう批判は無視するに限る。一葉樋口夏子は七歳のとき八犬伝を三日で読んだそうである。よくそんなにはやく読みあげたといわれて「眼が二つあるから、二行宛読めるでしょう。ほ、ほ、ほ、ほ」と答えた。さすがは夏ちゃんだ。

2 ***The Feynman Lectures on Physics*** (Addison-Wesley, 1964) はファインマンがカルテック*の新入生のために行った講義に基づいているが新入生には難しいかもしれない。しかし、たとえ半分しか理解できなくても読む価値がある。

3 東京大学出版会の物理の本は少ない。しかしもっとたくさん出版して欲しい。基礎物理学シリーズの5冊**『物理学序論としての力学』**藤原邦男（一九八四）**『熱学』**小出昭一

＊カリフォルニア工科大学

郎（一九八〇）『**現代物理学**』同（一九八九）『**電磁気学**』加藤正昭（一九八七）『**波動**』岩本文明（一九八五）は素晴らしい。いずれも著者から献呈本として頂いたが本棚に飾っているだけであった。講義をするはめになって読み始めてその価値を発見した。これだけマスターすれば物理学は怖くない。

大村《おおむら》敦志《あつし》（大学院法学政治学研究科・法学部教授／民法）

手軽な新書版・文庫版で比較的新しいものを中心に。

「受験」って何だったのかをふりかえってみようという人には、竹内洋『**立志・苦学・出世——受験生の社会史**』（講談社現代新書、一九九一）や苅谷剛彦『**大衆教育社会のゆくえ——学歴主義と平等神話の戦後史**』（中公新書、一九九五）、佐藤俊樹『**不平等社会日本——さよなら総中流**』（中公新書、二〇〇〇）を。

大学に入ったのだから、旅行をしたいという人には、陣内秀信・福井憲彦『**地中海都市周遊**』（中公新書、二〇〇〇）、やっぱり恋愛という人には、工藤庸子『**フランス恋愛小説論**』（岩波新書、一九九八）、友だちと何かをしてみたいという人には、坪井善明・長谷川岳『**Yosakoiソーラン祭り——街づくりNPOの経営学**』（岩波アクティブ新書、二〇〇二）を。

じっくり長編小説でも読もうという人には、加賀乙彦『**永遠の都**』（全7巻）（新潮文庫、一九九七）を。ある家族の歴史を通じて描かれた近代日本の一大フレスコ画。同『**雲の都**（第一部広場』（新潮社、二〇〇二）はその続編。

さっそく社会科学の勉強をしようというなら、丸山眞男『「文明論之概略」を読む』（上中下）（岩波新書、一九八六）を。あわせて、大塚久雄『近代欧州経済史入門』（講談社学術文庫、一九九六）、川島武宜『日本社会の家族的構成』（岩波現代文庫、二〇〇〇）も。良質の「法学入門」としては、星野英一『民法のすすめ』（岩波新書、一九九八）や樋口陽一『憲法と国家――同時代を問う』（岩波新書、一九九九）を。

3　重厚な研究書の多い東京大学出版会。名著はいろいろあるが、今年のゼミ「一九二〇年代日本の民法学」の参考文献にしている三谷太一郎の三冊を。『新版大正デモクラシー論――吉野作造の時代』（一九九五）、『増補日本政党政治の形成――原敬の政治指導の展開』（一九九五）、『政治制度としての陪審制――近代日本の司法権と政治』（二〇〇一）。

最後に、学生時代に読んで影響を受けた宮島喬『デュルケム社会理論の研究』（一九七七）を、感謝を込めて付け加えておく。

生《お》越《ごし》直樹《なおき》（大学院総合文化研究科・教養学部助教授／朝鮮語学）

1　『白痴』（上・下）（木村浩訳、一九八二）、『罪と罰』（上・下）（工藤精一郎訳、一九九三）、『カラマーゾフの兄弟』（上・中・下）（原卓也訳、一九七八）などドストエフスキーの作品（かっこ内は新潮文庫本の訳者。ほかに岩波文庫本もある）。名作と呼ばれる作品は、長い間人々の心を捉えてきただけの魅力がある。印象に残っているのは、作品の内容だけでなく、その翻訳された日本語がすばらしかったからだ。外国語を専門にしていても、結局日本語の能力が大切なのだと思い知った。逆説的だが、外国語を勉強すればするほど、日本語を知ることの重要性を痛感する。

2 『ことばと文化』鈴木孝夫（岩波新書、一九九一）

われわれは日本語という色眼鏡（古いか。新しく言えばフィルター？）を通して物事を見ている。自明だと思っていたことが実は使っている言語によって変わりうるものであることを教えてくれる本。同時に、われわれにとって空気のような存在である日本語を客観的に見る機会となろう。言葉に関心のない人にも、一読を勧める。

3 『シリーズ言語科学』（全5巻）（二〇〇二）

このシリーズを読めば、現在、言語の研究がどのような方向に向かっているのかを知ることができるだろう。駒場で外国語や日本語を教えている先生たちの論文が多く載っている。

教室とは別の先生の姿が見られるかも。

加我《かが》君孝《きみたか》（大学院医学系研究科・医学部教授／耳鼻咽喉科学）

1 『詩集 病者・花』細川宏遺稿詩集 小川鼎三、中井準之助編（現代社、一九七七）

著者の細川宏先生は、東大医学部解剖学の教授であったが四〇代半ばにして胃癌でなくなった。東大病院に何度も入退院をくりかえし、自分を見つめ、自分を治療する医師の活動を冷徹に見つめ、限りあるわずかな残された時間を知りながら、散文詩を多く残した。その一つに次がある。

病者（ペイシェント）

「ただ患者の立場は立場として
もし医師が不治の病《やまい》を宣告する時
その後の毎日を

どうその患者と対決し会話をかわして
　いくつもりか
それだけの人間的力量を
はたして医師に期待してよいものか
そこにも問題はありましょうね」

私は、この詩は医学の道を歩もうとする人だけでなく、東京大学に入学した人が一人一人自らに問いかける価値のある言葉のように思える。学生の臨床実習でこの詩を紹介して学生それぞれに考えを訊いている。現在九十一歳で聖路加国際病院で活躍されている日野原重明先生は細川宏先生と旧知の間柄で、ご著書の『道をてらす光——私が学んだ人と言葉』（春秋社、二〇〇〇）でもこの詩を紹介されている。大学生になったばかりの皆さんに、人間が人間を精神的に援助できるものか、という根源的問いに、自分がもし医師ならどう答えるか考えてもらいたい。

2 『キュリー夫人伝』 エーヴ・キュリー著／川口 篤、河盛好蔵、杉 捷夫、本田喜代治共訳（白水社、一九九八）

私はこの本を約四〇年前に駒場の学生のとき古書店で見つけて、読んだ。この稀有なる女性科学者の子供の頃から晩年までを描いた次女による伝記である。科学者として二度のノーベル賞受賞、手でつかんで研究したラジウムのために白内障となって視力は落ちかつ白血病で死亡するまでが描かれている。感銘深い伝記である。元日本物理学会会長で女性物理学者である慶応大学教授の米沢富美子先生が科学者の道を選ぶきっかけとなったのはこの『キュリー夫人伝』であると言われている。女性科学者でこの本に影響をうけたという人は国内外とも少なくない。医学部に進学した学生に読書調査を行ってきたが、この本を読んだことがある学生は一〇人のうち一人もいなかった。調査した学生は有名女子高校出身のものが大半であったが、女学生でも一〇人に一人程度にすぎなかった。近頃の高校では先生が読書の喜びを教えているのか大いに疑問を感じている。生徒のせいばかりではないのではないか。河合隼雄先生も私と同じことを言っていた。高校の先生の読書への関心が少ないという話であった。

『シェイクスピア全集』◇シェイクスピア／福田恆存訳（新潮社、一九五九〜七七）

評論家でかつて教養学部の教官であった舛添要一氏が、医師向けの雑誌の対談で「自分が病気になったら『シェイクスピア全集』を読んだことのある医者に診てもらいたい」と語っていた。シェイクスピアの劇作のうち、悲劇の「ハムレット」「オセロ」「マクベス」では、ちょっとした誤解からそれまでの普通の人々がまるで悪人のように変わり互いに殺し合う。演劇だから殺し合うような筋立てであるが、現実のわれわれの世界もシェイクスピアの描いた世界のようなドラマが日々起きている。作品には、日本人が得意と言えない比喩や皮肉やウィットがちりばめられている。たとえば、「ハムレット」で進行する悲劇を見てハムレットが〝この世の中の関節がはずれている〟と言う場面があり、この表現には感心させられる。なぜ舛添要一氏がシェイクスピアの作品を医師にとっての「必要条件」としたかは読んでみないとわからないので読むことを薦めたい。私の医学科の学生の読書調査では、シェイクスピアを読んだことのあるものは半分程度にすぎない。私が駒場の学生の頃は英語の授業に必ずシェイクスピアの作品がテキストにあり強制的に読まされることになった。今は"The Universe of English"（東京大学出版会）が英語のテキストときく。その中にはシェイクスピアの作品はないのではないか。今のこの英語のテキストをParadise of English と言う学生もいるらしいが、学生は与えられないものをどんどん求めむしろ古典を自分で読むことをすすめたい。駒場時代は感受性に富み年齢的にも良い頃である。若い脳の可塑性のあるうちに読んでもらいたい本は無数にあるからである。

3 『認知心理学 1―5』

（1『知覚と運動』乾 敏郎編、2『記憶』高野陽太郎編、3『言語』大津由紀雄編、4『思考』市川伸一編、5『学習と発達』波多野誼《ぎ》余《よ》夫《お》編）（一九九五～九六）

医学者ではなく心理学者の手になるこのシリーズは、一つ一つのテーマは医学すなわち"障害あるいは疾患"としてならば1は感覚運動障害、2は記憶障害、3は失語症や失認失行、4は痴呆や精神異常、5は学習障害か精神発達遅滞となろう。かつても今もヒトの脳の研究は脳の部分的障害から脳の機能局在を考え治療にとりくんでいた。昨年、初めて両側海馬障害による「新しいことは直ちに忘れるが昔のことは覚えている」という教科書の記載に近い症例に出会い、ヒトの脳の仕組みを垣間見る思いであった。だからと言って、記憶の仕組みは解明されるわけではない。基礎医学ではその解明のためにシナプスから分子レベルへとさらにミクロな世界の研究へ向かっている。

　ところが、まったく予想しなかった方面からの研究が"認知心理学"という名で突如あらわれた。「脳では何が起こっているのか」という問いが「脳ではいかなる情報処理手続きが実行されているのか」という問いに置き換えられたのである。コンピュータによって脳を実現する戦略であるNeisser 1967によるテキストの「認知心理学」以来、そのように呼ばれるようになったものが、最近は脳と関連のあるあらゆる分野、心理だけでなく神経科学、医学、情報科学やそれまで科学の仲間にはなかった言語学や哲学まで統合して「認知科学」という学際的領域が生まれたのである。

このような歴史的背景によって東大ではかつては医学部でしか行われなかった脳の研究がほとんどの学部で行われるようになっている。脳の働きに関心を持つものの現代の入門書としてふさわしいシリーズである。

笠原順三《かさはらじゅんぞう》（地震研究所・大学院理学系研究科教授／海洋地震学）

1 『海の壁――三陸沿岸大津波』△ 吉村 昭
（中公新書、一九七〇）

地球・惑星科学に興味を持つ動機として、地球に関する現象を解き明かしたいという場合と、自然災害を少しでも軽減したいという場合があるであろう。過去三陸沿岸は地震の震動による被害よりも、津波による災害がきわめて大きかった場所である。三陸の沿岸を歩いてみると至る所に高さ数メートルの防波堤がある。明治二九年、昭和八年の二つの津波は、三陸沿岸の町や村を壊滅的にした。これらの津波では波高二五メートルに達する恐ろしいほどの津波が押し寄せた。明治の三陸津波では岩手県だけでも二万二〇〇〇人の死者を出した。この本は津波災害のすさまじさを数字として単純に示すのではなく、生々しいタッチで読者に語りかけてくる。地震の前兆現象なども書かれており、是非読まれることを勧める。

2 **『地震学』**（第三版）宇津徳治（共立出版、二〇〇一）

地球現象を理解するための地球物理学的手法の中で、地震学的方法がもっとも有効な情報を与えてくれる。やや古くはなったが、地震学全体を理解する上でこの本は大変良くできている。地震学の基礎的な手法に対する記述が大変参考になる。ここで紹介されている観測結果は最近一〇年ほどの間に大幅に新しくなっているので、最新の観測事実や解釈を示した『レオロジーと地球科学』と併せて読むことによって、地球物理学に関する最新の見方を学ぶことができるだろう。

『スペクトル解析――統計ライブラリー』日野幹雄（朝倉書店、一九七七）

いろいろな現象は時間と空間の関数として近似することができる。時間の代わりに周波数、空間の代わりに波数という変数を使って現象を示すことができる。このような周波数や波数の世界で見る見方をスペクトルと呼ぶ。いろいろな現象をよりコンパクトに見ることができる変換方法があるが、その中でもフーリエ変換はもっともよく使われている。フーリエ変換を使って変換した結果をフーリエスペクトルという。他にもそれぞれにあった変換方法がある。物理学や工学ばかりでなく、地球物理学ではこのスペクトルという見方で地球現象を見ることが多い。この本で示されるものは、画像の処理などにもきわめて幅広い応用範囲があり、将来の研究者を目指す学生諸君に是非一読を勧める。

3 『レオロジーと地球科学』 唐戸俊一郎（二〇〇〇）

地球物質の変形を研究している著者が、それを主題として最新の地球物理学を紹介した本である。プレート運動、マントル対流、地球核の運動、そして惑星内部と大変幅広い。とくに、著者はこれらの変形運動を支配している〝水〟の重要性を指摘している。地球内部には相当量の水が有りそうである。これは筆者らがこの三月に出版したばかりの『地震発生と水』（東京大学出版会）の主題となっている。

菊地《きくち》正幸《まさゆき》（地震研究所教授／地震学）

1 『或る「小倉日記」伝』 松本清張（新潮文庫、一九九八）

新入生の皆さんに勧めるというより、単に私が若かりしころに読んで感銘を受けた書と受け取っていただきたい。皆さんが読んでみてちっとも面白くないとしても、それはそれで結構。

この書は第二八回芥川賞を受賞、作者の出世作でもある。体の不自由な田上耕作が、丹念なヒアリング調査で森鷗外の空白の「小倉日記」を再現しようとする、ノンフィクション的小説である。「そんなことを調べてなんになる。」もし将来、本物の小倉日記が発見されたら、自分のやっていることは何の意味もなくなる、という不安に何度も襲われながら。実際、彼の死後、本物の日記が発見された。

徹底して資料を集めて真実を追究しようとする作者と主人公のひたむきさがダブって映る。

2 『地球の科学——大陸は移動する』 竹内均、上田誠也（ＮＨＫブックス、一九六三）

今では中学高校の教科書にも載っている「大

陸移動説」だが、本書が書かれた四〇年前には、まだ一つの仮説であった。「今の段階では、必ずしも大陸移動説が正しいと信じているわけではないけれども、最近数年間にわたって見出されてきたいくつかの著しい事実が、この説にとって有利なものであることは認めないわけにはいかない」（はしがき）と述べつつ、多くの事実を一筋の幹に関連づけていく。まさに地球科学の革命時代に、その当事者によって書かれた本書は、多くの若き研究者を地球科学へと導いた。

3 **『地震学百年』**萩原尊禮《たかひろ》（一九八二）

東京大学出版会からは地震学に関する優れた専門書や貴重な資料が多く出されている。この本は一般向けに分かりやすく書かれているが、日本の地震学史にとって大変貴重な内容を含んでいる。とくに、地震学百年のうちの半分は著者が〝目で見てきた〟内容であり、リアリティに富んでいる。地震学の草分け今村明恒教授から「地震学科を卒業しても、地震では飯が食えないからその覚悟でいなさい。それがいやな人は今日すぐおやめなさい。」という訓辞を受けたことや、地震研究所設立のいきさつなど、随所に面白いはなしが織り込まれている。

日本の地震学は災害の予防と軽減を目指す研究者の歩みでもある。筆者が最近著した**『リアルタイム地震学』**（東京大学出版会）は、地震発生直後に震源と揺れ分布をすばやく把握し、その情報を災害軽減に役立てようとする最新の研究を扱っている。併せてお勧めしたい。

熊野《くまの》純彦《すみひこ》（大学院人文社会系研究科・文学部助教授／倫理学）

1 **『須賀敦子全集』**（全8巻・別巻1）（河出書房新社、二〇〇〇〜二〇〇一）

死者ならその全集をくりかえし読み、なお生者であるならば新刊をつねに待ちのぞむ。そんな著作家を数人もつだけで、ひとの生はじゅうぶん潤いに満ちたものとなる。ここに挙げたのは、筆者にとって比較的さいきん、そうした存在となったエッセイストの全集である。個々の作品のいくつかは、数種の文庫にも収められている。ながくイタリアに在住し、西欧語に親しんだ書き手であるけれども、その文章の透明な美しさは、現代日本語のひとつの奇跡であるといってよいかもしれない。

2 **『ニーチェ　どうして同情してはいけないのか』**神崎　繁（ＮＨＫ出版、二〇〇二）

昨秋より刊行が開始された「シリーズ・哲学のエッセンス」中の一冊。ニーチェそのひとについては、近年、古典学者としての再評価もすすんでいる。本書は、現代日本語を代表するギリシア哲学研究者のひとりが、ニーチェの世界に読者をみちびきいれようとこころみたものである。ニーチェにかんして主題的な関心をもたない諸君にもすすめたい。一書は、現在この国でなおわずかに可能となっている、最良の教養のかたちを示しているからである。おなじシリーズから、筆者じしんは『カント』を出版している。高校の教科書でカントのなまえと出会い、なんだ詰まらない、とおもった方にとくに読んで頂きたい。

3 **『日本政治思想史研究』**丸山眞男（一九五二）

ひどく迷ったが、やはりこの一書を挙げておく。徳川政治思想史をめぐって、本書で展開された丸山の認識は、ある意味では今日すでに批判しつくされている。にもかかわらずこの一冊をえらぶのは、二十代の著者が情熱のすべてを注ぎこんだ一箇の「作品」となっているからである。学問的著作もまた、ひとつの作品でありうる。作品となった著作は、かりにその知見と立場のほとんどが否定されてもなお、それ自身が古典として生き延びる。

小森田《こもりだ》秋夫《あきお》（社会科学研究所教授／ロシア・東欧法）

すぐに思い浮かぶのは、次の三冊である。が、ここで挙げることにためらいがないわけではない。

『増補版・現代政治の思想と行動』丸山眞男（未来社、一九八五）

『憲法と現代法学』△渡辺洋三（岩波書店、一九八八）

『法と経済の一般理論』△藤田　勇（日本評論社、一九八〇）

丸山著は、私の高校三年の春に出版され、法学部に進もうと決めるきっかけとなった書物である。今から考えると高校生がこんな本をという気もするが、それには伏線があった。数学の教師が何を思ったか『日本の思想』（岩波新書）を貸してくれたことがあり、この中味の詰まった小著をつうじて、日本社会について分析的に省察することの魅力に惹かれ始めていたのだと思う。

したがって、大学に入学した当初、私にとって法学部とは「政治学」を意味していたのだが、「法学」のおもしろさに初めて気づかせてくれたのが、渡辺著だった。憲法典に制定当時どのような意味が与えられていたのかをめぐる客観的な事実認識の対象としての「法源としての憲法」、解釈者の価値判断によって一定の意味づけが与えられたものとしての「イデオロギーとしての憲法」、そして権力の解釈活動の所産として現に強制力をもって通用している「制度としての憲法」の三つを区別し、それぞれのあいだの緊張関係を問うという視角は、法や法学についてこれといったイメージをもっていなかった私にとって、実に新鮮なものだった。

その後、法学部に進学したあと、学生の自治活動の一環として行なわれていた「法社会学講座」などをつうじて「法学」のさまざまな相貌に触れるなかで、研究者への道へと最終的に背中を押してくれたのが藤田著、正確に言えばそのもととなった『法学セミナー』の連載「『法と経済の一般理論』ノート」とそれにつながる著者の学問活動だった。ソビエト法を専門とする著者の書物は、日本法を直接の対象としたものではないが、現代日本法の総体的把握をめざす学界の理論的営為の一環として書かれたものであり、〝総体的把握〟という志は、私を奮い立たせるメッセージとなった。

というわけで、今日の私へと導いてくれた書物として、迷うことなくこの三冊を挙げることができる。が、それらを内容的にどう消化し、自分の財産にしてきたのかについては、(自覚できるものとそうでないものとがあるが)はなはだ心もとなく、改めてゆっくり反芻してみなければならない。ためらいがないわけではない、というのはそういう意味である。

2 『現存した社会主義――リヴァイアサンの素顔』塩川伸明(勁草書房、一九九九)

社会主義について、抽象的に、あるいは理念的にだけではなく、「現存した社会主義」の歴史的経験との格闘をつうじて考えてみたいという人にぜひ勧めたい。一面的な見方をたえず戒め、対象を複眼的に観察すべきことを強調している著者は、この書物でも自ら「多方法的接近」という態度を掲げている。それだけに、読む者は、自分が抱いている「社会主義」についての観念や理解への反省をたえず迫られ、「リヴァイアサン」の実像につうずる多様な、そして未開拓な道が待っていることを教えられるだろう。

3 『20世紀システム』（全6巻）東京大学社会科学研究所編（一九九八）

いささかなりとも自分のかかわっている書物を挙げるのは気が引けるが、あえてそうさせていただくことにする。というのは、大きな「時代」や「問題」をとらえるうえで、社会科学の諸領域を結集した共同研究に何ができるのかを示そうとする試みと、東京大学出版会がそのような試みを支えてきたという証拠とがここにあるからである。大学における研究が「役に立つ」ことを求める声が大きくなっている。このような試みは、社会科学の領域で「役に立つ」とはどのような意味でありうるかという観点からも、その意義が問われることになるだろう。

ちなみに、社会科学研究所では現在、「失われた一〇年」という通念の固まったかに見える日本の一九九〇年代を、改めてとらえ直すという課題に取り組んでいる。

渋谷《しぶや》博史《ひろし》（社会科学研究所教授／財政学・アメリカ経済）

1 『財政学大綱』 大内兵衛（岩波書店、「大内兵衛著作集」第1巻、一九七四）

この本は、満州事変の直前の一九三〇年に刊行された財政学の教科書であった。日本全体が軍国主義の坂を転がり落ちる一九三〇年代に、大内兵衛が東京帝国大学で財政民主主義を教えていた意味は大きく、まさに時代の流れに対する大学の役割を示す一つの手本であったと、現在の私自身は肝に銘じている。

2 **『自由の条件』**ハイエク（春秋社、「ハイエク全集」第5、6、7巻）

この本の原著は一九六〇年に刊行されている。当時は東西対立の冷戦構造のもと、アメリカではケインジアン・リベラリズムの全盛期であった。政府による積極的な経済政策や福祉政策で「市場の失敗」を修正して、社会主義に対抗して市場経済・民主主義の経済社会システムを発展させようというのである。ハイエクは、そのような時代の流れに抗して、市場経済・民主主義にとって至上の価値である自由を護ることを説いた。良いか悪いかは別として、現在進められるアメリカ基準のグローバリゼーションの本質を、実に的確に体系的に表現している本である。

3 **『20世紀システム』（全6巻）**東京大学社会科学研究所編（一九九八）

学問が細分化されてしまうことに危機感をもっている。「大風呂敷」だけの人は困るが、「すぐ役に立つこと」や「小さな仲間内だけで通じ合う言語と論理にこもること」も良くない。せめて、この全6巻を読み通す程度の広さの視野を持って、それぞれの専門分野を究めてほしい。そうしないと、大学も学問も、時代の流れを読む意思も視野も失ってしまう。もしかしたら、「失われた一〇年」といわれる時代に、日本が失ったのは、経済的なものよりも、人間的な普通の知性なのかもしれない。

杉橋陽一《すぎはしよういち》（大学院総合文化研究科・教養学部教授／ドイツ文学）

1 『ボードレール全集』△（Ⅰ・Ⅱ）阿部良雄訳（筑摩書房、一九八三、八四）

文字メディアは面倒くさいとされ画像メディアから大幅に後れをとっているようだが、大学生になった機会に、なかでも特に七面倒くさそうに見える詩のなかの、ボードレールに挑戦してみるのはどうだろうか。詩は一見短く、試みに挑戦してみても、いろいろな意味でそんなに損はない。急峻な岩場を登攀するようなこの試みにとり混ぜ、

『ベンヤミン・コレクション』（ちくま学芸文庫、一九九五～九七）

からボードレール論などの散策コースを入れてみるのもどうだろう。現今、猫も杓子もベンヤミン、というところはあるけれど、まだ奥は深い、と思う。

2 『フロイト　フリースへの手紙』フロイト／河田　晃訳（誠信書房、二〇〇一）

本書は思想史においてきわめて重要なドキュメントになっている。しかしそれだけでなく、書簡集を読む楽しみも味わわせてくれる。これらの手紙は、フロイトがまさかあとで公表される運命になろうとは予想だにしていなかった筈のものなので、読者としてはなおさら興味が尽きない。当時のこの親友にフロイトは自分の夢についてほとんど腹蔵なく語っていて、思想史的にこの書簡集は、同時進行的に彼が執筆していた主著の一つ

『夢判断』（上・下）フロイト／高橋義孝、菊盛英夫訳（日本教文社、一九九四）

を読み直すうえで最上の解説になっており、これは信じられないおまけだ。

3 『***Prismen***』東京大学ドイツ語教材（二〇〇二）

この本の編纂にわたし自身も加わっているのでいささか気後れするが、ドイツ語のおもしろさを知るという点で、是非お勧めしたい。薄いドイツ語文法書さえわきにあれば、ひとりでぽちぽちこの書物を開きながら文法を確認することができ、かくて、ありきたりのものではない、新しみをもったドイツのイメージが結ばれてゆくと思う。手前味噌も過ぎたか。

高田《たかだ》康成《やすなり》（大学院総合文化研究科・教養学部教授／英語）

1 **『ドルジェル伯の舞踏会』**レーモン・ラディゲ／堀口大學訳（講談社文芸文庫、一九九六）

『無用者の系譜△』唐木順三（筑摩書房、一九九〇）

意中の恋人と同じで、心に秘めたるわが書は他人には言えない。また、加藤周一と中村真一郎はいつもそばにあるため、これも印象に残るとは言いがたい。愛蔵書を眺めて、そうだ、といまさらながら想起したものがこの二冊。ラディゲは、日本では三島由紀夫等に、フランスでは恋愛心理小説の系譜に、それぞれ連なって果てしない。唐木はその他に膨大な全集があって、「最初と最後」を欠いては成り立ち得ないユダヤ・キリスト教文化に対して、わが国の伝統に「途中の発見」があることを説いて面白い。

2 **『ミメーシス』（上・下）**アウエルバッハ／篠田、川村訳（ちくま学芸文庫、一九九四）

西洋の古典文学が如何に受容されあるいは忘却されていくのか、その様態とメカニズムを明かそうとするのが私の「表象古典文化論」の目論見である。ホメロスからヴァージニア・ウルフまで、「現実描写」といわれるものがどのように行われたかをフィロロギーの手法で鮮やかに論じるアウエルバッハは、この分野における基礎的概論書であり、同時にまたひとつの鑑でもある。

『ルネサンスの教育』エウジェニオ・ガレン／近藤恒一《つねいち》訳（知泉書館、二〇〇二）

西洋の古典受容史では、当然ながらルネサンスが重要な節目となる。近代における「教養」の形成という意味でも見逃せない。上の書物は、現在この事柄に関して日本語で読みうる最良のものである。最近、改訂新版が出た。

3 『政治の成立』木庭 顕（一九九七）

あたかも一個の芸術作品のごとく、容易に読解を許さないその硬質にして緻密な思考は、たとえ完全に理解し得ないとしても、少なくとも人生に一度おそらく体験するに値する。

月本雅幸《つきもとまさゆき》（大学院人文社会系研究科・文学部助教授／国語学）

またも「日本語ブーム」だという。様々に日本語の特質が語られ、多くはそれが肯定的に述べられる。だが、それらの書物や発言のうち、過去の日本語の姿を明確に思い描きながら着実に論じたものがどれほどあるかを思うと忽ち不安になる。また、それらの論者は日本語についてこのようなことが分かったと誇りはするが、この点はまだ分からぬということが少ない。何事についてもよく学び、多く考え、そして謙虚でありたい。

1 『ヨーロッパ文化と日本文化』ルイス・フロイス／岡田章雄訳注（岩波文庫、一九九一）

イエズス会の宣教師ルイス・フロイスが天正十三年（一五八五）に著したもの。ヨーロッパの文化・文明と日本のそれとを対比的に短文で描写する。日本文化に対する理解の不足なども当然のことながら感じられるが、例えば「われわれは書物から多くの技術や知識を学ぶ。彼らは全生涯を文字の意味を理解することに費やす」という一節は日本人が漢字とどのように付き合って行くべきか、改めて考えさせる契機ともなる。

2 『日本語はなぜ変化するか』小松英雄（笠間書院、一九九九）

日本語の歴史について述べた書物が、この時代の日本語はこのようなものであったと事実を延々と列挙することが多い中にあって、本書は日本語が時代と共に変化してきた要因を探ろうとするもの。著者は日本語が体系の歪みを整えて言語の運用効率を高める方向に変化したとする。一般社会人や学生を読者に想定しているが、論は斬新で専門家にとっても有益である。

3 『日本語を考える』山口明穂（二〇〇〇）

日本語の発想がどのようなものであるかを論じた書は少なくないが、表面的な現象や日本語表現の一面だけを取り上げたものが多い。本書はそのようなものとは全く異なる。万葉集から横光利一までを取り上げて、文学作品の表現に込められた書き手の意図を明らかにしようとする。種々の可能性を挙げて検討し、これ以外にはありえないという論法で対象に迫っていく。文章は平易であるが、その実内容は相当に高度である。

『平安時代語新論』△ 築島 裕（一九六九）

平安時代の日本語の全体像を記述的に提示した高度な概説書。これを読めば平安時代語が『源氏物語』や『古今和歌集』の言語だけから構成されていたのではないことがすぐに明らかになる。漢文とその訓読によって成立していた広大な世界があったのだということ、そして漢文という外国語が今日の日本における英語のそれに比しても、はるかに重要な位置を占めていたことが容易に想像されるであろう。刊行後三〇年を経て、本書はなお「新論」としての価値を失わない。

中村圭介《なかむらけいすけ》（社会科学研究所教授／労働）

17

三〇年前のぼくは、生意気でそのくせ怠け者で、当然、劣等生。劣等生にならないための、あるいは劣等生になってしまった時に読む本をすすめていると思って読んで欲しい。

普段の暮らしで感じることは少ないけれど、いまは、大きな変革の時代らしい。新聞やテレビを見ると、日本の政治や経済がいま新たな姿を模索中であるらしいことに少しは気づく。猪木武徳**『自由と秩序――競争社会の二つの顔』**（中央公論新社、二〇〇一）は、政治における民主制と経済における市場メカニズムは、それぞれに欠陥をもちながらも、それに優る制度はないという意味で今のところ最善のものであると論じ、それらの欠陥と向き合いながら、二つの制度を維持していくことの必要性を説く。そのためにぼくらに求められるのが、「深読みする能力」＝知性であり、知性を磨くためには古典を読むことが大切なのだというのがこの本の一つのメッセージである。この「学問のすすめ」が三〇年前に出版され、ぼくがそれを謙虚に受けとめていたらと、心から思う。

劣等生であることの自覚はかなりつらい。友だちはみんな立派に見えるし、自分だけが取り残されているように感じる。そんなとき、漫画家であり、冷静な観察眼をもつ軽妙洒脱な文章の書き手でもある東海林さだおの**『ショージ君の青春記』**(文藝春秋、一九八〇)を読むとホッとする。初恋から早稲田漫研、家出、そして漫画家への経緯を、この時期にありがちな気持ちの移ろいを織り交ぜながら、飾らずに描いたこの本は、誰にも劣等感を与えないという点で貴重である。

2 古典を読みながらも一方で、一つの専門分野に興味を抱くというのもよいかもしれない。三〇年前の劣等生は今はなぜか労働問題の研究者になっているが、この分野では、平易な言葉で丁寧に書かれた著作として、玄田有史《ゆうじ》**『仕事のなかの曖昧な不安——揺れる若年の現在』**(中央公論新社、二〇〇一)と小池和男**『仕事の経済学』**(第二版)(東洋経済新報社、一九九九)をすすめたい。前者は若者をとりあげ、高い失業率、パラサイトシングルなどの現象の背後にあるものを探り、そこからの脱出の一つの路を示し、後者は著者独自の概念である「知的熟練論」を軸として、世にあるさまざまな通説を批判しつつ、日本の労働経済を読み解いている。

平易な言葉の裏にある、緻密な実証と明晰な論理に驚き、さらには若者あるいは日本の労働者に対する温かな眼差しを感じて欲しい。そして、彼らの説を友だちに自分の言葉で説明できるほどに「わかる」ようになってくれたらなあと思う。

3 旺盛な好奇心を持ち続けて欲しい。人身事故で遅れた電車の車掌はなぜ自分のミスでもないのに乗客に謝るのだろうから始まってさまざまなことに疑問をもつおじさんは、なんで小泉首相が自民党の総裁でいられるのだろうとも不思議に思う。樋渡展洋・三浦まり編**『流動期の日本政治』**（二〇〇二）によると、九〇年代の日本政治では行政府の民主的統制、首相の指導力の強化、構造改革の漸進など新しい政治が登場し、それまでの旧い政治と対抗しつつある。だが経済環境の悪化が新旧対決を曖昧にしている。これに従えば、小泉首相と自民党はこの対決の縮図だということになる。

　読みたい本が積まれていくばかりで減らない一つの原因が、三〇年前の怠惰にあるとはわかっていても、本当に、後悔先に立たず、である。

中山洋平《なかやまようへい》（大学院法学政治学研究科・法学部助教授／比較政治）

　近年は大学の外部評価なるものが喧しくなり、東大教師もお役人様のご下問があれば学部の「教育目的」なるものを澱みなく答えられねばならない。わが法学部の場合は、「国家・社会の基本的な諸制度の設計・運用に携わるばかりでなく、それらを根本的観点から検討し、新たな制度・秩序を構想しうる創造的能力を備えた人材を育成して世に送り出すこと」というあたりが正解らしい。いかにもその通り、著者の担当する比較政治（史）や比較法（制史）などの講義や演習が多数開講されてきたのも、まさしくそのためである。とすると、自由な構想力を忌み嫌う外交や、頑迷固陋な金融行政、何かに取り憑かれたとしか思えない教育政策は、学生時代にこうした貴重な知的訓練の機会を素通りしてしまった卒業生諸氏の所産なのだろうか。とまれ、近い将来、各分野でこの国の基本構造の再構築を担うであろう（逃げ出さないで担って下さいね）皆さんに以下の本をお薦めしたい。

1

『中世的世界の形成』◇ 石母田 正（岩波文庫、一九九八）

十年近く前、パリにいた頃、友人が日本から携行した蔵書の中に偶然見つけた。伊賀国・黒田庄で悪党など在地勢力が敗北し続けたのは、生産関係などだけではなく、寧ろ東大寺の論理《ドグマ》から脱し得なかった庄民の意識の問題に他ならぬと看破する。一見堅い叙述の中から太平洋戦争下の著者の生々しい主体が立ち現れ、未来を構想するには、まず過去を捉え直し再構成することから始めねばならぬと教えてくれる。

2

理念や構想力の実践的な重要性を認識するのに政治史に優る教材はないと信じる。

『明治憲法体制の確立』坂野潤治（東京大学出版会、一九七一）

『フランス革命の政治文化』△ L・ハント／松浦義弘訳（平凡社、一九八九）

政治史学が成立するには、政治の論理を自由に走らせることのできる知的領域が確保されていなければならない。この二冊の本の執筆当時、それぞれの著者は、伝統的な下部構造決定論や、多分にイデオロギー化した論争から、魅力的な政治事象をすくい出すための営みの最前線に位置していた。その緊張感に支えられた政治の力学の躍動を味わってほしい。

3

東京大学出版会は多数の名著・古典を刊行しているが、最近読んだものとして、

『貴族の徳、商業の精神』川出良枝（一九九六）

を挙げたい。貴族の徳に基づく統治の原理が破綻していく中、勃興する商業の精神と両立させつつ、如何に政治秩序の再編を構想するか。

モンテスキューの示した「解」より、彼に先行した三人の論者の方に寧ろ魅力を感じるのは、私自身が様々な選択肢の間で行き悩む過渡期の人間だからだろう。

最後に番外ということでもう一点。

『棒がいっぽん』高野文子（マガジンハウス、一九九六）

留学先から二年ぶりに帰国しスーツケースを開いてすぐ、自宅最寄りの本屋で最初に手にとったのがこのマンガ。高度成長期の、あの「幸せな」日本を直接記憶するのは私の世代が最後かもしれない。それだけに、この『われら失いし世界』（ピーター・ラスレット／川北稔、指《さし》昭博、山本正訳　三嶺書房、一九八六）への温かな眼差しを、「改革」を担うはずの後の世代にどうしたら伝えられるか、思い悩む。

信原幸弘《のぶはらゆきひろ》（大学院総合文化研究科・教養学部助教授／科学哲学）

1 **『脳のなかの幽霊』**V・S・ラマチャンドラン＆S・ブレイクスリー／山下篤子訳（角川書店、一九九九）

失った腕に痛みが感じられたり（幻肢痛）、見えないと思うスリットにすんなりとカードを差し込めたり（盲視）、自分の腕が他人の腕のように感じられたり（自己身体否認）、と脳の異常が生み出す意識の世界は、常識では推し測れない不思議な現象に満ちている。内容は高度だが、興味深い事例が豊富に挙げられており、意識のミステリーツアーが堪能できる。

2 **『ウィトゲンシュタインのパラドックス――規則・私的言語・他人の心』**ソール・クリプキ／黒崎宏訳（産業図書、一九八三）

規則に従おうとすれば、当然、ある一定の仕方で行為しなければならない。しかし、ウィトゲンシュタインによれば、私たちが何をしようと、その行為は規則に合致するものとみなせる。若い頃、この規則のパラドクスに魅せられた私は、その帰結の深さと広さに驚きを禁じえなかった。

『解明される意識』 D・C・デネット／山口泰司訳（青土社、一九九八）

足を踏まれると、痛みが感じられ、コーヒーをすると、ほろ苦い味がする。意識に現れるものは、いったいどこに、どのように存在するのか。これは、一見単純そうにみえて、じつに奥深い問題だ。意識への現れなど存在しない、と最後には言いたくなってしまう。が、意識への現れほど自明な存在を否定することなど、とてもできないだろう。にもかかわらず、いや、できる、と果敢に主張するのが本書だ。無謀とも思える主張を巧みに飲み込ませる華麗な手口には恐れ入る。

3 **『知覚と生活世界』**△ 村田純一（一九九五）

知覚と身体、行為と技術といった哲学の基本的な問題について、現象学の観点から、しかし開祖たちの祖述や解釈に終始せず、自らの思想を打ち出しながら、真摯に展開した貴重な書。じっくりと腰を据えて、真剣に繰り返し読めば、必ずや多くの深い洞察を与えてくれるだろう。

『新視覚新論』 大森荘蔵（一九八二）

複雑な世界を理解するには、一元的な原理ではとても間にあわない。私たちはついつい多元的な折衷主義者になりがちだ。しかし、純粋に一元論的に世界を理解すれば、世界はどんな姿を見せてくれるだろうか。本書はとりわけ実物と像の二元論を拒否して、いっさいの像を排した世界を描き出す。鏡像を見る場合ですら、鏡で折り曲げられた視線を通して実物を見ているのだという「強弁」には、まさに感嘆させられる。

廣瀬《ひろせ》通孝《みちたか》（先端科学技術研究センター教授／生命知能システム）

1 『新幹線をつくった男——島秀雄物語』高橋団吉（小学館、二〇〇〇）

大きな作品を作り上げた人間の一生は、やはり引きつけられるものがある。本書は、国鉄の黄金時代に技師長として活躍し、東海道新幹線の生みの親として知られている島秀雄氏の技術者としての伝記である。

　氏の一生は、決して平坦なものでなく、むしろ波乱に富んでいる。あの大物技術者にしてそういう状況があったのか、という事実は、何かと閉塞的な状況の多い現代を生きるわれわれ技術者を大いに力づけてくれる。

　本書を通じて読み取れるのは氏の確固とした技術哲学であり、さらにそれを支える使命感や責任感である。そうでなければあれほど革命的なシステムは作りえなかっただろう。

2 『デカルトなんかいらない？——カオスから人工知能まで、現代科学をめぐる20の対話』ギタ・ペシス＝パステルナーク／松浦俊輔訳（産業図書、一九九三）

科学技術の体系が二〇世紀から二一世紀にかけて大きく変化しつつある。とりわけ、情報科学の分野において登場してきた複雑系にまつわる話題は、従来の還元主義の科学技術の根幹をも揺るがしかねない問題を孕んでいる。本書は当該分野のビッグネームに、ジャーナリストの行ったインタビュー集である。あらけずりではあるが、わかりやすく書かれており、情報の分野に進もうとする学生に、是非一読を薦める。

刊行してから一〇年近くが経過しており、現在では的を射ていない発言をしている権威もいる。それを探すのも面白いと思う。

3 **『シミュレーションの思想』**廣瀬通孝、小木哲朗、田村善昭（二〇〇二）

シミュレーション（計算機による模擬実験）という概念は、現在の科学技術の方法論として、今や不可欠の存在となっている。とくに、スーパーコンピュータの発展と、バーチャル・リアリティなどの新しい技術の台頭はこの分野に新しい可能性を与えつつある。

しかし、それゆえに、この魅力的な技術の使用にあたっては、ある種の「思想」とも言うべき基本的なものの考え方が必要である。

本書は、IML（インテリジェント・モデリング・ラボラトリ）に関係する教官有志によってまとめられたもので、シミュレーションの持つ多様な側面が限界も含めて紹介され、その背景となる考え方が論じられている。

松下信之《まつしたのぶゆき》（大学院総合文化研究科・教養学部助教授／錯体物性化学）

1 **『理系の女の生き方ガイド　女性研究者に学ぶ自己実現法』**宇野賀津子、坂東昌子（講談社、二〇〇〇）

本のタイトルからは、理系の女性の研究者として生きるための指南書的なものとして書かれた側面が強調されているが、男女を問わず研究を仕事にして生きていこうとする人へ、経験に基づく心構えやアドバイスが書かれていると思う。また、研究の生の世界、人間の営みの世界に触れることができると思う。

2 **『化学結合　その量子論的理解』**ジョージ・C・ピメンテル、リチャード・D・スプラトレー／千原秀昭、大西俊一訳（東京化学同人、一九七四）

物質の反応や構造、性質を理解する上で、化学結合の量子論的なとらえ方が不可欠である。しかし、量子力学に基礎をおくこともあり、その説明に数学が使われるため、その概念を理解するのに困難をともなう。本書は数学を使わずに量子論的な化学結合を理解するのに適している。これまでと異なる化学観が得られることと思う。

3 **『東京大学は変わる　教養教育のチャレンジ』**浅野攝郎《せつろう》、大森彌、川口昭彦、山内昌之編（二〇〇〇）

教養学部に身を置くものとして、教養学部の構成や組織としてのその意思等、共有したいものが詰まっている。東大での最初の二年間を有意義に過ごすための手助けになることを期待する。

松原《まつばら》宏《ひろし》（大学院総合文化研究科・教養学部助教授／人文地理学）

1 **『そして我が祖国・日本』**本多勝一（すずさわ書店、一九七六、その後朝日文庫（一九八三）に収録）

大学に入って悩んでいた頃に読んだ本で、印象に残っている一冊。過疎・過密問題や地域開発、自然破壊の問題に関心を持った。自然地理学にも興味を抱いたが、結局社会科学からのアプローチを採ることにして、経済地理学という分野を専攻することになった。
　社会科学的認識の芽を育てていくということでいえば、
『社会認識の歩み』内田義彦（岩波新書、一九七二）をやはり薦めたい。

2 『国際化時代の地域経済学』岡田知弘、川瀬光義、鈴木　誠、富樫幸一（有斐閣、二〇〇二）

　グローバル化が進む中で、逆に地域経済への関心が高まっている。本書では、地域経済の基礎的な理論、地域問題の現状と地域政策の課題が、わかりやすく述べられている。

『現代経済地理学——その潮流と地域構造論』矢田俊文、松原　宏編著（ミネルヴァ書房、二〇〇〇）

　空間と社会の理論、都市と集積の理論、世界と歴史の理論の三部にわたり、主要な研究者の理論を紹介するとともに、論争点と課題を示したもの。経済地理学にとどまらず、情報社会論、世界システム論、レギュラシオン理論など、幅広い理論内容を取り上げている。

3 『西洋経済史学』馬場　哲《さとし》、小野塚知二編（二〇〇一）

　比較経済史学・「大塚史学」の批判的継承を含め、西洋経済史学の広範な研究成果を総括したもの。文献目録も充実しており、方法論的議論も興味深い。

『先進国経済の地域構造』松原　宏編（二〇〇三）

　イギリス・フランス・ドイツ・イタリア・アメリカ・カナダ・日本の先進七カ国について、国民経済内部の地域間関係の動態と問題とを明らかにしたもの。これまでの世界地誌や経済史にはない新しい色合いを出そうとしたが、さて成否は……？

森田《もりた》茂紀《しげのり》（大学院農学生命科学研究科附属農場教授／作物栽培学・根の生態学）

1 『梅棹忠夫著作集』◇（全22巻＋別巻）梅棹忠夫（中央公論新社、一九八九～九四）

高校生のときからお世話になってきた数々の著作が、利用しやすい形でとりまとめられ、大変ありがたい。必要に応じて読み返しているが、最近は第二二巻「研究と経営」を手にする機会が多い。お手本がないところでご自分の世界を切り拓いてこられた梅棹さんのすごさと、自分にとってのお手本がある有難さを強く感じている。

『街道をゆく』シリーズ　司馬遼太郎（朝日新聞社、一九七一～九八）

司馬さんの博覧強記には驚くしかない。驚きながらも、歴史的なものの見方の重要さだけは理解できたような気がしている。

2 『日本作物栽培論』△　川田信一郎（養賢堂、一九七六）

水稲栽培を中心に、作物栽培をシステム論的な立場から捉えたものとして、歴史的業績といってよい。現場を重視し、農家の経験に学び、それを科学的に解明しようとする姿勢は、ますます必要となっている。

『稲のアジア史』（全3巻）渡部忠世編（小学館、一九九七）

アジア地域におけるイネと稲作に係るさまざまな問題を、歴史的な視点から取り上げている。ほとんどの章が、さまざまな形でのフィールドワークに裏打ちされていることが大きな強みといえる。

3 『細胞』（第3版）（UPバイオロジー9）佐藤七郎（一九八四）

農学部への進学が決まった駒場の四学期に佐藤七郎先生の「細胞学」を聴講し、大学入学以来、初めて講義がおもしろいと感じた。その講義で使用されていた資料集をもとにまとめられたのが本書である。本書の内容は、その後、『細胞生物学』（岩波書店）と『細胞進化論』（東京大学出版会）へ展開された。

『根の発育学』森田茂紀（二〇〇〇）

森田茂紀・阿部淳が監修した『根の事典』（朝倉書店）を別にすれば、作物の根に関して日本語で書かれた初めてのテキストといってよい。東京大学出版会が、これまで比較的手薄であった農学分野においても新しい展開を始めており、今後、大きな役割を果たしていくことが期待される。

森山工《もりやまたくみ》（大学院総合文化研究科・教養学部助教授／文化人類学）

1 『マインズ・アイ——コンピュータ時代の〈心〉と〈私〉』（上・下）D・R・ホフスタッター、D・C・デネット編著／坂本百大監訳（TBSブリタニカ、一九八四）

わたしであるとはどういうことか、という問い。そして、他者を知るとはどういうことか、という問い。こうした根源的な問いについて考えるためには、どのような具体的な問いを立てればよいのだろうか。哲学や認知科学の多彩な議論を経巡る本書には、その手がかりがちりばめられている。

『世論』（上・下）W・リップマン／掛川トミ子訳（岩波文庫、一九八七）は、ステレオタイプが外界認識におよぼす作用を豊富な実例とともに分かりやすく解説した社会科学の古典。他者について何ごとかを知ったつもりでも、実は他者についてあらかじめ知られていること、あるいは知られているとされていること（ステレオタイプ）を他者に再認しているにすぎない場合が多い。この危険性に気づかせてくれる恰好の一書。

2　異文化とは自文化にとっての他者にほかならない。この他者を理解しようと試みるのが文化人類学。その基盤にあるのは、他者のもとでのフィールドワークと、それにもとづく他者の記述（民族誌）である。この意味で、まずは民族誌の古典に親しんでおきたい。

『西太平洋の遠洋航海者』△ B・マリノフスキー／寺田和夫、増田義郎訳（「世界の名著」71巻所収、中公バックス、一九八〇）

『ヌアー族――ナイル系一民族の生業形態と政治制度の調査記録』△**『ヌアー族の宗教』**（上・下）E・E・エヴァンズ＝プリチャード／向井元子訳（平凡社ライブラリー、一九九七・九五）

などを読めば、他者の行為の微細な観察を通じて、他者の概念世界にまで分け入ろうとするフィールドワーカーの執拗な知の営為に、息を飲まされることだろう。

だが、同時に文化人類学は、「西欧」が「非西欧」を他者として対象化し、分類し、情報化する大きな潮流（それは知的な潮流であるだけでなく、それとともに、そしてそれ以上に、政治的な潮流であるのだが）のなかで生まれたものでもある。他者として客体化された「非西欧」は「西欧」のまなざしに一方的に取り込まれ、「西欧／非西欧」に「見る／見られる」という関係が否応なく成立する。そこにおいて他者は、往々にしてステレオタイプの押しつけにより、一面的な理解の枠組みに封じ込められてきた。他者（異文化）理解を標榜する文化人類学においてさえ。

『アフリカの爆弾』◇ 筒井康隆（角川文庫、一九八三ほか）

短編小説だけれども、ここには、「西欧」からステレオタイプをもって一方的に「見られる」立場に封殺されてきた人々が、そのステレオタイプを逆手にとって、「西欧」に自分を「見せる」という戦略的な行為に出る姿が描かれている。「見られる」から「見せる」への転換は、確かに実存的な転換であるのにちがいない。「観光」をめぐる今日の人類学的議論を先取りした、作家の先見というべきか。

3 **『バリ　観光人類学のレッスン』** 山下晋司（二〇〇〇）

は、その「観光」を中心に、インドネシア（バリ、トラジャ）やパプアニューギニア、日本の遠野などをめぐりつつ、「見る」「見られる」「見せる」というまなざしの複雑な交錯と分節化を描く。「見る」まなざしを、たとえばバリに注ぐのは、何も外来の観光客ばかりではない。かつての植民地行政府も、現今の国家も地方自治体も、国際的・国内的な市場も、そしてある意味ではバリ自身も、「見る」まなざしをバリに注いでいる。そうしたまなざしに照らされて、どのように自己は客体化され、そのまなざしのもとに提示されるようになるのだろうか。このように考えれば、本書で論じられていることが、必ずしも狭義の「観光」には限定されない射程の広がりと深みをもつことに気づかされるだろう。

安富《やすとみ》 歩《あゆむ》（大学院総合文化研究科・教養学部助教授／日本近代史・複雑系）

1 『戦略爆撃の思想——ゲルニカ—重慶—広島への軌跡』（上・下）前田哲男（社会思想社、一九九七）

一九世紀が艦砲射撃の時代であったとすれば、二〇世紀は爆撃の時代であった。二一世紀には戦争はソフトウエア化するであろうが、現在のところまだ爆撃の時代かもしれない。本書は戦略爆撃という思想がどのように生まれ、どのように発展したかを日本軍による重慶爆撃を中心として描いたものである。現代を理解するために不可欠な概念である「爆撃」の歴史を教えてくれる本格的な書物は、日本語ではこの本しかないと思うが、なんと昨年、社会思想社が倒産したために入手困難となってしまった。どこか別の出版社が出版を継続してくださるように強く希望する。

『黄土高原の村——音・空間・社会』深尾葉子、井口淳子、栗原伸治（古今書院、二〇〇〇）

中国について我々が日常接する情報は大都市・国家中央レベルのものに偏っている。このレベルの情報はなぜか知らないが不愉快なものが多い。研究者経由の情報でもどういうワケか「心地良い」情報が少ない。知らず知らずのうちに、中国とは不愉快なところではないかという印象を持つことになる。本書は日本人の手になる最初の「心地良い」中国の本なのではないか。樹木がほとんど伐採され、毎年のように干魃になり、しかも雨が降るたびに土壌が流出し、春になると大量の黄砂を日本にまで飛ばす厳しい環境下のこの地域が、なぜこれほどまでに心地良いのか。社会・音楽・建築を専門とする若い三人の研究者の長期間に渡る農村での（お気楽な?）フィールドワークが新鮮な中国イメージを喚起する。

2 『精神と自然――生きた世界の認識論』グレゴリー・ベイトソン／佐藤良明訳（新思索社、一九八二）

「科学は何も証明しない」、「客観的経験は存在しない」、「数と量は別物である」、「論理に因果は語りきれない」などといった「誰もが学校で習うこと」が本書のテーマである。こんな当り前のことをわざわざ本で読まなくても良いようなものだが、なぜかほとんどの人はこういう当り前のことを知らないで大学にはいってくる（さらには、大学を出てゆく）ので、一読をお薦めしたい。恋愛で苦しんでいる／舞い上がっている人には特に有用である。

3 『方法としての中国』溝口雄三（一九八九）

アジアに関心を持つ若い人はどんどん増えている。正しいことである。どう考えても二一世紀をアジア抜きで生きることなど出来ない。ではアジアをどう考え、どう付き合ってゆくべきなのか。本書は中国をレンズとして世界を見る方法を提唱し、一九八九年に出版されて以来、中国研究者の間に深い影響を与えている書物である。中国学が中国を方法とするというのは、相対化された多元的な原理の上に、高次の世界像を創出しようとすることである。このような立場からのアジアへの関心こそが新しい時代を切り拓く力となるであろう。

ま行

や行

わ行

執筆者索引

あ行　(　)内は年度

か行

初出：雑誌『UP』（東京大学出版会）一九九四〜二〇〇三年、各四月号

文春新書

368

東大教師《とうだいきようし》が新入生《しんにゆうせい》にすすめる本《ほん》

平成16年3月20日　第1刷発行
平成19年2月10日　第7刷発行

編　者　　文藝春秋
発行者　　細井秀雄
発行所　株式会社　文藝春秋

〒102-8008　東京都千代田区紀尾井町3-23
電話 (03) 3265-1211 (代表)

印刷所　理想社
付物印刷　大日本印刷
製本所　大口製本

定価はカバーに表示してあります。
万一、落丁・乱丁の場合は小社製作部宛お送り下さい。
送料小社負担でお取替え致します。

ISBN4-16-660368-X